한중 수교 30년

발
간
사

    한중 양국은 올해 수교 30년을 맞았습니다. 6·25전쟁 때 총부리를 겨눈 적대국이었던 양국은 이제 한 해 최대 1200만 명 이상이 오가는 이웃 나라가 되었습니다. 1990년을 전후한 냉전 해체 시기 이뤄진 양국 수교는 서로의 전략적 이해관계가 맞아떨어졌기 때문입니다.
    한국은 북한의 혈맹 중국과의 수교를 통해 한반도의 안보 불안을 줄이고, 새로 부상하는 거대 경제국과의 협력 기회를 확대하고자 했습니다. 중국은 개혁·개방 이후 순항하던 사회주의 시장경제 발전이 1989년 톈안먼(天安門) 사태로 국제사회의 제재와 고립에 직면해 한국과의 수교를 통해 돌파구를 마련하고자 했습니다. 한국과 소련이 2년 앞서 수교한 것도 영향을 미쳤습니다. 안팎의 여건은 성숙됐지만 한중 수교가 평탄치 않았던 것은 수교 협상을 비밀리에 진행했던 과정만 봐도 잘 알 수 있습니다. 양국 지도자들이 시대 사명에 충실한 결단을 내리고 추진력을 발휘해 수교를 마무리 지음으로써 양국 관계 발전의 새로운 이정표를 남겼습니다.
    수교 이후 양국은 폭발적인 인적 물적 상호 교류로 공존공영의 시대를 맞았습니다. 매주 800편 이상의 여객기가 오가고, 공무원이나 상사원이 오전 베이징(北京)에 비행기를 타고 와 일을 마치고 당일 돌아가 양국이 '하루 생활권'이라는 말까지 나왔습니다.

교류가 밀접해지면서 친분도 쌓였지만 역사와 문화 갈등, 경제적 이해 충돌 사건 등이 발생하기도 했습니다. 하지만 최근 수년간 커지고 있는 북한과 미중 갈등 등에 따른 양국 관계는 과거와는 비교할 수 없는 도전과 시련으로 다가오고 있습니다. 북한의 핵과 미사일에 대한 대응을 둘러싼 이견, 미중 간 패권 갈등 속에서 한국의 역할에 대한 갈등, 양국 국력 비대칭화 등이 집약돼 나타난 것이 사드(THAAD·고고도미사일방어체계) 배치에 대한 보복이었습니다. 양국이 가치와 체제의 차이를 인정하면서 출발했지만 구동존이(求同存異)도 화이부동(和而不同)도 제대로 이루지 못하고 상대방에 대한 부정적인 인식이 높아가고 있습니다. 한중 관계의 지난 30년이 확장과 발전의 시기였다면 앞으로는 조정과 모색의 시간이 필요하다는 전문가의 지적이 있습니다. 이견을 좀 더 솔직하게 다루기 시작하면서 새로운 30년을 준비해야 할 것 같습니다.

동아일보 부설 화정평화재단은 수교 30년을 맞아 지난 시기를 되돌아보고, 현재 직면한 도전이 무엇인지 냉철하게 살펴보면서 바람직한 양국 관계를 모색하고자 이 책을 준비했습니다. 다양한 분야의 전문가들이 내놓는 진단과 처방을 통해 실타래처럼 엉킨 양국 관계의 새로운 실마리를 찾는 데 도움이 되었으면 하는 바람입니다.

2022년 1월
화정평화재단 이사장
남 시 욱

서론

   2022년 새해를 맞는 지구촌은 동유럽 우크라이나에서 군사적 충돌이 벌어질지 촉각을 곤두세우고 있다. 러시아가 우크라이나 동부 돈바스 접경지대에 10만 명의 병력을 집결시켜 놓고 우크라이나의 나토(NATO) 가입 반대 등 최후통첩을 했다. 우크라이나를 둘러싼 러시아와 미국, 유럽의 대치 속에 신냉전의 험악한 기류가 형성되고 있다.
   아시아에서는 양안(兩岸·중국 대륙과 대만)의 긴장이 높아지고 있다. 시진핑(習近平) 중국 국가주석이 신해혁명 110주년인 지난해 10월 10일 "조국(대만) 통일을 반드시 실현하겠다"고 공언하자 차이잉원(蔡英文) 대만 총통은 "전력을 다해 현상 변경을 막겠다"고 응수했다. 중국 관영 언론은 지난해 12월 말 일본이 대만과 약 200km 떨어진 이시가키섬에 미사일 기지를 세우려 한다며 '제2의 쿠바 미사일 사태'를 조장하고 있다고 비난했다. 대만 해협에 언제 충돌이 발생해도 이상하지 않다는 관측이 나온 지도 오래다.
   북한은 새해 벽두 1월 5일과 11일 잇따라 미사일 시험 발사 도발을 했다. 두 차례 모두 극초음속미사일로 추정돼 1, 2분 만에 서울에 도달

할 수 있어 현재로는 요격도 불가능하다. 남한이 북한 핵과 미사일의 볼모가 되고 있다는 우려가 커지고 있다.

한반도 주변과 유럽의 한 귀퉁이에서 벌어지고 있는 사태는 한중 관계에도 직간접적으로 영향을 미친다. 러시아가 영토 회복과 안보 등 명분으로 우크라이나에 무력을 행사하는 경우 세계는 미국이 어떻게 대응하는지 볼 것이다. 구소련이 해체되어 우크라이나가 독립할 때 안보를 지켜주겠다며 핵도 폐기하게 했던 미국이 우크라이나가 안보 위협을 당할 때 어떻게 안전 보장 약속을 지키는지 보는 것이다. 한국이 미국과 맺은 동맹이 굳건한지에 따라 북한과 중국이 한국을 대하는 태도도 달라질 것이다.

한중이 수교하던 시기 미국 러시아(구소련) 중국 등 주요 강대국의 관계는 탈(脫)냉전이라는 말처럼 갈등이나 마찰이 두드러지지 않았다. 한중이 수교 이후 '옷 소매 한 자락(一衣帶水)'의 가까운 이웃이 된 것은 주변의 전략적 훈풍 분위기 속에서 가능했다.

한중 수교 30년을 맞는 요즘 주변 전략적 환경이 변했고 그에 따라 한중 관계도 영향을 받고 있다. 서진영 고려대 명예교수는 "한중 관계에서 사드(THAAD·고고도미사일방어체계) 이전의 한중 관계와 같은 밀월기는 더 이상 기대할 수 없게 되었다"고 진단했다. 사드는 미중 및 북핵 문제가 복합적으로 작용해 한중 관계를 강타한 사례다.

1장에서는 지난 30년 한중 관계의 전개와 성과를 되돌아봤다. 김석우 전 통일원 차관은 탈냉전 시기 수교가 마무리되기 전 1983년 중국 민항기 불시착 사건이나 1985년 중국 어뢰정 서해 표류 사건 등을 통해 양국 간에는 우호 분위기가 오랜 기간 조금씩 축적되어 왔음을 보여준다. 작전명 '동해'로 진행된 수교 비밀 협상은 한중 양국 관계 초심(初心)을 되돌아볼 만한 소중한 경험이다. 이희옥 성균관대 교수는 각 분야에서 넓고 깊어진 관계를, 한석희 연세대 교수는 7명의 한국 대통령을 거치면서 대중 정책의 컬러는 달랐지만 양국 관계가 '선린 우호'에서 '전략적 동반자'로 격상되어 갔음을 소개한다. 한중 북중 대사 열전은 상대국을 어떻게 대하고 있는지를 보는 한 지표로 한중 간이나 북중 간에 파견된 대사들의 출신이나 국내 지위 등을 비교했다.

  2, 3, 4장은 한중 관계가 맞고 있는 도전의 요소를 3가지 카테고리로 나눠 살펴보고자 했다. **2장은 양국 요인, 3장은 미중 갈등에 따라 양국만으로는 풀 수 없는 전략적인 환경의 요소, 4장은 북한과 북한 핵문제에 대한 대응의 차이가 한중 관계에 어떤 영향을 미쳤는지를 분석했다.**

  이동률 교수는 한국인의 70%가 중국이 한국에 안보와 경제적으로 위협이 된다고 느끼는 등 한중 양국 국민의 상호 인식이 얼마나 악화했는지 현황과 원인을 소개했다. 주재우 교수는 주요 2개국(G2), 세계 2위 경제대국으로 올라선 중국이 '도광양회(韜光養晦·실력을 감추고 때를 기다린다)'에서 벗어나 '전랑(戰狼·늑대 전사) 외교'로 전환하면서 중화 복속주의를 내세워 한중 관계에서도 길들이기에 나서고 있다고 비판했다. 박한진 코트라 아카데미 원장은 한중 경제관계가 '협력과 경쟁의 시대(코피티션)'로 가고 있어 이에 대비해야 한다고 충고한다. 임훈기 박사는 중국 내부에서 보는 법과 제도, 환경 변화를 상세히 소개하면서 한국인들의 인식이 변화를 따라가지 못하고 있다고 지적한다.

　3장은 미중 갈등 속 한중 관계, 한국의 외교 군사적 대응 등을 심층 분석했다. 김한권 교수는 한국이 '전략적 모호성' 전략을 써왔는데 오히려 한국을 '약한 고리'로 인식하게 했다고 비판했다. 전재성 교수는 미국 단극 체제에서 미중 경쟁 체제로 변화하면서 북한 비핵화를 위한 한국 정부의 정책이 어떻게 더 어려워졌는지 등을 다뤘다. 이상현 소장은 미중 신냉전 시대의 도래에 따른 군사 기술 전략 분야의 경쟁, 그에 따른 한국의 대응 방안을 제시했다.

　양평섭 KIEP 선임연구위원은 대중 견제 최전선에 있는 한국 경제의 고민과 과제를 분석했다. 강준영 교수는 한중 수교로 손을 놓게 된 한-대만 관계를 되돌아보고, 특히 양안(兩岸) 무력 충돌 가능성과 한반도와의 관련성 등을 제시한다.

　4장은 북중 관계의 변화와 북핵 문제에 대한 한중의 시각 차이가 한중 관계에 어떤 변수로 작용하는지를 살폈다. 신봉섭 초빙교수는 북한의 핵과 미사일 개발이 강화되고 있는 가운데 북미 간 하노이 노딜 이후의 북중 관계는 전략적 선택에 따른 이익의 교환 관계로 전략적 공생이라고 규정했다. 이상만 교수는 상호 이익을 극대화하는 데 맞추어진 양국 관계로 중국을 통한 북한 비핵화에 대한 기대가 왜 어려운지를 설명한다. 김흥규 교수는 한발 나아가 중국이 북한의 비핵화를 원칙적으로 지지하지만 국가 정책의 우선순위가 아니고 대미 전략경쟁의 지렛대일 뿐이어서 중국에 의지한 북한 비핵화 추진은 가능하지 않다고 단언했다. 조동호 교수는 김정은 시대 들어 북한의 대중 무역 의존도가 90% 이상으로 높아져 북한 경제가 종속되고 있는 것에 대한 독해법을 제시한다.

5장에서는 한국에 주는 미중 양국 전문가의 조언을 듣는다. 수미 테리 우드로윌슨센터 국장은 구체적인 사안별 조언을 제시한다. 미중 가운데 한 국가를 선택하라는 것은 아니지만 중국에 대한 태도에서 '전략적 명확성'이 필요하다는 것이다. 그레그 브레진스키 교수는 한국처럼 미중 갈등 사이에 낀 일본 인도 호주 등에 비해 한국이 직면할 선택이 왜 더 힘든지, 그래서 어떻게 대응해야 하는지 설명한다. 한셴둥(韩献栋) 교수는 한국은 미중 사이에서 어느 한쪽이 이길 것이라는 '투기적' 생각을 버리고 중등 국가로서 국익에 따른 균형 실용 외교를 펴야 한다고 했다. 올해는 한중 수교 30년이자 중일 수교 50년이다. 박철희 교수는 일본의 대중 전략에서 얻어야 할 시사점을 한국과 비교하며 자세히 분석했다.

2022년 1월
화정평화재단 상임이사 겸 21세기평화연구소장
구 자 룡

| 발간사 | 2 |
| 서론 | 4 |

총론 12
걸어온 길, 나아갈 길(서진영 고려대 명예교수)

제1장 깊고 넓어진 양국 관계

26 죽(竹)의 장막 이렇게 걷었다 • 김석우 | 전 통일원 차관
43 옷소매 한 자락의 한중 • 이희옥 | 성균관대 정치외교학과 교수
59 노태우 정부부터 문재인 정부까지, 7人7色 대중정책
    • 한석희 | 연세대 국제대학원 교수
74 한중 북중 대사 열전(列傳) • 최창근 | 중국전략연구소 책임연구원

제2장 높아지는 도전 수위

86   눈은 돌리고 마음은 틀어지고, 왜? • 이동률 | 동덕여대 중어중국학과 교수
102 중국 눈에 한국이 없나 • 주재우 | 경희대 중국어학과 교수
117 한중, 이제 코피티션(Copetition)시대 • 박한진 | 코트라아카데미 원장
131 변한 중국, 변하지 않은 대중국 인식 • 임훈기 | 베이징랑옌로펌 고문

제3장 미중 갈등의 회오리

148 한국, 미중 사이 '약한 고리' 벗어야 • 김한권 | 국립외교원 교수
162 미중 경쟁 틈 파고드는 북핵 • 전재성 | 서울대 정치외교학부 교수
177 한미 동맹과 자강, 안보의 두 기둥 • 이상현 | 세종연구소장
192 대중 견제, 한국경제의 고민과 전략 • 양평섭 | KIEP 선임연구위원
207 한-대만 관계와 미중 갈등 • 강준영 | 한국외국어대 국제지역대학원 교수

CONTENTS

제4장 한중과 북한

222 '전략적 공생'으로 진화한 북중 • 신봉섭 | 광운대 초빙교수
244 김정은, 자주와 의존 사이 딜레마 • 이상만 | 경남대 극동문제연구소 교수
259 중국, 북핵은 대미 전략경쟁의 지렛대 • 김흥규 | 아주대 정치외교학과 교수
272 북한의 높아진 대중국 무역의존도 독해법 • 조동호 | 이화여대 북한학과 교수

제5장 미·중·일 전문가의 권고

286 '강한 외교 전략', 한국에 주는 조언
 • 수미 테리 | 미국 우드로윌슨센터 '현대차·국제교류재단 한국 역사 및 공공정책센터' 국장
302 "한국의 독자적 입지와 역할 가능" • 그레그 A. 브레진스키 | 미국 조지워싱턴대 교수
315 한중 30년과 중일 50년, 같은 점과 다른 점 • 박철희 | 서울대 국제대학원 교수
332 '중한 관계 2.0 시대'를 위한 5가지 충고 • 한셴둥 | 중국정법대 교수

권말 부록

348 화정평화재단 주최 한중 수교 30년 신년 좌담회

총론

걸어온 길, 나아갈 길

서진영
고려대 명예교수

전환기의 한중 관계: 사드 전후

2022년은 한중 수교 30주년이 되는 해다. 돌이켜 보면 1992년 한중 수교를 계기로 한중 관계는 한국전쟁과 냉전으로 조성되었던 적대적 대립 관계에서 빠르게 벗어나 모든 분야에서 그야말로 폭발적인 상호 교류와 공존공영의 관계로 발전했다. 특히, 한중 간 경제협력 관계는 빠른 속도와 폭으로 확장, 발전했다. 양국 교역액은 3000억 달러를 돌파했고, 중국은 한국의 최대 교역 상대국이 되었으며, 한국은 중국의 최대 수입 대상국이 되었다. 중국과의 교역량은 미국과 일본과의 교역량을 합한 것보다 더 많게 되었다. 인적 교류에서도 양국 방문자가 1000만 명을 넘어섰고, 중국은 한국인이 가장 많이 방문하는 국가가 되었다. 정치·외교·안보 분야에서도 한국과 중국은 긴밀한 협력 관계를 자랑하면서 수교 당시 '우호협력 관계'에서 '21세기를 향한 협력 동반자 관계'(1998년), 그리고 '전면적 협력 동반자 관계'(2003년), '전략적 협력 동반자 관계'(2008년)로 계속 격상 발전했다. 2017년에는 '실천적인 전략적 협력 동반자 관계'라고 선언하기에 이르렀다.

　이처럼 거침없이 발전하던 양국의 협력 관계는 2016년 7월 한국 정부의 사드(THAAD·고고도미사일방어체계) 배치 공식 결정을 계기로 심각한 갈등과 위기에 직면하게 되었다. 중국은 한국의 사드 배치 문제에 대해 시진핑(習近平) 주석까지 나서서 중국 안보에 대한 중대 위협이라고 규정하면서 반대 입장을 분명히 했고, '단교 수준의 보복'을 위협하기도 했다. 그러나 박근혜 정부가 안보상의 필요성을 이유로 사드 배치를 강행하자 중국은 한국의 단체관광 제한, 내중문화 금지, 경제보복 등을 연이어 시행하면서 한중 관계 전반이 위축되고 긴장되었다.

　사드 문제로 촉발된 긴장 관계를 타개하기 위해 2017년 문재인 정부는 '3불' 합의(사드 추가 배치 않고, 미국의 미사일방어 체제에 가담하지 않으며, 한미일 군사동맹에 참여하지 않을 것)를 발표하면서 갈등을 봉합하고 한중 관계 정상화를 시도했다. 그러나 지금까지 시 주석의 방한 일정은 여전히 불투명하고, 한국에 대한 중국의 제재도 풀리지 않고 있으며 한중 관계의 소강 국면은 계속되고 있다.

지난 30년간 한중 관계가 늘 긍정적인 측면만 보여 주었던 것은 아닙니다. 다양한 차원의 갈등과 마찰, 충돌이 여러 차례 발생했었다. 2000년 마늘 파동에서부터 2003년 동북공정으로 촉발된 역사 분쟁과 문화유산 논쟁, 2010년 천안함-연평도 사건을 둘러싼 한중 간의 심각한 이견과 갈등, 그리고 현재에도 서해 해상경계선 획정과 중국 어선의 불법 조업 문제, 한국 방공식별구역 침범 문제 등 다양한 이슈 영역에서 한중 간의 마찰과 갈등이 계속되고 있다. 그러나 과거에는 이런 갈등과 마찰에 대해 한국과 중국 당국이 수교 당시 합의했던 구동존이(求同存異) 정신에 입각해 상호 간 차이나 이견은 가급적 억제하고, 상호 협력할 수 있는 부분을 확대 발전시켜 가려는 노력을 계속해 왔다.

그런데 왜 사드 문제에서는 지금까지와 달리 3불 합의에도 불구하고 관계 개선의 돌파구를 찾지 못하고 있는 것인가. 그것은 사드 문제가 과거와는 전혀 다른 전략 환경에서 돌출된 문제이기 때문이다. 다시 말해 사드 사건은 지난 30년 한중 간 긴밀한 협력 관계의 배경이 되었던 탈냉전과 세계화 시대에 대한 전략적 공감대가 약화되고 있으며, 강대국들의 상호 경쟁과 갈등이 확산되는 전혀 다른 전략 환경을 반영하고 있기 때문이다. 앞으로의 한중 관계에서 사드 이전의 한중 관계와 같은 밀월기는 더 이상 기대할 수 없게 되었다는 것을 웅변하는 사건이라고 할 수 있다.

미중 패권 경쟁과 한국의 고민

지난 30년간 한중 관계의 비약적 발전 배경에는 두말할 필요도 없이 한국과 중국의 지리적 인접성, 역사·문화적 동질성, 경제적 상호 보완성이 크게 작용했다. 그러나 이런 요인 이외에도 한국과 미국, 그리고 중국의 폭넓은 전략적 공감대가 한중 관계 발전을 뒷받침해 왔다는 사실을 지적하지 않을 수 없다.

　1990년대 한국과 중국은 물론, 미국도 탈냉전과 세계화 시대가 열어주는 역사적 기회를 적극적으로 활용하는 것이 각국의 국익에 부합한다는 전략적 공감대를 공유하고 있었다. 따라서 미국은 1989년 톈안먼(天安門) 사건에도 불구하고 중국에 대한 관여(Engagement)와 포용 정책을 계속 추진했다. 중국은 소련 및 동구 사회주의의 대붕괴라는 세기적 위기에 직면하고도 미국과 서방세계와의 협력을 바탕으로 한 개혁·개방 정책을 더욱 확대했다. 한국은 베이징과 모스크바를 통해 평양으로 가려고 한 북방정책의 일환으로 한소 수교와 한중 수교를 적극 추진할 수 있었다.

　이처럼 탈냉전과 세계화 시대가 제공하는 전략적 기회는 미국과 중국, 그리고 한국의 상호협력 관계를 확대 심화 발전시켰다. 그 결과 한국과 중국은 모두 미국 주도의 국제질서 안에서 정치적으로나 경제적으로 상당한 안정과 발전의 혜택을 향유할 수 있었다. 특히, 중국은 미국 주도의 자유주의적 국제질서와 시장경제 체제 안에서 개혁·개방을 적극적으로 추진해 고도성장 경제를 실현하는 데 성공했다. 중국은 1978년 개혁·개방 이후 30년 이상 계속 10% 안팎의 놀랄 만한 고도성장 경제를 실현해 구매력 기준의 경제 규모에서 미국까지 제치고 세계에서 가장 큰 경제대국으로 굴기(崛起)하는 데 성공했다.

그런데 바로 이런 중국의 '성공'이 역설적으로 미국을 비롯한 세계 각국에서 중국에 대한 경각심을 촉발시켰다. 또한 중국 내부에서는 부강한 중국에 대한 기대와 자신감을 증폭시켜 미국과 서방세계에 대해 할 말은 해야 한다는 중화민족주의 정서가 확산하였다. 이처럼 미국의 중국 경계심과 중국 내부의 자존감 회복 욕구가 분출되면서 탈냉전과 세계화 시대의 공존공영에 대한 공감대는 급속히 약화되기 시작했다. 강대국 간 세력 개편과 세력 경쟁이 본격적으로 재연되는 이른바 세력전이(Power Shift) 시대로 빠르게 전환되었다. 특히 2008년 세계 금융위기를 계기로 미국 쇠퇴론, 서구 자본주의 붕괴론이 확산됐다. 2012년 시진핑 정권이 등장해 '위대한 중화민족의 부흥'을 전면에 내세우면서 중국 특색의 사회주의를 강조하고 세계에 대해 보다 공세적인 대외정책을 추진하자 미국과 중국의 갈등이 전면적으로 확대 분출하였다.

미국과 중국의 갈등은 처음에는 통상과 지식재산권 등 경제와 과학기술 분야에서 표출되기 시작했지만, 곧이어 군사·안보·외교 분야의 갈등으로 확산되면서 전통적인 강대국 간 패권 경쟁 양상을 띠면서 가열되었다. 미중 갈등은 전통적인 강대국 간의 이해 다툼이나 전략 경쟁의 차원을 넘어 과거 냉전시대와 같은 체제 및 이념 대결의 양상까지 보이면서 '신냉전' 시대를 예고하는 것처럼 보이는 것도 사실이다. 이제 미국과 중국 사회에서 더 이상 차이메리카(Chimerica) 또는 동주공제(同舟共濟)라면서 양국의 상호 의존적이고 융합적 협력 관계를 강조하던 주장을 찾아볼 수 없다. 냉전시대 소련을 '악의 제국'이라고 비난했던 것과 같이 서로 상대방에 대해 적대적이고 이념적인 공격을 가하는 목소리만 크게 들리고 있다.

이를테면 트럼프 행정부의 마이크 폼페이오 국무장관은 2020년 7월 닉슨 도서관에서의 연설에서 닉슨 대통령이 시작한 "중국에 대한 관여라는 오랜 패러다임은 실패했다"고 선언하면서 중국을 '프랑켄슈타인'에 비유하고 중국 공산당이 지배하는 중국의 체제 전복을 공개 요구하기도 했다. 바이든 행정부도 중국과의 관계에서 협력과 경쟁보다는 중국을 봉쇄하고 억제하는 것이 미국의 대중국 정책의 본질이라고 선언하였다. 바이든 행정부는 동맹외교를 강조하면서 전임 트럼프 행정부보다 더 적극적으로 중국을 포위, 견제, 봉쇄하려고 하고 있으며, 갈등 영역도 통상과 경제, 과학기술 분야뿐만 아니라 군사와 안보, 체제와 이념 문제로까지 확대하고 있다. 날이 갈수록 미국과 중국의 분리(Decoupling)를 강조하면서 미국과 중국의 갈등은 점점 더 기존 패권국가와 신흥 패권국가의 정면 대결 양상으로 치닫고 있다.

미국과 중국의 패권 경쟁이 거칠어지고 확대되면서 한국을 비롯한 주변 국가들에 대한 미국과 중국의 압박도 가중되고 있다. 미국은 미국대로, 중국은 중국대로 자신들의 힘과 영향력을 바탕으로 자신들의 편에 설 것을 강요하고 있다. 바이든 대통령이 부통령이었던 2013년에 한국을 방문해 박근혜 전 대통령과 면담한 자리에서 '미국의 반대편에 베팅하는 것은 좋은 베팅이 아니다'라면서 한국의 중국 쏠림 경향을 경계했다. 미국은 또한 오커스(AUKUS·미국·영국·호주 안보 동맹) 및 쿼드(Quad ·미국·인도·일본·호주 안보 회의체)로 중국을 봉쇄하려는 태평양 전략에 소극적인 한국의 태도에 대해 '동맹답지 않다'고 비난하면서 '미국 쪽에 서지 않으면 동맹 관계가 지속되기 어렵다'는 경고를 잇달아 내놓고 있다.

한편 중국은 사드 문제에서 이미 분명하게 보여 주었듯이 중국의 이익과 충돌되는 이슈와 관련해서는 경제 보복도 불사하고 있다. 중국을 견제하려는 미국의 여러 조치에 대해 눈치를 보면서 좌고우면하는 한국이나 여타 국가들의 '기회주의적 태도'를 비난하기도 한다. 2021년 9월 방한한 왕이(王毅) 중국 외교부장은 문재인 대통령을 접견하는 자리에서 한중 수교 30년을 맞이하여 '삼십이립(三十而立)', 즉 '나이 서른에 확고한 뜻을 세워 자립할 수 있어야 한다'는 공자의 어록을 언급하며 미국 눈치를 보지 말고 자립적으로 한중 관계를 꾸려 가자며 한국 정부를 유인, 압박하기도 하였다.

미국과 중국 간 패권 경쟁이 가열되면서 양국은 모든 주요 이슈에 대해 주변 국가들에 양자택일을 강요하고 있다. 이들 강대국의 압박에 직면한 국가들은 제각기 자신들의 입장에서 어떤 선택을 해야 할지 심각한 고민을 하지 않을 수 없게 되었다. 특히 미국과 중국의 패권 경쟁이 치열하게 전개되고 있는 동아시아에서 미국과 중국의 압박도 점차로 가중되면서 동아시아 국가들의 고민도 깊어지고 있다. 이런 난처한 양자택일의 압박에서 한국도 예외가 아니다. 오히려 한국은 다른 국가들보다 더 어려운 처지에 놓여 있다고 할 수 있다. 아직도 분단국가의 처지에서 벗어나지 못하고 있으며, 경제적으로나 안보적인 차원에서 미국과 중국이 모두 중요한 한국의 입장에서 양자택일의 선택은 더욱

괴롭고 힘든 것이라고 하지 않을 수 없다. 한국의 딜레마는 미국과의 동맹 관계도 포기할 수 없지만 동시에 경제적으로나 외교·안보적 차원에서 중국과의 전략적 협력 동반자 관계 또한 포기할 수 없다는 데에서 비롯된다고 하겠다.

한국의 생존전략: 조건부 편승

대체로 강대국들의 압박에 대한 여타 국가들의 반응에는 이론적으로 '편승(Bandwagoning)'이나 '세력균형(Balance of Power)' 혹은 '헤징(Hedging)'이 거론되고 있다. 이를테면 오늘날 미국과 중국의 패권 경쟁에서 일본이나 영국, 호주 등과 같은 국가들은 분명하게 미국 편에 서서 중국을 견제하는 데 앞장서고 있는데 이런 태도를 '편승'이라고 할 수 있다. 그러나 19세기 영국처럼 유럽 강대국들의 세력 다툼에서 어느 한편에 치우치지 않고 균형자 역할을 선택할 수도 있다. 노무현 정부 시대에 한국은 동아시아에서 미국, 중국, 일본 등 강대국들 사이에서 '동북아 균형자' 역할을 추구해야 한다는 주장을 제기하기도 하였다.

동남아시아 중소 국가들은 미국과 중국의 압력에서 벗어나고, 어느 한쪽하고도 적대적 관계를 만들지 않으면서 생존과 이익을 확보하기 위해 헤징 전략을 구사하고 있다. 베트남은 미국과의 긴밀한 안보 협력 관계를 맺고, 동시에 중국 정부 및 중국 공산당과 광범위한 교류를 유지하면서 정치 경제적 협력관계 발전을 추진하는 헤징 전략을 시도하고 있다. 최근 한국에서도 한미동맹에 의존하면서도 경제적으로는 중국과의 긴밀한 협력관계를 유지하는 안미경중(安美經中)이란 한국판 헤징 전략을 강조하는 주장도 제기되고 있다.

그렇다면 우리는 편승, 균형, 헤징 가운데 어떤 전략을 선택할 수 있는 것인가. 이에 대한 해답을 찾기 전에 먼저 3가지 전제조건을 살펴볼 필요가 있다. 첫째, 우리의 정체성과 우리의 기본 가치, 둘째 우리의 국력, 셋째 우리가 당면한 구조적 제약 조건, 이를테면 분단국가로서 한국의 취약점, 그리고 미중 패권 경쟁의 성격에 대한 냉정한 판단이 전제되어야 한다는 것이다.

우리 사회가 추구하는 정체성과 기본 가치가 자유, 민주주의, 시장경제와 다자주의라고 한다면 한국과 미국은 앞으로도 상당 기간 가치동맹을 계속 유지해 가야 할 것이다. 그러나 중국적 사회주의와 국가자본주의를 추구하는 중국과는 동반자 관계를 견지해 갈 수 있지만 가치동맹으로까지 발전해 갈 수는 없다고 하겠다. 이런 점에서 한중 관계에는 내재적 한계점이 있다는 점을 부인할 수 없다. 그렇다고 냉전시대와 같이 미국에 일방적으로 편승해 중국과의 관계를 파국으로 몰고 갈 위험성까지 감수하는 것도 현명한 선택이라고 할 수는 없다. 우리에게 중국은 경제적 동반자로도 중요하지만 분단국가의 입장에서 중국과의 관계는 외교 안보적 차원에서도 결코 소홀히 할 수 없기 때문이다.

그렇다면 동아시아에서 미국과 중국 등 강대국들의 세력 경쟁 과정에서 우리는 어느 한쪽에 치우치지 않고 '동북아 균형자' 역할을 하거나, 또는 베트남이나 인도네시아 등 아세안(ASEAN) 국가들처럼 미국과 중국 모두와 원만한 관계를 유지하는 안미경중의 헤징 전략을 추진하는 것은 가능한가. 물론 미국과 중국 사이에서 등거리 외교를 견지하면서 균형자의 역할을 하거나 우리의 입맛에 맞추어 미국과는 안보 협력을, 그리고 중국과는 경제 협력을 모색할 수 있다면 그것보다 더 좋은 길은 없을 것이다.

그러나 한국이 미국이나 중국에 대해 세력 균형을 견지하면서 이이제이(以夷制夷)의 방책을 관철해 낼 수 있을 만한 국력을 구비한 강대국이 아니란 점을 기억할 필요가 있다. 더구나 미중 간의 패권 경쟁이 치열하게 전개되면서 군사안보와 경제 이슈가 날로 일체화되어 가고 있는 판에 안미경중의 설 자리는 점점 더 축소될 수밖에 없다. 오히려 강대국 간의 치열한 세력 다툼 과정에서 서투른 등거리 외교를 시도하는 것은 미국과 중국 양쪽으로부터 모두 기회주의자로 배척받고 방기될 위험성을 안고 있기 때문에 설익은 균형론이나 안이한 안미경중식 헤징 정책은 어느 한쪽 편에 확실하게 서는 '편승' 전략보다 더 위험할 수 있다.

그렇다면 미국이나 중국에의 일방적 편승도 바람직하지 않고, 세력 균형이나 헤징으로 강대국들의 패권 경쟁 시대를 헤쳐 나가는 것도 위험하다면 우리의 탈출구를 어디에서 찾을 수 있는가. 이와 관련해서 편승과 균형 및 헤징을 나름대로 재해석해 유연하고 탄력적으로 적용하는 이른바 '조건부 편승론'을 제시하고자 한다. 원칙적으로 미국에 편승하면서도 전면적, 일방적 편승이 아닌 조건부 편승 입장을 견지한다는 것이다.

한미 동맹과 한중 협력의 조화를 찾아서

한미 동맹은 우리의 사활적 이익이란 점에서 미국과 중국의 패권 경쟁이 불가피하게 양자택일을 강요한다면 우리는 원칙적으로 미국에 편승할 수밖에 없다. 그러나 모든 문제에서 미국의 입장을 일방적으로 지지하는 것이 아니라는 점도 분명히 해야 한다. 특히 우리와 미국의 핵심 이익이 위협받는 상황이 아니라면 중국에 대한 미국의 적대적 정책에 동조할 수 없다는 우리의 입장에 대해 미국의 이해를 구해야 한다. 동시에 중국에는 솔직하게 한국과 미국은 특수한 관계라는 점을 인식시키고, 그럼에도 불구하고 한국과 중국의 상호 협력이 가능할 뿐만 아니라 그것이 양국의 국익에 유익하다는 점을 설득할 수 있어야 한다.

이런 점에서 앞으로의 한중 관계는 과거와 다른 방식으로 접근해야 할 것이다. 지금까지 우리는 중국과의 전략적 차이나 이견을 가급적 억제하고, 실리적 이익에 부합되는 부분만 확대하는 이른바 구동존이의 실용주의 외교를 추구했다. 그런데 바로 이런 '이익 중심의 실용주의 외교' 때문에 우리는 그동안 원칙과 가치문제에 대해 중국에 쓴소리를 제대로 하지 않았고, 따라서 중국에 한국의 중국 쏠림 현상을 계기로 미국과의 관계에서 한국의 '변심 가능성'에 대한 여러 가지 잘못된 기대나 오해를 가지게 하였다. 그러나 지금부터 한중 관계는 체제와 이념, 가치의 차이를 솔직히 인정하는 바탕에서 협력을 모색하는 화이부동(和而不同)의 외교, '원칙을 지키면서도 유연한 실리 외교'를 추구해야 한다.

물론 이런 한국의 입장, 즉 미국과의 동맹 관계를 견지하면서도 중국과의 협력 관계를 계속 유지하려고 하는 태도에 대해서 미국도 중국도 모두 경계하고 불만을 표출할 것이며, 여러 가지 방식으로 한국에 대해 회유, 압박, 경우에 따라서는 보복을 가할 수도 있다. 미국은 한국 안보의 미국 의존도를 빌미로, 그리고 중국은 한국 경제의 중국 의존도를 빌미로 다양한 형태로 압박과 회유, 위협을 시도할 수 있다는 것이다. 그러나 이런 압박이나 보복 위협에 대해 너무 두려워하거나 위축될 필요는 없다. 우리는 이미 중국의 사드 보복이나 일본의 경제제재에 노출되었지만 그런 위협을 이겨낸 경험과 실력을 보여 주었다.

우리의 경제력이나 국력은 강대국들의 제한적 압박이나 위협을 감당할 정도는 된다. 물론 미국이나 중국이 전면적으로 한국에 압력을 행사한다면 우리 경제나 안보가 치명적인 타격을 입을 수 있다. 하지만 한국이란 국가에 그런 치명상을 입혀서 그들이 얻을 수 있는 이익보다는 한국이란 국가와의 협력을 통해서 그들이 얻을 수 있는 전략적 이익이 훨씬 더 크다고 판단하는 한 중국이나 미국도 결국 한국 입장을 묵인해 줄 것이다.

이런 점에서 우리는 미국이나 중국 등 강대국에 대해 우리의 존재가치를 주장할 수 있는 근거인 우리의 국력과 국가로서의 가치와 매력을 계속 확장 발전시켜 가면서 미국과 중국의 패권 경쟁 가운데에서 우리만의 살 길을 찾아가야 한다. 그것은 미국의 대중국 공세에 일방적으로 편승하지 않으면서도 한미 동맹의 신뢰가 흔들림이 없다는 점을 보여주는 것이어야 하며, 중국에 대해서도 한미 동맹의 특수성을 주장하면서도 중국과의 협력이 가능하다는 점을 증명해야 한다. 동시에 미중 패권 경쟁이 과거 냉전시대와는 달리 협력-경쟁-대결의 복합적 성격을 가지고 전개되는 복잡하고 유동적인 긴 과정이란 점을 감안해야 한다. 미중 패권 경쟁에 성급하게 휩쓸리지 말고, 미국과 중국 사이에서 '싸움은 말리고 흥정을 붙이는' 이른바 복덕방 외교, 중개외교(Bridging Diplomacy)를 구사하면서 한미 동맹과 한중 전략적 협력 관계의 조화 국면을 이끌어 내야 한다.

제1장
깊고 넓어진 양국 관계

죽(竹)의 장막
이렇게 걷었다

김석우

전 통일원 차관

한중 수교 단초가 된 1983년 중국 민항기 납치 불시착 사건

1983년 5월 5일은 어린이날 공휴일이었다. 동북아1과장(일본 담당)이던 나는 과원들과 함께 옛 중앙청 건물의 사무실에 나와서 한일무역회담 준비 작업을 하고 있었다. 점심시간이 지난 후 주한 일본대사관 야나이 슌지(柳井俊二) 정무공사(후에 일본 외무성 사무차관과 주미대사 역임)가 전화를 해왔다. "텔레비전을 켜보라. 춘천 공항에 중국 민항기가 납치되어 착륙해 있는데, 탑승객 중에 일본인도 3, 4명 있는 것 같다. 영사를 파견해서 보호하려고 하니까 협조해 달라."그 요청에 따라 바로 조치했다.

동시에 중국 업무 라인에 비상을 걸었다. 마침 휴일이라 윤해중 동북아2과장과 김병연 아주국장은 부모님 병문안을 위해 먼 고향 방문 중이었고, 공로명 차관보와 노재원 차관도 연락에 시간이 걸렸다. 당시에는 전화 이외의 통신수단이 없었으므로 연락이 늦어져 다들 저녁 무렵에야 서울에 도착하였다. 그동안 외무부는 한순간도 지체할 수 없는 긴급 상황이었다.

중국에서는 즉각 국제민간항공기구(ICAO)라든가 교통부 항공국을 통해서 "이 문제를 해결하기 위해서 선투(沈圖) 민항국장을 단장으로 하는 대표단을 보내겠다. 빨리 받아 달라."는 메시지가 왔다. 동북아1과의 담당 업무는 아니었지만, 비상사태의 연락 임무를 맡을 수밖에 없었다.

이틀 후 선 민항국장이 조약전문가 등 33명의 대규모 대표단을 이끌고 서울에 도착하였다. 도착 후 신라호텔 영빈관에서 공 차관보를 단장으로 하는 한국 정부 대표단과 5월 10일까지 집중적으로 교섭을 하였다. 협상 자체가 너무 큰 문제였고 동북아2과의 인원은 적어서, 외무부의 조약과, 국제법규과, 국제기구과 등 여러 부서가 참여하였다. 교통부, 법무부 등 관계부처도 참여하였다.

우리 동북아1과는 신라호텔 본관에 상황실을 마련했다. 상황실장을 내가 맡고 과원들이 30분마다 진행 상황을 파악해서 청와대, 총리실, 국회 등 주요 기관에 전달하였다. 주한 미국대사관이나 주한 일본대사관도 관심이 많으니까 상황을 알려 주었다. 노 차관은 옆방에서 종합적으로 상황 판단을 하였다.

미리 대비했던 것은 아니지만, 중국 민항기 사건은 한국과 중국 간의 미수교 관계를 풀어가는 획기적인 전기가 되었다. 한반도의 분단 상황에서 공산권의 종주국인 소련과 함께 중국은 북한 편이었고, 6·25전쟁에 참전하여 직접 싸운 적대 관계가 계속되었다. 중국 정부가 1971년 자유중국을 대신하여 유엔 대표권을 차지하고 안보리 상임이사국이 되었으나, 한중 관계는 미동도 하지 않았다. 양국의 외교관들이 국제회의장에서 만나도 알은척도 하지 않는 이상한 관계였다. 한국 외무부에 중국과를 1973년 초에 신설하였으나, 양국 간 접촉 자체가 전혀 없으니, 외신이나 해외 간행물을 통해 중국의 동향을 조사 연구하는 수준에 머물렀다. 몇 차례의 귀순 전투기의 처리와는 성격이 다른 민간 항공기의 불시착으로 인한 물리적 조우(遭遇)로 벌어진 복잡한 문제를 처리해야만 했다. 공로명-선투 회담으로 이를 해결하는 선례를 만든 것이다.

한국은 국제법이라는 규범을 기본으로 하여 협상을 진행하였다. 항공기 기체와 승무원, 승객은 중국으로 보냈다. 항공기 납치 사건은 공중에서의 해적(海賊)행위에 해당하므로 줘창런(卓長仁) 등 무장 납치 범죄자들에 대해서는 한국이 관할권을 행사하여 재판하였고, 형기를 마친 후 그들이 원하는 대만으로 추방하였다. 쌍방의 국호, 국기 사용 문제로 협상이 어려웠으나, '남의 안방에 들어와서 주인에게 인사도 안 하는 법이 어디 있느냐?'고 설득하여, 양국의 공식 명칭과 국기를 사용하고, 양측 대표단장의 공식 직함을 사용하는 합의 문서를 작성하였다. 합의 문서는 외교 문서는 아니었으나, 영사 고무도장을 찍었다. 한중 간에 비슷한 사건이 일어나면 상호주의에 따라 우호적으로 처리하기로 하고, 홍콩 주재 신화사 지사와 한국총영사관을 연락 채널로 삼기로 하였다. 승객들은 협상 진행 기간 워커힐 호텔에 머물면서 남산타워, 자연농원, 늘봄공원 등을 둘러보면서 한국 사회를 직접 관찰하게 하였다.

외무부, "중국 소련과 관계 개선 추진"

사건 처리가 끝난 후 이범석 외무부 장관은 공로명 차관보에게 특별 지시를 하였다. "한반도의 남북한과 미일중소 4강과의 관계를 계량적으로 분석하고 정책 대안을 10일 안에 제출하라"는 주문이었다. 공 차관보는 주요국(局)의 선임과장늘로 특별삭업반(TF)을 구성하였다. 작업반의 간사는 선임인 동북아1과장이 맡았다.

며칠간 외무부 모든 과에서는 캐비닛 안의 모든 문서를 뒤져서 계량적 통계자료를 찾아냈다. 일단 다자 관계와 양자 관계로 구분하여 자료를 정리했다.

다자 관계에서는 미국과 일본은 국제회의를 개최할 때 북한의 대표단이 원하면 참가시켰다. 소련도 세계보건기구(WHO) 총회 개최 시 신현확 보사부 장관의 참석을 허용하였다. 중국만은 유엔과 같은 다자 관련 회의를 개최할 때도 한국대표단의 참석을 허용하지 않았다.

양자 관계에서는 기본적으로 일본·북한 관계만 앞서 있었고, 나머지 3국과 남·북한과는 거의 실적이 없었다. 북일 간 교역량은 연간 5억 달러 정도 꾸준하게 유지되었다. 인적 교류는 연간 1000명 정도가 북한에서 일본을 방문하였다. 북한 노동당의 현준극 국제부장도 이미 두 번이나 일본을 방문했다. 조일 우호친선협회장이라는 직함을 썼지만, 국제부장이라는 중량급 인사가 방문할 정도의 인적 교류가 있었다.

중국과 한국의 교역량은 홍콩을 통한 9700만 달러 정도의 간접교역이 이루어졌다. 그러나 한국 선박이 중국 항구에 들어가면 북한대사관에서 중국 외교부에 항의하고, 그러면 중국 당국이 선박을 압류해서 20만 달러 정도 벌금을 매기는 식으로 불안정한 상황이었다.

그러한 계량적인 분석을 토대로 정책 대안을 건의했다. "남북한 관계의 최종 목표는 평화적인 통일이다. 이를 위해서는 중간 단계로 상호 교차승인이 필요하다. 그 교차승인도 당장 실현하기 어려우므로, 여건 조성을 위해 '균형 있는 교차 접촉'을 점진적으로 확대해야 한다." 라는 요지였다.

이 장관은 그 정책 건의를 바탕으로 6월 29일 국방대학원 특별강연을 위한 원고 초안을 이장춘 국제기구조약국장에게 작성하도록 했다. 그 강연에서 이 장관은 "앞으로 우리는 중국, 소련을 포함한 공산권 국가와 적극적으로 관계 개선을 추진하겠다."라고 북방정책을 선언하였다.

한편 이 장관은 '균형 있는 교차접촉' 정책 추진을 위해 미국과 일본에 외교적인 협력을 요청했다. 중국과 소련이 한국의 요청에 응할 때까지 균형을 맞추어 달라는 요청이다. 미국 측은 즉각 동의해 왔다. 일본 측은 일본 내 조총련 존재와 같은 특수 사정이 있어서 일북 관계를 축소하기 어렵다고 처음에는 난색을 표했다. 그러나 그해 10월 9일 아웅산 폭탄테러로 이범석 장관이 희생된 후 연말경 후임 이원경 장관에게 마에다 도시카즈(前田利一) 대사가 방문하여 한국의 '균형 있는 교차접촉' 정책에 협력하겠다는 일본 정부의 입장을 전달해 왔다.

덩샤오핑 감동한 1985년 중국 어뢰정 서해 표류사건 처리

중국 민항기 사건 후 2년이 지나서 다시 큰 사건이 벌어졌다. 1985년 3월 21일 중국 칭다오(靑島) 해군기지 소속 어뢰정 편대가 연습훈련을 마치고 귀항하는 도중에 한 척의 어뢰정에서 해상 반란 사건이 일어났다. 지휘관을 포함한 사상자가 다수 발생하여 항해 능력을 잃고 한국의 소흑산도 근해로 표류해 왔다. 한국 해양경찰이 어뢰정을 부안군 상왕등도 항구로 예인했다. 22일 중국 군함 3척이 추격해서 23일 새벽 6시 반경 상왕등도 영해 12해리를 침범했다. 한국 해군이 이에 대응하여 일촉즉발의 위기 상황이 되었고, 전투기까지 출동하는 사태가 벌어졌다.

그 상황에서 국방부 지하벙커에서 노신영 총리서리를 중심으로 외무부 장관, 국방부 장관 등이 긴급대책회의를 열었다. 이원경 외무부 장관이 "무력으로 해결하기 전에 외교적인 방법으로 일단 해결해 보자."고 제안하여 24시간의 말미를 얻어 외교부로 돌아왔다.

한중 간에 외교 관계가 없으므로 우방국인 미국과 일본의 협조를 얻기로 하였다. 즉각 주한 미국대사관의 헨리 던롭(Henry Dunlop) 정무참사관과 주한 일본대사관의 아라 요시히사(荒義尙) 정무공사를 외교부로 초치해서, 영해를 침범한 중국 군함을 즉각 퇴거시키라는 메시지를 중국 측에 전달해 주도록 요청했다. 미국과 일본의 외교당국이 조치를 취했다. 던롭 참사관이 워싱턴 국무성으로 한국의 메시지를 보고하면서 동북아 지역 허브 공관인 주일 미국대사관에도 사본을 보냈다. 도쿄 주재 미국대사관이 주중 미국대사관에 바로 전달했다. 그래서 토요일인 당일 오전 9시 반경 베이징(北京)의 미국대사관 서기관이 지시 전문을 가지고 중국 외교부에 들어가니, 중국 외교부는 "그러지 않아도 퇴거시키고 있다."고 대답하여, 중국 군함의 퇴거가 이루어졌다.

일단 무력충돌 위험은 해소되었다. 이제 어뢰정의 처리를 어떻게 할 것인가의 문제가 남았다. 당시 언론이나 일반 여론은 해상 반란을 일으킨 사병들을 대만으로 보내자는 의견이 상당했다. 주한 대만대사관 진수지(金樹基) 대사는 외교부나 국회를 방문하여 자기네들이 데려가겠다는 활동을 벌였고, 조약국도 대만으로 보내는 것이 좋겠다는 의견이었다.

나는 당시 일본 담당 과장이었지만, 해양국제법 전문가로서 다른 의견을 가지고 있었다. 밤중에 개인 타자기로 2페이지 분량의 법적 검토서를 작성하여 김재춘 아주국장과 이원경 장관에게 보고하였다. "해양국제법은 영국이나 네덜란드와 같은 해양 대국들이 주도하여 공해의 자유와 같은 여러 원칙을 정립했다. '군함'에 대한 기국(旗國)의 지위에 대해서도 영토에 대한 관할권에 버금갈 정도로 강하게 하였다. 따라서 대한민국이 관할권을 행사하지 않는다면 어뢰정의 기국인 중국이 관할권을 행사하도록 해야 한다. 2년 전 6월 29일 이범석 장관이 선언한 북방정책에도 합치하는 것이다." 이 검토보고서는 전두환 대통령도 좋다고 하여, 서해상에서 한국 해군이 중국 해군에 어뢰정과 승무원을 넘겨주었다.

국제법 규범에 따라 처리한 것이다. 어뢰정을 중국에 인도하기 전에, 중국 군함 3척이 한국 영해를 침범한 사실은 주권침해에 해당하므로, 강력하게 사과를 요구하였다. 중국 측은 신화사 홍콩지사를 통해 당국의 명을 받아서 정식으로 사과한다는 공식 문서를 보내왔다.

어뢰정의 중국 인계는 덩샤오핑(鄧小平) 지도자에게 엄청난 감동을 주었다. 중국의 사회 분위기가 이완되는 사건들이 거듭되면, 개혁·개방 정책을 추진하는 데 대해 보수 강경파들이 제동을 걸 가능성이 커지는데, 그러한 우려가 해소된 것이다. 공식 관계는 없었어도 한국이 덩샤오핑의 개혁·개방 정책 추진에 도움이 되는 믿을 만한 이웃이라고 확신하게 된 것이다.

첸치천(錢其琛) 전 중국 외교부장의 회고록 '외교십기'에 의하면, 사건 처리 한 달 후인 4월 덩샤오핑은 외교담당 간부들이 모인 자리에서 "한국과 수교하면 좋은 일이 아닌가? 중국 물건을 팔 수도 있고, 대만도 견제할 수 있다."고 밝혔다. 공산주의 체제에서는 중요 정책, 특히 한중 관계 정상화와 같은 주요 사안에 대해 아래에서 누구도 정책을 건의하는 것은 어렵다. 최고지도자만이 결단할 수 있다. 따라서 덩의 발언은 한중 관계에 대한 기본 지침을 내린 것이다.

같은 해 4월 덩은 전두환 대통령에게 어뢰정 처리에 대한 감사의 뜻을 표했다. 안나 셰놀트(Anna Chennault) 플라잉 타이거즈 부회장을 전 대통령에게 비밀특사로 보내 친서를 전달하였다. 셰놀트는 중일전쟁 당시 장제스(蔣介石) 국민당 정부에 전투기 100대를 지원해서 공군을 창설해 준 고 클레어 셰놀트(Claire Chennault) 장군의 부인으로서 미국 내의 주요한 차이나 로비스트였다. 1971년 중국이 유엔 안보리 상임이사국이 된 후에는 베이징 정부도 활용하였다.

어뢰정 사건 이후 양국 간 교류는 눈에 띄게 활발해졌다. 1986년부터는 한중 양국 간 각종 체육 교류가 급하게 이어졌다. 86년 아시안게임에 대규모 중국 선수단이 참가하였고, 88년 서울 올림픽에도 대대적으로 참석하였다. 중국은 1990년 아시안 게임을 개최하고 올림픽 게임도 유치하려 했기 때문에 한국의 경험을 배우는 것이 필요하였다. 덩은 개혁·개방을 내걸고 동북아의 평화와 안정을 추구하고 경제성장에 전력을 기울였다. 시장경제 경험이 없는 중국의 덩샤오핑은 박정희식 경제개발 모델을 배우려는 생각이었다. 한국의 기업인들은 정부보다도 훨씬 앞서갔다. 중국 시장의 가능성을 보고 활발하게 뛰어들었다.

탈냉전과 북방정책으로 수교 협상 급물살

1985년 소련의 고르바초프가 개혁·개방 정책을 선언하여 동서냉전을 끝내는 방향 전환을 시작하였다. 노태우 대통령은 1988년 2월 25일 취임사에서 북방정책을 추진하겠다고 밝혔고, 같은 해 7·7선언으로 통일외교 정책의 기본방향을 발표하였다.

한중 간에도 교역량이 늘게 되자 공적 대표기구 설치의 필요성이 자연스럽게 일어났다. 1989년 6월 톈안먼(天安門) 사태에 대해 미국 중심으로 제재 조치를 가하자 중국은 고립 상태에 빠지게 되었다. 한국도 당초 국제사회와 보조를 맞추었으나 북방외교를 진전시키기 위하여 국제적 봉쇄를 완화시키는 노력을 하였다. 1990년 9월 말 베이징 아시안게임 참가와 9월 30일 한소 수교의 분위기 속에서 10월 20일 한중 간 수교의 전 단계로서 상호 무역대표부 교환에 합의하였다. 형식은 민간 사무소였으나, 실질적으로는 사증 발급 등 일부 영사 기능을 수행할 뿐 아니라 준외교공관으로서의 특권도 행사할 수 있었다. 노재원 대사를 대표로 임명하여 그동안 비공식 차원에 머물던 양국 관계는 공식화의 길로 가는 발판을 마련하였다. 양국 간에는 이미 연간 30억 달러의 교역과 4만 명의 인적 교류가 이루어졌다.

한중 간에 공식 관계의 출발은 냉전체제 해제의 동아시아판 결실로 볼 수 있다. 한중 양국의 지도자나 언론은 앞으로 공식적인 관계 정상화는 시간문제로 이해하였다. 거꾸로 돌아갈 가능성은 거의 없었다.

이상옥 외무부 장관은 1991년 7월 1일 나를 아주국장으로 임명하였다. 아주국의 주요 현안으로는 일본과의 군대위안부 문제와 아세안과의 전면적 협력관계 격상 문제가 있었으나, 가장 중요한 것은 한중 수교 문제였다. 다행히 나는 88올림픽 당시 주일대사관 정무참사관으로 소련대사관 참사관들과 소련선수단의 참가를 위한 협상을 맡아 한소 간 최초의 공식 문서에 가서명하였고, 이후 한소 수교에 이르기까지 양국 간 핵심 파이프라인 역할을 한 경험이 있었다. 당시 소련 외교관들이 조언해준 공산주의 국가와의 교섭 요령이 한중 수교 실현을 앞당기는 데 큰 도움이 되었다.

1991년 8월 하순 나는 베이징을 방문하였다. 아직 정식 수교 관계가 아니어서 아주국장이 KOTRA 부사장 직함을 가지고 중국의 국제무역촉진위원회(CCPIT) 셰젠쥔(解建郡) 부회장과 무역협정 교섭을 하기 위해서였다. 협정 교섭 기간 중 윤해중 무역대표부 참사관에게 중국 외교부의 친화쑨(秦華孫) 국제기구국장과 추이톈카이(崔天凱) 국제기구과장을 오찬에 초청하도록 부탁했다. 그 오찬 자리에서 친화쑨 국장한테 "이제 9월 말이면 중국도 협조해서 남북한이 유엔에 동시 가입하게 된다. 유엔에 남북한이 가입하게 되는데 한국 외무장관이 안보리 상임이사국 외상을 만나지 않으면 이상하지 않은가? 그러므로 유엔에서 이상옥 장관과 첸치천 외교부장이 만나야 한다."라고 제안했다. 친 국장이 "김 국장의 메시지는 틀림없이 접수했다. 그 답을 지금 줄 수는 없다. 그러나 이것은 반드시 상부에 보고하겠다."라고 답변하였다.

그렇게 해서 1991년 9월 17일 남북한이 유엔에 동시 가입하고, 10월 2일 이상옥 장관과 첸치천 외교부장이 안보리에 부속된 소회의실에서 첫 번째 외상회담을 가졌다. 국교 관계가 없더라도 국가 원수끼리 만나면 이미 비공식 정부 승인으로 보는데, 외교부 장관끼리 만나는 것도 의미가 매우 크다. 회담장 근처에서 MBC 최명길 기자가 이 장관과 신정승 동북아 2과장이 함께 있는 것을 보고 나서 '한중 외상회담 개최'라는 특종 기사를 날렸다. 한편 남북한 간 여러 차례 고위급 회담의 결과

1991년 12월 13일 서울 워커힐에서 정원식-연형묵 총리가 '남북 사이의 화해와 불가침 및 교류·협력에 관한 기본합의서'에 서명하였다.

한중 양국에서는 지역 국제회의가 연달아 개최되었고, 양측의 외무장관이 적극적으로 참가하면서 공식 회담의 기회가 늘어났다. 1991년 4월 서울에서 열린 아시아태평양 경제사회위원회(ESCAP) 제47차 총회에는 중국 외교부의 류화추(劉華秋) 부부장이 참석했었다.

10월 12일부터 14일까지 서울에서 아시아태평양경제협력체(APEC) 총회가 열렸다. APEC 창설에는 한국과 호주가 큰 역할을 하였다. 특히, 이시영 차관보가 셔틀외교를 하면서 3개의 중국 문제 해결방안을 마련하였고, 중국도 이 조정안에 만족하여 APEC이 출범한 경위가 있다. 그래서 한국 총회의 의미가 컸고, 첸치천 외교부장이 한국을 방문하였다. 10월 14일에는 제2차 한중 외상회담을 가졌다. 이에 앞서 12일 각국 수석대표들이 노태우 대통령을 함께 예방하였는데, 노 대통령이 첸 외교부장과 별도 면담을 하였다. 여기서 노 대통령은 한중 수교 의사를 전하였다.

덩샤오핑은 1992년 1월 '남순강화'를 통해 개혁·개방 정책에 힘을 실었다. 외무부는 그해 연두 업무보고에서 한중 수교 실현을 주요 외교 목표로 제시하였다.

작전명 '동해' 한중 비밀협상 막전막후

ESCAP 제48차 총회가 베이징에서 1992년 4월 개최되었고, 이상옥 외무장관이 전임 의장 자격으로 참여하여 인수인계하였다. 4월 13일 댜오위타이(釣魚臺) 18호각에서 개최된 한중 외상회담에서 첸 외교부장은 "이제 한중 간에 극비리에 수교를 위한 교섭을 하자. 이것은 최고 지도자와 자신 그리고 극소수밖에 알지 못하는 사안이다. 한국 측도 극소수만으로 비밀 교섭을 하자. 지금까지 수많은 밀사, 특사라고 하면서 베이징에 와서 수교 문제를 제기하곤 했는데 앞으로는 외교 당국 간에 협상하자."라고 하였다. 노 대통령의 수교 제의에 대한 답변이었다. 그에 앞서 이 장관이 리펑(李鵬) 총리를 예방한 자리에서 리 총리는 '물이 흐르면 도랑이 생긴다(水到渠成·수도거성)'라고 발언하였다.

수교 교섭 제의 내용을 서울 출발 전 신정승 과장과 미리 합의해 둔 음어표에 맞추어 대통령에 대한 보고서로 내가 직접 손 글씨로 작성했다. 이 장관의 다음 방문지인 몽골 울란바토르에서 재가를 받아 이영백 서기관한테 들러서, 바로 서울로 귀국하여 노창희 차관에게 전달했다. 노 차관이 김종휘 외교안보수석을 통해 노태우 대통령에게 제출하였다. 이때 김종휘 수석이 수교 교섭 수석대표를 본인이 맡겠다고 재가를 미리 받았다. 이상옥 장관이 몽골 일정을 마친 후 귀국하여 안기부 측과도 협의하여 '수석회담에 앞서 예비실무회담'을 하는 방안으로 의견을 모아 중국 측과도 합의하였다.

당시 미얀마 근무를 마치고 귀임한 권병현 대사를 예비회담 대표로 건의했더니 이 장관이 지명했다. 신정승 중국과장은 비밀 교섭에 참여하려면 사무실 업무를 보기 어려우므로, 병가 휴직을 내서 외교안보연구원 근무로 발령을 받았다. 실제로는 동빙고동 안가에서 권 대사와 함께 회담 업무에 전념하였다. 로지스틱스를 포함한 보안 문제는 안기부 간부의 전폭적인 지원을 얻었다.

남북한 동시 유엔 가입도 되었고, 한중 간의 각종 교류와 접촉이 활발하게 전개되는 상황에서 아주국장이 평소와 다른 움직임을 보이면 출입기자들이 한중 수교가 임박했다고 금방 눈치챌 수 있었다. 첸 부장의 비밀유지 요청도 있었지만, 수교 협상 사실이 알려지면 북한 정권이 필사적으로 방해할 위험이 컸다. 그래서 아주국장으로서는 평소와 다름없게 보여야 했다. 마침 한일 간 군대위안부 문제가 큰 현안이었으므로 수시로 찾아오는 기자들에게 그 문제를 중점 설명하면서 관심을 돌렸다.

그 대신 일과시간이 끝나는 오후 7시경 퇴근해서 권병현 대사와 신정승 과장이 작업하는 안가에 들러 이상옥 장관의 지시사항을 전달하고 관계부서와 협의를 해가면서 비밀 유지를 빈틈없이 했다.

예비회담은 5월 13일부터 6월 21일까지 3차례 열렸다. 1차와 2차는 베이징 댜오위타이에서, 3차는 서울 워커힐 호텔에서 가졌다. 수교 원칙으로는 크게 유엔헌장의 제 원칙과 평화공존 5원칙에 따라 양국 관계를 발전시키기로 하였다. 쟁점들에 관해 수차례 격론을 거쳐, '하나의 중국 원칙'에 합의하고 주한 중화민국 재산에 대해서는 국제법과 관례에 따르기로 했다. 이러한 결과를 합의문서로 정리하였다. 6·25 참전에 대한 사과 문제는 양측의 입장 차이로 단일 문서화는 하지 못하고 각자의 입장을 유지 정리하되, 불행한 사태에 대해 중국 측이 별도 유감의 뜻을 표하기로 하였다.

수석대표로 교체된 노창희 외무차관이 7월 29일 베이징을 방문하여 쉬둔신(徐敦信) 외교부 부부장과 만나서 공동성명 합의문에 가서명하였다.

수교 날짜, 즉 실제 공동성명의 정식 서명 교환을 언제 할 것인가가 남았다. 대만 측은 오래전부터 명동 대사관을 처분하는 방안을 찾기 위하여 민간 건설업자와도 협의했었다. 미국과 같은 수단을 갖지 못했으므로 재산권 문제에도 신경을 써야 했다. 그래서 7월 24일 필리핀 마닐라에서 개최된 동남아시아국가연합(ASEAN) 확대외상회의에서 중국의 왕잉판(王英凡) 아주국장과 조용히 만나서 날짜를 확정하였다. 8·15 광복절이 지난 후 한국의 등기소가 문을 닫는 토·일요일(주말)이 지난 다음의 월요일을 택하여 8월 24일 오전 10시로 정했다.

이에 따라 이 장관과 첸 외교부장이 댜오위타이 팡페이위안(芳菲苑)에서 한중 수교 공동서명에 서명하였고, 모든 외신이 이를 대대적으로 보도했다. 노태우 대통령은 9월 중국을 국빈 방문하여 양국 간 정상회담을 가졌다. 한중 수교는 '북방외교'의 실질적인 완성인 동시에 동북아 냉전구조의 종결을 향한 '결정적인 행보'였다. 한반도와 동아시아뿐만 아니라 전 세계 질서 판도에도 큰 변화를 주는 역사적 사건이었다.

전체적으로 보면, 수교 협상이 신속하게 진행된 배경은 냉전체제 해소 분위기 속에서 양국 간의 민간 교류가 급속하게 늘어났고, 한국이 한소 수교 이후 마지막 목표인 한중 수교를 이루어 남북관계에도 변화를 일으키려는 의욕이 강하였다. 마찬가지로 중국 측도 냉전체제 해소의 물결 속에서 자유중국(대만)의 외교 공세가 거셌다. 발틱해 연안의

라트비아와 영사 관계를 맺고 서부 아프리카의 니제르와 외교 관계를 수립하였다. 이러한 도전을 맞이하여 중국 측도 자유중국의 가장 큰 공관이 소재한 한국과의 수교라는 견제구를 던진 것이다. 중국의 개혁·개방 정책 성공을 위해서는 주변 지역의 평화와 안정이 절대 필요했고, 앞서가는 한국의 경험과 기술이 절실하게 필요하였다. 특히 초기의 노동집약 산업에서는 한국이 가장 좋은 스승이었다.

5000년 한중 관계에서 중국보다 한국이 앞섰던 특별한 시기였기에 전통적으로 정책 변환이 느린 중국도 한국의 요구를 쉽게 받아들였다. 한국도 중국의 개혁·개방을 지원하면 중국도 선순환적으로 대응할 것으로 기대하였기에 양국 간 수교는 순조롭게 이루어졌다고 볼 수 있다. 미국을 중심으로 하는 자유세계가 중국이 경제적으로 발전하면 자연스럽게 민주화로 이어질 것으로 보았고, 한국도 같은 생각이었다. 한국은 중국과의 관계를 진전시키는 데 시종일관 국제사회의 보편적 규범을 중시했다. 역사상 아시아 대륙의 유일 제국으로서 주변국을 압도하던 기질이 다시 살아나서 중화사상으로 주변국을 복속시키리라고는 예상하지 않았다.

2022년 한국과 중국이 수교 30주년을 맞았다. 양국 관계가 건강하지 못한 방향으로 가는 것이 아닌가 하는 우려도 있다. 근본적인 원인은 양국이 상대방에 대해 과도하게 기대했다는 데 있다. 즉, 한국은 경제협력과 인적교류가 많아지면 중국이 북한을 부담으로 느끼고 한국 편으로 올 것이라고 기대했다. 반면 중국은 시간이 지나면 한국이 정치적, 안보적으로 중국이 만족할 만큼 접근할 것으로 기대했기 때문이다. 그간 양국은 갈등적 요소가 있음에도 불구하고 공동의 이익만을 강조하면서, 소위 구동존이라는 이름 아래 우호 관계라는 틀만을 안이하게 강조해 온 측면이 있다. 이제 불편한 진실을 맞은 양국은 깊은 성찰을 하고 30년 전 수교 시 기대하고 있었던 미래지향적 관계를 위해 노력해야 할 것이다.

옷소매 한 자락의 한중

이희옥
성균관대 정치외교학과 교수

한중 수교 30년의 궤적

1992년 한국과 중국이 국교를 정상화해 올해로 수교 30년을 맞는다. 양국이 수교할 무렵, 탈냉전 이후 국제질서와 한반도는 요동치고 있었다. 한국은 민주화 운동과 직선제 개헌을 통해 이른바 '87 체제'를 열었고 노태우 정부는 북방외교(Nordpolitik)에서 한국 외교의 출로를 찾고자 했다. 1988년 '민족자존과 통일 번영을 위한 대통령 특별선언'인 이른바 '7·7선언', 1989년에는 남북연합을 거쳐 통일민주공화국으로 나아가는 3단계 통일 방안인 '한민족 공동체 방안'을 제시했다. 이러한 남북 관계는 적성 국가였던 중국과 소련 등 사회주의권 국가와 관계를 개선하지 않고서는 불가능한 일이었다. 우선 1991년 남북이 동시에 유엔에 가입한 데 이어 소련과 국교를 수립했다. 그러나 북한과 사회주의 연대를 고수하고 있던 중국과 수교하고 대만과 관계를 단절하지 않고서는 북방정책을 완성할 수 없었다.

중국도 1989년 톈안먼(天安門) 사건 이후 국제사회의 경제 제재로 개혁·개방의 공간이 크게 위축된 상황에서 주변 국가와의 복교와 국교 수립을 통해 서구의 포위망을 돌파하고 교두보를 마련할 필요가 있었다. 이러한 국제정세에 대한 인식의 전환에는 개혁·개방의 총설계사로 불렸던 덩샤오핑(鄧小平)의 역할이 컸다. 그는 1992년 1월부터 남순강화(南巡講話)를 통해 사회주의에 대한 사상 해방을 시도했다. 1992년 10월 중국 공산당 제14차 대회에서는 사회주의 시장경제를 당의 강령에 반영하기도 했다. 특히 중국은 한국의 경제발전을 주목하고 있었고, 1983년 민항기 사건과 1985년 어뢰정 사건 등의 교섭 과정, 1988년 서울 올림픽 참여를 통해 한국에 대한 접근을 강화해 왔다. 한중 수교 협상 과정에서 양국은 '하나의 중국' 원칙에 합의했기 때문에 큰 정치적 걸림돌이 없었고 대등한 협상을 할 수 있었다.

한중 수교는 기존의 동아시아와 한반도 지형을 크게 흔들었다. 무엇보다 '피로 뭉쳐진 관계'였던 북중 관계가 크게 소원해졌다. 1993년 북한이 핵확산금지조약(NPT)에서 탈퇴하면서 시작된 북핵 위기도 이와 무관하지 않다. 한국이 대만과 외교 관계를 단절하면서 샌프란시스코 체제가 만든 국제적 반공연대의 구조도 부분적으로 해체되었다. 이후 한중 관계는 고고도미사일방어체계(THAAD)의 한국 배치를 둘러싼 갈등까지는 비록 마늘 파동, 역사 마찰 등에도 불구하고 대화와 협상을 통해 문제를 해결해 왔고, 경제 및 민간 교류도 크게 증가했다. 전반적으로 한중 관계는 1992년 전후에 중국과 수교하거나 복교했던 다른 어느 국가보다 양적, 질적으로 발전한 모범 사례로 평가할 수 있다.[1]

1992년 수교 당시 노태우 정부와 장쩌민(江澤民) 정부는 선린 우호 협력 관계를 수립했고, 1998년 김대중 정부와 장쩌민 정부는 협력 동반자 관계를 맺으면서 양국은 동반자(Partnership) 관계가 되었다. 이어 2003년 노무현 정부와 후진타오(胡錦濤) 정부가 출범하면서 기존의 협력 동반자 관계를 '전면적 협력 동반자 관계'로 확대, 심화시켰다. 이것은 한반도 문제 해법에 대한 넓은 공감대가 있었고 상호보완성에 기초한 경제협력의 성과에 따른 것이었다. 2008년에는 이명박 정부와 후진타오 정부가 기존의 전면적 협력 동반자 관계를 전략적 협력 동반자 관계로 격상시켰다. 이념과 체제를 달리하는 한국 정부가 한미동맹 외교를 강화한 상황에서 한중 양국이 '전략적' 관계로 격상시킨 것은 양자관계를 넘어 지역과 국제 문제도 함께 논의하고 협력한다는 의미를 지니고 있었다.[2] 이어 2013년 박근혜 정부와 시진핑 정부는 기존 전

---

1 이희옥·차재복 편, 『1992-2012 한중관계 어디까지 왔나: 성과와 전망』(서울: 동북아역사재단, 2012), 성균중국연구소 편, 『한중수교 25년사』(서울: 성균관대학 출판부, 2017).
2 Lee Heeok, "China's Policy toward (South) Korea: Objectives of and Obstacles to the Strategic Partnership," Korean Journal of Defense Analysis, Vol. 22, NO. 3 (September, 2010)

략적 협력 동반자 관계의 내실화에 합의했고, 문재인 정부와 시진핑 정부도 전략적 협력 동반자 관계를 실질적으로 발전시켜 왔다. 이처럼 한중 관계는 양국의 새로운 정부가 출범할 때마다 외교 관계가 격상될 정도로 중요한 양자관계의 하나가 되었다. 이러한 성과 때문에 양국 간이 가까워진 것을 비유하는 것으로 '옷의 띠만큼 좁은 강'이라는 일의대수(一衣帶水)라는 4자성어가 유행하기도 했다.

⟨표 1⟩ 한중 관계 발전 과정

구분	시기	배경		정부
		한국	중국	
선린 우호 협력 관계	1992년	북방정책, 경제협력	국제고립 탈피, 개혁·개방 재개	노태우–장쩌민
협력 동반자 관계	1998년	북핵문제, 경제협력	북핵문제, 경제협력	김대중–장쩌민
전면적 협력 동반자 관계	2003년	북핵문제, 경제협력, 역사문제	북핵문제, 경제협력	노무현–후진타오
전략적 협력 동반자 관계	2008년	한미동맹 강화, 경제협력	한미동맹 약화, 경제협력, 대국외교	이명박–후진타오
전략적 협력 동반자 관계 내실화	2014년	북핵문제, 한중 FTA, 인문교류	북핵문제, 한중 FTA, 인문교류, 주변외교	박근혜–시진핑
실질적 전략적 협력 동반자 관계	2017년	북핵문제, 경제협력, 사드문제, 평화경제	북핵문제, 경제문제, 사드문제, 일대일로	문재인–시진핑

한중 관계의 다층적 발전

한중 수교의 성과는 경제 관계에서 두드러졌다. 2020년 말 양국의 교역 규모는 2415억 달러로 수교 당시 64억 달러보다 37.7배나 증가했다. 대중국 교역 비중은 1992년 4.0%에서 2020년 말에는 24.6%로 증가했다. 이것은 같은 기간 대미국 교역 비중이 23.0%에서 13.4%로 감소한 것과 대비되고 있다. 2020년 말 현재 한국의 대중국 교역 규모는 미국과 일본을 합친 20.7%보다도 높고[3] 한국의 중국 시장 점유율도 2010년 10%에서 2020년 말 8.4%로 유지되고 있다.

한편 한국의 대중국 투자(실행 기준)는 누계액은 757억 달러, 건수는 10만6315건이다. 한국의 대중국 투자는 해외 전체 투자액 대비 신고 기준 12.5%(실행 기준 12.9%), 건수로는 27.8%(실행 건수 31.3%)에 달하며 신규법인 수도 33.7%에 달한다. 중국의 대한국 투자 규모도 지속적으로 유지되어 2020년 말 누계액 기준 167억 달러, 신고 건수 기준 1만2421건으로 늘어났다. 이러한 성과가 누적되어 중국은 한국의 최대 수출국이자 최대 수입국이며, 한국은 중국의 수출 기준으로 5위, 수입 기준으로 3위, 해외투자 5위[4] 국가가 되었다.

한중 경제 관계는 보완성보다 경쟁성이 강화되고 있고, 메르스 사

---

[3] 중국의 세관 통계는 통상 홍콩과 마카오를 경유한 것도 포함하는데, 2020년 말 기준 2852억 달러이다. 이 통계에 근거하면 중국의 대한국 무역적자 규모는 602억 달러(한국의 경우 236.8억 달러 적자)로 확대된다.
[4] 해외투자는 조세회피국인 버진아일랜드를 제외한 것이며, 2019년 말 기준이다.

태, 사드 배치 갈등, 코로나 팬데믹과 같은 환경적 요인 때문에 일시적으로 교역과 투자 규모가 줄기도 했다. 하지만 반도체와 배터리 산업 등을 중심으로 대규모 투자가 진행되는 등 중국이 한국 경제의 가장 중요한 버팀목의 하나라는 사실은 분명하다. 실제로 그동안 한국 경제의 지속적 발전은 한중 교역과 투자에 힘입었고 2025년경 중국이 세계 최대의 럭셔리 시장으로 등장하는 등 최종 소비시장으로서의 중국의 중요성은 여전하다.

2015년 12월 20일 한중 자유무역협정(FTA)이 정식으로 발효되었고 2016년부터는 상품 분야의 관세 인하가 이루어졌다. 2020년 말 현재 서비스·투자·금융 분야에서 상호 시장개방 확대를 위한 2단계 논의도 진행 중이다. 물론 지금까지와는 다른 양상도 나타나고 있다. 한중이 교역 규모의 감소, 한국 수출의 대중국 의존도 하락, 중국 수입시장에서 한국의 점유율 하락과 한국 수입시장에서 중국의 점유율 상승, 한국의 대중국 무역흑자와 흑자 비율이 축소되고 있다. 한국의 대중국 투자도 해외투자 대상 지역으로서 중국의 위상이 낮아지고 중국 기업의 대한국 투자가 증가하면서 투자 불균형이 줄어들고 있다. 뿐만 아니라 사드 배치 갈등을 계기로 정치안보 리스크가 경제 리스크로 전환되면서 경제적 불확실성이 높아지기도 했다.

정치적으로는 2021년 10월 말 기준 공식 정상회담은 46차례 개최되었고, 핵안보 정상회의, 아시아태평양경제협력체(APEC), 주요 20개국(G20), 한중일 정상회담 등 다양한 다자회의 등의 계기에 정상급 교류 38회를 포함하면 약 84차례의 회담이 있었다. 이러한 정상회담은

〈표 2〉 한중 교역 상황

구분	교역액 (억 달러)	대중 수출 (억 달러)	대중 수입 (억 달러)	무역수지 (억 달러)	교역 증가율(%)
1992년	64	27	37	-11	43.6
1995년	166	92	74	18	41.9
2000년	313	185	128	57	38.6
2005년	1,006	619	386	233	26.7
2010년	1,884	1,168	716	453	33.7
2015년	2,274	1,371	903	469	-3.4
2016년	2,114	1,244	870	375	-7.0
2017년	2,400	1,421	979	442.6	13.5
2018년	2,686	1,621	1,065	556.4	11.9
2019년	2,434	1,362	1,072	289.7	-9.4
2020년	2,416	1,326	1,089	236.8	-0.8

소통 부재에서 오는 위험을 예방하고 큰 틀에서 양국이 전략적 합의에 이르게 하는 중요한 동력이었으며, 위기관리 메커니즘을 제도화하는 데도 기여했다. 이를 실행하고 지원하기 위해 수교 이후 130여 차례의 외교장관 회담과 고위급 교류가 있었다. 한국의 국가안보실장과 중국의 외교담당 국무위원 간 소통기제, 외교차관 전략대화, 인문교류 촉진위원회, 한중 경제공동위원회, 해양경계획정 공식 회담을 비롯한 트랙 1, 트랙 1.5 대화 등이 가동 중이다.

국회와 정당 차원에서도 한중의원 외교협의회, 한중의회 정기교류 체제 등이 있고, 정당 차원의 싱크탱크 교류도 활발하게 진행되었다. 특히 주목할 만한 것은 양국 관계 발전의 걸림돌이었던 군사 방면에서 군 고위급 인사 교류, 정책과 연구 그리고 군사교육 교류로 발전했고, 한국 국방차관과 중국 부총참모장 간 국방전략대화가 개최되었으며, 국방정책 실무회의도 정상적으로 진행되었다. 2014년부터는 한국군의 제안에 따라 중국군 유해 송환 사업이 시작되었고, 2021년 9월까지 총 829구가 실제로 송환되어 한중 관계 발전에 기여했으며, 양국 국방부 사이의 직통전화를 설치하는 양해각서를 체결하기도 했다.

사회문화적 차원에서 가장 인상적으로 발전한 것은 인적교류였다. 1992년 수교 당시 13만 명에 불과했지만 2019년 말 1000만 명 시대를 열었다. 매주 우리 측 73개 노선, 중국 측 71개 노선에서 각각 주 500회 이상, 1000편 이상의 항공기가 이착륙했다. 주목할 만한 것은 중국의 부상에 따라 중국인의 방한 규모가 한국인의 방중 규모를 넘어서면서 인적교류의 균형이 나타났다는 점이다. 중국에 상주하는 한국인 수는 약 50만 명에 달하고 있고 베이징(北京), 상하이(上海), 칭다오(靑島) 등의 주요 도시에는 '코리아타운'이 형성되었다. 한편 지방정부 차원에서 다양한 교류협력이 전개되었다. 서울시를 비롯한 대부분의 지방정부가 참여해 228개의 자매 교류를 맺었고, 448개의 우호도시 교류가 진행되고 있다.

향후 한중 양국의 가교는 청년세대 특히 양국의 유학생이라고 할 수 있다. 2019년 말 기준 중국에 체류하는 한국 유학생과 한국의 중국 유학생은 각각 7만여 명과 5만여 명으로 전체 외국인 유학생 16만 명 중 43.3%에 달했다. 한국에서는 중국어 배우기 열풍이 불었고 실제로 중국어 시험인 한어수평고시(HSK)를 세계에서 가장 많이 응시하고 있다. 반면 중국에서는 한한령 이전에는 한류 열풍이 있었으며, 한국의 TV 드라마가 공전의 인기를 얻으면서 양국 지도자들의 일상 화제에 오르기도 했다. 비록 한중 간 인적교류는 메르스 사태와 사드 배치로

〈표 3〉 한중 인적교류

구분	방중 한국인	방한 중국인	합계
2011년	418.5	222.0	640.5
2012년	407.0	283.7	690.7
2013년	396.9	432.7	829.6
2014년	418.2	612.7	1,030.9
2015년	444.4	598.4	1042.8
2016년	476.2	806.8	1,280.0
2017년	386.5	416.9	802.4
2018년	419.4	479.0	898.4
2019년	434.7	602.4	1037.1
2020년	44*	74	118

* 2020년 방중 한국인은 추정치.

인해 양국 관계가 경색되면서 교류의 폭과 깊이가 줄었으나 양국 관계가 회복될 경우 과거 값싼 단체관광 패턴에서 개인 관광객, 주제별 관광으로 이전되면서 새로운 인적교류가 나타날 것으로 전망된다.

한편 중국에서의 한류 콘텐츠는 중국인들의 사랑을 크게 받았다. K-Pop 공연과 TV 드라마가 중국 팬들을 사로잡았고 다양한 합작영화 기획과 제작 등도 활발하게 전개되었다. 2014년 '별에서 온 그대' 등이 중국 내에서 한국 TV 드라마 붐을 형성하는 역할을 했다. 그러나 한국의 사드 배치 결정 이후 '한한령(限韓令)'이 나타났다. 한국 단체의 중국 내 공연 금지, 신규 한국 연예기획사에 대한 투자 금지, 관객 1만 명 이상 동원하는 한국 아이돌 공연 금지, 한국 드라마 및 예능 협력 프로젝트 체결 금지, 한국 연예인 출연 드라마 중국 내 송출 금지 등으로 나타났다. 한한령 6년 만인 2021년에는 '오! 문희'라는 영화가 중국에서 상영되고 한국의 게임에 대해 중국이 허가를 재개하면서 한한령이 풀릴 징후도 없지 않다. 이것은 수교 30년을 계기로 한중 간 문화교류가 재개될 수 있다는 긍정적 신호이기도 하다. 양국 정부는 2021~2022년을 한중 문화교류의 해로 선포하고 160개에 달하는 다양한 활동을 전개하고 있다. 양국은 정책 지원으로 시너지를 낼 수 있다는 점을 고려해 2013년 6월 정상회담을 통해 인문 유대를 강화하기로 합의해 차관급을 대표로 하는 '한중 인문교류 공동위원회'를 구성했고, 한중 인문교류 촉진위원회도 가동 중이다.

양국 간 인적, 물적 교류를 제도적으로 지원하기 위해 한국은 베이징, 상하이, 선양(瀋陽), 칭다오, 광저우(廣州), 청두(成都), 시안(西

安), 우한(武漢), 홍콩 등에 총영사관을, 그리고 다롄(大連)에 영사사무소를 설치해 운용하고 있다. 중국도 서울, 부산, 광주에 이어 제주에 영사관을 운영하고 있다.

제3자 요인이 흔들고 있는 한중 관계

한중 관계는 30년 동안 건실하게 발전했다. 교류의 폭과 깊이가 넓어지고 심화되면서 자연스럽게 국가이익을 둘러싼 갈등도 나타났다. 이것은 해결 과정이 복잡해지고, 더 많은 시간을 필요로 한다는 것을 의미한다. 물론 경제 갈등이나 역사와 문화 논쟁도 쉽게 해결되기 어려운 과제이지만, 정치적 지혜를 발휘할 수 있는 양자 관계의 영역이다. 그러나 문제는 한중 관계 바깥의 외생변수, 제3자 요인이 한중 관계에 영향을 미치면서 해결의 난도를 높이고 있다는 점이다.

현재 기술과 경제 영역의 미중 전략경쟁은 이념과 체제 그리고 제도를 문제 삼으면서 발전하고 있다. 미국이 중국의 '사회주의 부상'을 용인하지 못하고 중국도 정체성의 정치(Politics of Identity)를 강화하는 상황에서 일종의 치킨게임으로 전개될 위험이 있고 이를 한반도에 강제할 가능성이 커지고 있다. 한국은 세계 10위권 경제대국, 세계 6위권 군사대국, BTS와 한국 영화의 잠재력이 보여준 문화적 창의력, 민주주의와 시장경제의 모범국가, 젊은 세대를 중심으로 한 민족적 자부심이 높아지면서 전략적 위상이 달라졌다. 이것은 수교 30년을 맞아 한중 관계의 도전 요소를 극복하고 위상을 재정립해야 한다는 것을 의

미한다.[5]

첫째, 한반도 통일에 대한 인식 차이다. 중국은 자주적, 평화적 방식을 지향하며 대화, 신뢰, 협상이라는 방법론을 제시하고 있다. 반면 한국은 상대적으로 국제협력 속에서 한반도 평화를 관리하면서 평화적으로 통일이 이루어져야 한다고 강조해왔다. 그러나 북한이 사실상 '두 개의 한국(Two Korea)' 정책을 추진하고 있고 한반도 최종 상황(End State)에 대한 양국의 입장 차이가 있다. 실제로 중국도 한반도 통일이 자국의 국가이익에 유리하다는 확신이 없는 한, 선제적으로 움직일 가능성은 크지 않다.

둘째, 한미동맹에 대한 인식 차이다. 한국은 기본적으로 한미동맹의 기본 축을 유지해왔고 사실상 한미 관계와 한중 관계에는 전략적 차등화가 있었다. 그러나 미중 전략경쟁, 중국의 부상이 본격화되면서 한미 군사동맹에 대한 중국의 부정적 인식이 강해졌다. 즉 중국은 한반도에서 미국의 역외 균형자(Offshore Balancer) 역할을 현실적으로 수용해 왔으나 한미동맹의 지역화 등 동맹의 성격 변화에는 강력하게 반대하고 있다.

셋째, 북핵과 북한 문제 해결에 대한 목표와 방법의 차이다. 그동안 한국은 대북정책에서 포용정책과 엄격한 상호주의를 시행했다. 일정한 성과가 있었지만, 동시에 한계도 있었다. 중국은 북한의 '이유 있는 안보 우려'에 동의하고 한반도 비핵화와 한반도 평화체제를 동시에 논의하는 '표본겸치(標本兼治)'를 강조해왔다. 반면 한국은 한반도(북핵) 비핵화의 원칙과 국제제재를 유지하는 가운데 북한의 선제조치를 요구하고 있다.

넷째, 글로벌 가치사슬과 공급망의 성격이 변하고 한중 경제관계의 경쟁성이 심화되고 있다. 실제로 사드 배치의 경험과 같이 경제의 안보화 또는 안보의 경제화에 노출되어 있다. 특히 동아시아에서 중국 중심의 새로운 가치사슬 형성, 중국을 중심으로 하는 지역경제 일체화, 4차 산업혁명과 신무역 확대에 따른 새로운 분야의 협력 증대 가능성, 보호무역주의 확산에 따른 세계 교역 위축 가능성, 한중 FTA 등이 한중 경제 관계에 영향을 주고 있다. 이런 점에서 한중 양국은 신기술을 비롯한 핵심 정책 분야에서 협력을 강화하는 한편 인프라 건설, 물류, 자원개발, 탄소중립 시대 환경 분야의 협력을 확대해야 한다.

다섯째, 사회문화적 관계이다. 국가 간 교류는 민간이 서로 친해야 하고, 민간이 친하기 위해서는 마음이 서로 통하는 데 달려 있다(國之交在於民相親, 民相親在於心相通). 그러나 수교 30년을 맞아 한중 관계는 광범위한 사회문화적 교류에도 불구하고 마음이 멀어지면서 사안별로 갈등이 발생할 가능성이 있다. 한중 교류의 상징으로 여겨졌던 중국 내 '한류'에 대한 이미지도 악화되었다. 여기에 중국에서는 문화주권 안보론이 등장하고 '문화자신'이 정치적 슬로건이 되면서 상호 문화 교류에도 부정적인 영향을 미치고 있다. 특히 민족적 자부심과 애국주의로 무장한 한국과 중국의 청년세대들이 사안이 발생할 때마다

---

5   이희옥, "동아시아 판의 변화와 한중관계의 동태적 전환", 『동향과 전망』, 99호(2017), pp.63–68

인터넷 공간에서 과거 부정적 기억을 끌어올리는 '끌올문화' 현상도 나타나고 있다. 이런 점에서 쌍방향 소통체계와 상위정치(High Politics)의 교착 국면이 나타날 때마다 인문 교류의 기반으로 문제를 풀 수 있는 길을 개척할 필요가 있다.

새로운 한중 관계 30년을 위해

중국과 일본은 미중 데탕트가 시작될 무렵인 1972년 수교했고, 2022년이면 수교 50년을 맞이한다. 크게 전반기와 후반기로 나눠보면 전반기는 대체로 상호이해를 모색하는 과정에서 우호 관계를 유지해 왔으나 하반기에는 서로를 잘 알고 있다는 '이웃증후군'이 작동하면서 양국의 갈등이 빈발했다. 한중 관계도 수교 30년을 되돌아보면 현재까지는 여러 가지 갈등에도 불구하고 비교적 건실한 관계를 유지해 왔으나, 향후 새로운 도전 요인이 더욱 증대할 것이다. 이런 점에서 한중 관계의 지속적인 발전을 위해 무엇을 해야 할 것인지를 면밀하게 검토할 필요가 있다.

미래연구는 미래를 통해 현재를 파악하면서 현실에 갇힌 우리의 생각을 뛰어넘는 장점이 있다. 그러나 가려서 잘 보이지 않았던 현실의 문제를 발견하고 미래를 구성하고 만들어가는 한편 삼십이립(三十而立)을 맞아 한중 관계의 성과와 한계를 동시에 검토하는 온고지신(溫故知新)과 법고창신(法古創新)의 지혜가 필요하다.

향후 한중 관계는 다음과 같은 준칙이 필요하다. 첫째, 공진(共進)이다. 한중 양국이 함께 가야 멀리 갈 수 있고 멀리 가기 위해서는 함께 가야 한다. 제4차 산업혁명이 가져온 변화가 한반도에도 나타나면서 국경과 국적을 넘어 새로운 연대와 협력을 요구할 것이다. 둘째, 지혜이다. 이것은 고정관념을 깨고 낡은 생각을 넘어서는 용기와 능력이다. 우리 사회에 넓게 퍼진 중국에 대한 선험적 인식과 모든 문제를 한미동맹만으로 환원하는 고정관념을 넘어서는 것이 필요하다. 셋째, 트리플 윈(Triple Wins)이다. 한중 관계가 양자 간 윈윈전략을 넘어 지역의 국제 문제에도 기여할 필요가 있다. 넷째, 복합적 사고이다. 한반도는 지정학적으로 해양세력과 대륙세력이 각축하는 이른바 림랜드(Rimland)이고 지경학적으로도 북한을 통해 세계와 연결하는 전략적 요충지이다. 이러한 한반도의 전략적 가치를 높이면서 미중 전략 경쟁을 완충시키는 새로운 접근법이 필요하다. 마지막으로 한중 관계는 모든 문제를 사전에 예방할 수 없다는 점에서 정태적 안정을 넘어 위기관리 메커니즘을 구축해 양국 관계를 발전시키는 동태적 안정이 필요하다.

한국의 새로운 국가의 모습은 중국에 대한 전략 지도를 스스로 그리는 데에서 출발할 필요가 있다. 이를 통해 한국 외교의 지속 가능성 그리고 예측 가능성을 높여야 한다. 구체적으로는 대중국 정책라인의 확충과 정비가 필요하고 전문가 조직의 활용이나 대중국 정책의 투입 과정에서 개방적 태도도 필요하다. 또한 공공외교가 중국인의 마음을 얻는 것이라면 체감할 수 있고, 쌍방향적으로 소통하며, 지속 가능하며 미래 세대에 열려 있어야 한다. 수교 30년 동안 한중 관계는 차이를 인정하면서 공통점을 찾아가는 구동존이(求同存異) 과정이었다. 이후 30년은 화이부동(和而不同) 정신으로 발전할 필요가 있다. 공자가 항상 같음(同)의 추구를 경계한 것은 같음을 추구하다 강요와 억압이 나타나기 때문이다. 조화를 추구하되 차이를 존중하는 것이야말로 한중 관계의 미래에서 금언으로 삼을 만하다.

노태우 정부부터 문재인 정부까지, 7人7色 대중정책

한석희
연세대 국제대학원 교수

올해로 수교 30주년을 맞아 한중 관계 30년을 회고하고 앞으로 30년의 발전 방향에 대한 논의가 각계에서 한창이다. 1992년 8월 수교 이후 지금까지 한국은 7명의 대통령이 나름대로의 철학과 정책 방향에 따라 한중 관계를 구축 발전시켜 왔다. 대통령마다 이념적 스펙트럼과 통치 스타일이 달라 각 시기의 한중 관계도 다른 특징이 나타났다. 본 장에서는 노태우, 김영삼, 김대중, 노무현, 이명박, 박근혜, 문재인 등 역대 대통령 시기의 시대적 특징과 대중 관계의 특징을 비교해 앞으로 한중 관계에도 초석이 되기를 기대한다.

노태우 정부(1988~1993)

1992년 8월 24일 한중 수교가 성공적으로 이루어질 수 있었던 배경에는 노태우 정부의 '북방외교'가 자리잡고 있다. 북방외교란 중국·소련·동유럽·기타 사회주의 국가와의 외교적 관계 개선을 통하여 한반도의 평화와 안정 및 경제협력을 도모하는 노태우 정부의 외교정책이었다. 남북한 교류 협력 관계의 발전을 통해 궁극적으로 사회주의 국가와의 외교 정상화와 남북한 통일의 실현을 목적으로 했다. 1989년 2월 헝가리를 시작으로 1992년 12월 베트남과 수교하기까지 3년 10개월 동안 노태우 정부는 북방외교를 통하여 37개 공산권 국가와 외교 관계를 맺었다. 한중 수교도 이 북방외교의 실행 과정 속에서 이루어진 중요한 외교적 성과로 평가해 볼 수 있다. 또한 한중 수교를 통한 대북 압박 및 한국 주도의 통일을 노렸다는 점에서 한중 수교는 노태우 정부 북방외교의 핵심이었다고 볼 수 있다.

상대국인 중국 입장에서도 한중 수교는 필요한 외교적 돌파구였다. 1989년 톈안먼(天安門) 사태로 외교적 고립에 놓였던 중국은 주변국들과의 수교를 통하여 이를 돌파하려고 시도했다. 덩샤오핑(鄧小平)의 남순강화(1992년)로 중국의 새로운 경제 도약을 실현하려는 시작점에 놓여 있었던 중국은 한중 수교를 통하여 외교·경제적 부상을 도모할 수 있었다.

또한 한중 수교 과정에서 한국과 타이완과의 단교를 요구해 타이완의 외교적 고립을 심화시킬 수 있었다는 점도 한중 수교에 따른 중국의 외교적 수확이었다. 이렇듯 한중 수교는 한국과 중국의 공동 이익을 도모하기 위하여 체결된 외교적 도전이었으며, 그 이후 30년 동안 보았듯 한중 수교는 한국의 외교·경제사에 중요한 축으로 발전해왔다. 그러나 북중 관계가 유지된 상태에서 한국만 대만과 단교했다는 점은 장기적인 측면에서 외교적 갈등 요소를 내포하고 있다는 점에서 문제점으로 지적할 수 있다.

김영삼 정부(1993~1998)

김영삼 정부의 한중 관계는 우호 협력적 외교 관계의 수립과 경제교류 활성화라는 두 가지 특징으로 설명할 수 있다. 우선 김영삼 정부가 출범하였던 시기는 글로벌 차원에서 1991년 소련의 해체와 함께 미국이 새로운 국제질서(New World Order)를 선언하면서 유일 초강대국으로 부상하였던 시기였다. 한반도에서는 1993년 북한의 핵확산금지조약 탈퇴 선언으로 제1차 북핵 위기(1992년 시작)가 본격화되는 상황이었다. 게다가 한중 관계는 1992년 수교는 되었지만 이를 어떻게 만들어갈 것인지에 대하여 구체적인 정책 수립이 필요한 시점이었다. 따라서 김영삼 정부는 안보와 이념을 중심으로 추진되어 왔던 냉전적 외교에서 탈피하여 그동안 적대적 관계를 유지해 왔던 중국과의 외교 관계를 신뢰 구축을 바탕으로 한 탈냉전적 우호 협력 관계로 재설정하려고 노력하였다.

특히 북핵 문제를 둘러싸고 김영삼 정부는 연이은 고위급 회담을 통하여 북핵 문제의 해결을 위한 중국과의 협력을 도모하였다. 1994년 3월 김영삼 대통령은 중국을 공식 방문하여 장쩌민(江澤民) 주석과 정상회담을 가졌다. 이 과정에서 북핵 문제를 비롯한 동북아 정세를 논의하면서 북핵 문제 해결을 위하여 중국이 북한을 설득해줄 것을 요청하였다. 이후 1994년 리펑(李鵬) 총리의 방한, 1995년 이홍구 국무총리의 방중, 1995년 3월 장쩌민 주석의 방한 등 고위급 교류가 결실을 맺어 1997년 중국은 한반도 평화체제 수립을 위한 4자회담에 참여했고 북핵 문제 해결에도 건설적 역할을 하겠다는 입장을 표명하였다.

아울러 한중 간 정치 체제의 차이와 북한 요인, 그리고 당시 양국 간 경제구조의 상호 보완성 등 요인들이 복합적으로 작용하면서 김영삼 시기 한중 관계는 '정경분리(政經分離)'와 '구동존이(求同存異)'의 원칙 하에 경제와 인문 분야를 중심으로 빠르게 성장하였다. 그 예로 김영삼 정부 출범 첫해인 1993년 한중 양국 간 무역액은 91억 달러에 불과했지만, 김영삼 정부 마지막 해인 1997년에는 237억 달러로 2.6배 증가해 한중 양국은 서로 상대국에 대한 3대 무역대상국으로 부상하였다. 김영삼 정부는 대중 직접투자도 촉진하였는데 투자는 당시 한국의 산업구조 전환과 맞물리면서 증가하여 1993년 2억9100만 달러였던 한국의 대중 직접투자는 1996년에는 10억4500만 달러까지 늘었다. 중국이 미국에 이어 한국의 제2의 투자대상국으로 부상하였다.

1994년 김영삼 대통령 방중을 계기로 한중 양국은 문화 협정, 산업협력위원회 설치 협정, 이중관세 방지 협정, 세관 협정 등을 체결했고, 1994년 리펑 총리 방한을 계기로 항공 협정, 원자력 협정 등을 체결하였다. 이처럼 김영삼 정부 시기에는 양국 수교를 뒷받침하는 세부 영역에서의 기본 협정들이 체결되어 향후 한중 관계 발전에 주춧돌을 놓았다고 평가할 수 있다.

김대중 정부(1998~2003)

김대중 정부는 외환위기 극복이라는 절체절명의 과제에 직면한 상황에서 출범하였다. 따라서 한중 관계에서 경제 교류에 대한 관심이 증폭되었던 시기였다. 특히 김대중 정부 시기 한중 간 경제 교류는 한층 더 업그레이드되어 매년 양국 간 교역액과 한국의 대중국 투자액은 큰 폭으로 증가하였다.

주목할 점은 중국이 2001년 세계무역기구(WTO)에 가입해 한중 교역액은 315억 달러(2001년)를 기록하며 한중 간 교역액이 한일 간 교역액을 처음으로 추월했다는 점이다. 그 결과 중국은 한국의 제2 교역 대상국으로 부상하였다. 이러한 상승세는 이어져 김대중 정부 마지막 해인 2003년 한중 교역액이 570억 달러로 늘어났다.

중국의 WTO 가입의 영향으로 한중 경제 교류는 양적 성장뿐 아니라 질적 확대도 진행되어 보험, 금융, 정보기술(IT) 산업 분야에서 한국 기업의 중국시장 진출이 가속화됐다. 반면 한중 경제 교류의 확대는 양국 간 무역 마찰이 표면화되는 원인으로 작용하기도 하였다. 2000년 중국산 마늘에 대한 한국 정부의 관세 부과와 이에 대한 중국 정부의 보복성 조치, 즉 한국산 휴대폰과 폴리에틸렌에 대한 수입 중단 조치는 아직까지도 대표적인 한중 무역분쟁 사례로 전해지고 있다.

김대중 정부의 가장 핵심적인 정책은 '햇볕정책'이라고 볼 수 있다. 김대중 정부는 김영삼 정부와는 달리 햇볕정책이라고 통칭되는 대북 포용정책을 추진했다. 북핵 문제의 해결뿐 아니라 한반도에서 안정 유지, 즉 북한 정권의 붕괴 방지를 내세워 그동안 한반도의 평화와 안정을 한반도 정책의 중요 목표로 설정해왔던 중국과 협력의 면을 더 확대하는 모습을 보였다. 이를 바탕으로 1998년 11월 김대중 대통령의 중국 방문 및 장쩌민 주석과의 정상회담을 계기로 양국은 기존의 '선린 우호 협력 관계'를 정치, 경제, 사회, 문화 등 제반 분야를 포함하는 '21세기 한중 협력 동반자 관계'로 격상시키는 데 합의하였다. 또한 공동 선언문을 통해 중국은 4자회담의 적극적인 추진을 통해 한반도에 영구적인 평화와 안정이 정착되기를 희망한다고 선언하면서 김대중 정부의 대북 포용정책에 대한 지지 의사를 표명하였다.

김대중 정부 시기 한중 관계를 평가할 때 주목해야 할 또 다른 측면은 안보 분야의 협력을 모색하기 시작했다는 점이다. 1998년 8월 슝광카이(熊光楷) 인민해방군 부총참모장이 방한한 것을 시작으로 1999년 8월 조성태 국방장관이 한국 국방장관으로는 처음 중국을 방문했다. 2000년 1월에는 츠하오톈(遲浩田) 중국 국방부장도 최초로 한국을 방문하였다. 이후 안보 분야에서 양국 간 교류는 점차 확대되어 2001년 10월에는 한국 해군 을지문덕함이 상하이(上海)를 방문하는 상징적 성과를 거두기도 하였다.

이러한 안보 분야 고위급 교류를 토대로 2000년 주룽지(朱鎔基) 총리 방한을 계기로 한중 양국은 '협력 동반자 관계'를 군사와 안보 영역도 포함한 '전면적 협력 관계'로 발전시키는 데 합의하였다.

노무현 정부(2003~2008)

노무현 정부는 시작부터 '반미'와 '친중'의 구도 속에서 출범했다. 2002년 한중 수교 10주년을 맞아 국내 언론이 중국의 부상과 경제적 중요성을 조명하면서 한중 관계가 밀착하는 환경이 조성되었다. 게다가 2002년 미군 장갑차에 치여 사망한 '미선 효순 양 사건'으로 반미 감정이 높아지는 상황에 직면하고 있었다.

이런 가운데 미국에 대한 반감을 노골적으로 드러냈던 노무현 후보가 대통령에 당선되었다. 노무현 정부의 대외 관계에서 '반미·친중'의 성격이 나타나는 것은 어쩌면 당연한 결과라고 볼 수 있다. 이러한 현상은 당시 여론조사에서도 뚜렷하게 나타났다. 2002년 미국의 한 정책연구소가 수행한 조사에 의하면 신세대의 86%는 향후 한중 관계가 지금보다 더 심화하여야 한다고 답했지만, 한미 관계는 14%만이 관계 강화를 지지하였다. 2004년 5월 '동아일보' 여론조사에서도 응답자의 61%가 한국 외교에서 미국보다 중국이 더 중요하다고 응답하였다.

그러나 노무현 정부 5년 동안 진행된 대미·대중 관계를 보면, 정서적으로는 '반미·친중'의 성향을 보였지만, 실질적으로는 오히려 친미적인 정책을 추진하였고 중국과의 관계는 오히려 더 소원해지는 결과로 귀결되었다.

사실 노 대통령은 대선 후보 시절 "반미 좀 하면 어떠냐"는 입장을 나타내기도 하였고 '동북아 균형자론'을 제기하기도 했다. 2차 북핵 위기에 직면해서는 미국의 부시 행정부와 대북정책에 관하여 심각한 입장 차이를 보이기도 하였다. 그러나 노무현 정부는 역설적으로 북핵 문제 해결에 있어서 미국의 협조가 절실하였다. 따라서 노 대통령은 재임 중 미국의 요청에 부응하여 이라크에 파병을 단행하였고 제주 해군기지를 건설하였으며, 한미 자유무역협정(FTA)을 체결하는 등 한미동맹을 실질적으로 강화하는 정책을 추진하였다.

반면 노무현 정부 시절 중국과의 관계는 오히려 더 멀어지는 모습을 보였다. 다음의 몇 가지 사건들은 노무현 정부의 대중 관계가 순조롭게 진행되지 않았다는 점을 증명한다.

우선 2005년 가을 후진타오(胡錦濤) 국가주석이 한국을 국빈방문했을 때 한국은 중국에 '시장경제 지위' 인정이라는 큰 선물을 주었다. 미국 유럽연합(EU) 일본을 포함한 주요국들이 중국의 시장경제 지위 인정을 거부하고 있을 때였다. 그럼에도 중국은 아직까지 한국에 상응하는 선물을 제공하지 않고 있다.

2006년 1월 북한 김정일 국방위원장이 중국을 방문하여 후 주석과 정상회담을 했지만 중국은 사전에는 물론 심지어 방중 기간에도 한국 정부에 통보하지 않았다. 한국 대중 외교가 전략성을 결여한 것이 아닌가 하는 의구심을 일으키는 사건이었다.

한중 관계에 심각한 문제를 제기했던 사건은 중국의 동북공정 프로젝트였다. 한국 고대사의 상당 부분-즉 고구려 및 발해-을 중국의 지방 정권의 역사로 편입시키려는 것이 동북공정의 의도였다. 이에 대하여 한국인들의 반중 의식은 급등하였다. 중국의 부상에 따른 팽창적 성향에 한국의 여론 주도층과 지식인들 사이에서는 중국에 대한 우려와 견제 심리가 확산하였다. 중국 정부는 아직까지도 동북공정 프로젝트를 조용히 진행하고 있어 한국인들의 대중 불신감의 한 축으로 작용하고 있다. 나아가 한중 관계 발전에 보다 근본적이고 핵심적인 제약 요건으로 작용하고 있다.

이명박 정부(2008~2013)

이명박 정부 시절 한중은 '전략적 협력 동반자 관계'로 수준이 격상돼 괄목할 만하게 경제 교류가 늘어났다. 반면 한미 동맹과 한중 동반자 간의 구조적 갈등에 막혀 더 이상의 발전에 한계가 지워지기도 한 관계였다.

출범 초기 이명박 정부는 중국의 중요성을 강조하고 한미 관계와 한중 관계의 동시 발전을 주장하면서 중국과의 우호적 관계 형성에 상당한 노력을 투여하였다. 그러나 중국은 이명박 정부가 한중 관계보다는 '한미 동맹 강화'라는 전략적 방침에 우선순위를 두었다는 이유로 이명박 정부 임기 내내 불편한 관계를 유지했다. 한중 간 불협화음은 2008년 베이징 올림픽 성화 봉송 도중 서울 한복판에서 발생한 중국인들의 대규모 시위, 올림픽에서 한국팀에 대한 중국 관중들의 노골적인 야유, 천안함·연평도 사건에서 중국의 일방적인 북한 편들기 등을 통하여 구체적으로 나타났다.

이명박 대통령은 한미 동맹 강화를 표명하고 실질적으로도 한층 더 업그레이드시켰지만, 그렇다고 한미 관계에 편향되어 한중 관계를 소홀히 한 것은 아니었다. 오히려 한중 관계의 경제적 중요성을 강조하면서 중국을 북한보다 한국에 더 가까운 이웃국가로 만들기 위해 노력했다. 이명박 대통령은 이런 측면에서 보면 신자유주의자라고 평가해 볼 수 있다. 경제 규모와 정상외교 측면에서 한중 관계는 중북 관계와 비교할 수 없을 정도로 밀접한 관계이기 때문에 중국은 결국 북한보다는 한국과 더 친밀한 국가가 될 수밖에 없다는 것이다. 당시 한중 교역 규모는 2500억 달러를 목전에 두고 있었고, 이명박 대통령과 중국 국가주석이나 총리 등 지도자와의 정상 간 교류도 1년에 10회 이상이었다. 따라서 1년 교역 규모가 고작 30억, 40억 달러에 불과하고 정상 간의 교류도 몇 년에 한 번인 북중 관계와는 비교할 수 없다.

그러나 천안함·연평도 사건에서 중국의 일방적인 북한 편들기는 신자유주의적 인식이 북중 관계에는 전혀 적용될 수 없다는 점을 보여주었다. 2010년 3월 천안함 사건이 일어나고 한국 정부의 부단한 노력으로 천안함 폭파의 주범이 북한이라는 확실한 증거를 확보했다. 그럼에도 불구하고 중국은 이를 수용하지 않고 국제사회의 비난으로부터 북한을 보호하는 데에만 외교적 노력을 집중했다. 이명박 대통령은 2010년 5월 한국을 방문한 원자바오(溫家寶) 총리를 상대로 북한이 천안함 폭파의 주범이라는 점을 적극적으로 설명했다. 그럼에도 중국은 이를 수용하기보다 편향된 북한 감싸기라는 기존의 입장을 고수했다.

연평도 사건도 마찬가지다. 연평도 사건은 한국 영토에 대한 북한의 선전포고 없는 무력 공격이었다. 중국은 이를 쌍방포격으로 규정해 북한 측 입장에 편향되는 모습을 견지하였다. 이렇듯 경제 규모나 정상 외교의 성과와는 상관없이 중국은 북한을 편향적으로 보호하는 성향을 보였다. 중국의 이러한 성향은 이명박 정부의 대중 전략이 근본적인 한계에 부딪힐 수밖에 없는 구조적 모순을 나타내었다.

박근혜 정부(2013~2017)

박근혜 정부는 수교 30년 이래 한중 관계에서 최상과 최악의 시기를 모두 기록했다. 먼저 박근혜 정부가 한중 관계 역사상 가장 우호적이고 협력적인 대중 관계를 이룩할 수 있었던 것은 박 대통령과 시 주석 간의 개인적 우호 관계에서 찾아볼 수 있다. 박 대통령과 시 주석은 모두 국가 지도자 부모의 자녀라는 공통점을 가지고 있었다. 2005년 시 주석이 저장(浙江)성 당 서기 자격으로 한국을 방문했을 때 당시 박근혜 대표로부터 환대를 받았다는 점도 두 지도자가 '라오펑유(老朋友·친한 친구임을 강조하는 중국어 표현)'가 배경이다. 박 대통령이 중국어를 구사한다는 점, 대통령 당선 후 미국보다 먼저 중국에 특사단을 파견한 점, 중국 성인들의 가르침을 접하며 시련을 이겨냈다는 일화, 또 미중 사이에서 전략적 모호성을 추구한다는 점 등도 중국인들 사이에서 박 대통령이 친근한 이미지를 구축하는 데 중요한 역할을 한 요인들이다.

한중 관계가 가장 가까워졌다는 것을 보여주는 상징적인 장면은 2015년 9월 베이징에서 거행된 중국의 전승절 70주년 행사에 박 대통령이 참석해 인민해방군을 사열하는 장면이었다. 박 대통령은 서방 국가들이 모두 불참했지만 참석해 한중 관계의 돈독함을 대외적으로 알렸다. 하지만 6개월 뒤인 2016년 1월 북한의 제4차 핵실험에 대한 한중 간의 외교적 공동 대응에 시 주석은 응하지 않았다. 이로써 박 대통령이 쌓았던 최상의 한중 관계는 내리막길로 들어섰다. 한중 관계는 최상의 시간이 끝나자마자 최악의 상황으로 급변했다. 북한의 도발에 대한 중국과의 공동 대응이 불발됨에 따라 박 대통령은 자위적 수단으로 사드(THAAD·고고도미사일방어체계) 배치를 결정했다. 사드 배치를 극렬하게 반대해온 중국은 한국에 대한 경제적 제재에 돌입했다.

결국 최상의 한중 밀월관계를 추구했던 박근혜 정부의 대중정책은 북한 핵실험에 대한 협력 대응 실패, 그에 따른 사드 배치와 중국의 경제 제재로 최악의 한중 관계로 떨어지게 되었다. 이 과정을 통해서 얻을 수 있는 교훈은 한중 밀월관계에는 한계가 있다는 점이다. 즉 박 대통령과 시 주석이 최상의 한중 관계를 이룰 수 있었던 이유는 우호적인 관계로부터 얻을 수 있는 국가이익이 있었기 때문이었으나, 불행하게도 전략적 차원에서의 국가이익에 대한 판단은 서로 달라 결국 협력이 지속될 수 없었다는 것이다. 시 주석은 한중 밀월을 통하여 한국을 미국과의 동맹으로부터 이완시켜 중국에 밀착시키려 했다. 박 대통령은 한중 관계 밀착을 통해서 북중 관계를 완화하고 중국을 한국에 편향시키려 했다는 것이다. 이와 같은 동상이몽(同床異夢)의 구조적 현실 때문에 앞으로의 한중 관계가 한미 동맹의 구조적 제약을 극복하고 다시 밀착하기는 쉽지 않아 보인다.

문재인 정부(2017~2022)

문재인 대통령 시기 한중 관계는 우호 협력의 관계를 구축해야 할 상황임에도 그다지 좋은 관계를 유지하지 못했다. 문 대통령은 노무현 정부의 정책적 방향을 이어간다는 점에서 중국은 기대가 높았다. 한미 동맹을 강화하지 않고, 북한과의 교류와 안정에 집중하여 한반도의 평화를 추구하고, 중국과의 협력 발전을 강조하는 문 대통령의 대외전략은 중국이 환영할 만한 것이었다.

그러나 문 정부는 취임 초부터 중국과의 관계가 순조롭지 않았다. 우선 사드 배치에 대한 문 대통령의 입장이 당선 후에 달라졌기 때문이다. 문 대통령은 당선 전에는 절차적 정당성 및 대중국·러시아 설득 문제를 이유로 "사드 문제는 다음 정부로 미루는 것이 바람직하다"라는 입장을 견지했다. 그런데 당선 후 입장을 바꾸어 "사드 배치 결정은 한국과 주한미군의 안전을 위해 한미 동맹에 근거해 한미가 합의해 결정한 것"이라며 합의 존중 의사를 명확히 하였다. 문 대통령의 태도 변화는 문 대통령에 대한 중국의 불신을 초래하였고 이후 한중 관계에도 영향을 미쳤다.

물론 문 정부는 사드 배치에 필요한 환경영향평가를 최대한 느리게 진행하는 방식으로 중국을 달래기도 했다. 2017년 10월 31일 중국과

"한중 관계 개선 관련 양국 간 협의"를 통해 사드 갈등을 일단 봉합하기도 했다. 하지만 2017년 12월 문 대통령의 중국 국빈방문 시 중국 정부가 냉랭한 태도를 보였다. 문 대통령의 '혼밥'과 한국 기자에 대한 중국 경호원의 폭행은 문 정부에 대한 중국의 불만을 반영한 것이라고 볼 수 있다.

2018년 이후 문재인 정부의 한중 관계는 두 가지 이슈에서 문제가 나타나기 시작하였다. 첫째 시진핑 주석의 한국 답방에 과도한 기대를 했다는 점이다. 문 정부는 시 주석의 답방으로 '한한령' 해제를 포함한 한중 관계 현안을 한 번에 해결할 수 있다고 믿었던 듯하다. 그러나 시 주석의 입장에서는 답방을 통해 한한령 해제와 같은 한국이 기대하는 큰 선물보따리는 애초부터 줄 수 없었다. 미중 갈등이 격화되면서 중국은 시 주석의 방한을 통해 반드시 큰 외교적 성과를 거둘 필요가 있었다. 반면 문재인 정부는 중국의 요구를 모두 들어줄 수는 없는 상황이었기 때문에 시 주석의 답방은 현재까지 성사되지 못하고 있다.

둘째는 문 정부가 대중 정책을 대북 정책을 위한 수단으로 인식했다는 점이다. 문 정부는 미중 전략적 경쟁 심화라는 국제적 환경 변화와 이로 인한 북중 관계의 근본적 변화를 충분히 고려하지 않고 대북 정책에 종속된 듯 보이는 대중 정책을 추진하였다. 그러다가 북미 협상이 교착 국면에 들어선 후에는 대중 정책의 상당 부분이 중국이 북한을 설득해 줄 것을 요청하는 데 집중되었다.

문재인 정부가 총력을 기울여 추진 중인 종전선언에 대한 중국의 지지와 협력을 강조하는 배경에는 중국이 북한을 움직여주길 기대하는 심리가 깔려 있다. 중국의 상황과 입장을 고려하지 않고 대북 정책을 위한 대중 정책을 추진한 결과, 문 정부는 일부 한국 언론으로부터 친중 정책을 편 것으로 비판받고 있다. 중국 여론과 학계에서도 문 정부를 그다지 중국에 우호적이지 않았던 정부로 평가하고 있다.

본고는 지난 30년 동안 진행되어 온 한중 관계를 7명의 한국 대통령을 중심으로 분석해 보았다. 모든 대통령이 나름대로 원만하고 협력적이며 윈-윈을 목표로 하는 한중 관계를 모색했다. 하지만 결과는 다양하게 나타나고 있다. 다만 일관성 있게 나타나는 몇 가지 특징이 있다.

우선 한미 동맹을 약화시킨다고 해서 한중 관계가 발전하는 것은 아니라는 점이다. 흔히 한미 동맹과 한중 관계를 반비례의 관계로 인식하는 경우가 많으나 한미 동맹과 한중 관계는 독립적으로 움직인다고 봐야 한다.

둘째, 굳건한 한미 동맹의 토대 위에서 한중 관계를 발전시켜 나갈 때 우리의 국익에 부합하는 한중 관계를 만들어 갈 수 있다. 중국의 이익에 부합한 한중 관계가 원만한 한중 관계처럼 보이지만 한미 동맹을 확고히 한 상태에서 한중 관계를 발전시키는 것이 우리의 국가이익 증진에 더 효과적이다. 셋째, 지난 정부의 정책 실패에서 보다시피 한중 관계 발전의 기본 방향은 '구동존이'이다. 사회주의 중국과 민주주의 한국은 결국 체제로부터 비롯된 구조적 제약 요인으로 공동 발전에 한계가 있을 수밖에 없다. 구동존이의 자세로 한중 관계를 적절히 발전시켜 가는 것이 다음 30년의 발전을 추구해 가는 양국의 기본자세가 되어야 한다.

한중 북중 대사 열전(列傳)

최창근

중국전략연구소 책임연구원

다양한 경력의 주중 한국대사 13명

노태우 정부 북방정책의 화룡점정(畫龍點睛)이었던 한중 수교가 올해로 30년을 맞았다. 한국은 13명의 대사를 중국에 파견했다. 이들의 출신이나 배경은 직업 외교관, 정치인, 군인, 학자 등 다양했다.

노재원 초대대사는 외무부(현 외교부) 차관 등을 지낸 직업 외교관이었다. 수교 전에는 대한무역투자진흥공사(KOTRA) 초대 베이징무역대표부 대표의 신분으로 활동했다. 한중 양국은 공식 수교에 앞서 3

년여 협상 끝에 무역협정 체결 등 경제협력 기반 구축 업무를 담당하는 실질적인 대사관 역할을 수행할 KOTRA 베이징 대표부를 개설했다. 이 기구의 노 초대 대표가 수교 후 첫 대사가 된 것은 자연스러운 수순이라고 할 것이다.

한중 수교 1개월 후인 1992년 9월 27일 노태우 대통령은 3박 4일 일정으로 중국을 국빈 방문해 양상쿤(楊尙昆) 국가주석과 사상 첫 한중 정상회담을 개최했다. 이 밖에 장쩌민(江澤民) 중국공산당 총서기, 리펑(李鵬) 국무원 총리 등 중국 국가 지도부와 만났다.

김영삼 정부 시절 2대 대사로 임명된 관료 출신 황병태 대사는 '균형외교' 즉 미국 일변도의 한국 외교 노선을 중국과의 정치적 관계 개선 중심으로 변화시켜야 한다고 주장했다. 대사가 주창한 균형외교는 수교로 물꼬를 튼 한중 관계를 전방위적 협력으로 전환하는 계기가 됐다. 황 대사는 장쩌민 주석의 방한을 성사시키기도 했다. 그가 2년 6개월 임기를 마치고 귀임할 때 장 수석이 16명의 장관급 주요 인사들을 불러 환송연을 베풀어주면서 "당신은 영원한 중국대사"라며 아쉬워했다고 전해진다.

중국 전문 서울대 교수 출신인 정종욱 대사의 재임 중 가장 큰 사건은 1997년 2월 황장엽 북한 노동당 국제담당 비서의 망명이다. 그가 주중 한국대사관에 들어와 망명 신청을 했다. 중국은 무장경찰 1200여 명을 투입해 한국 공관 경비를 강화했다. 황 비서가 대사관 영사부에 34일간 머물 동안 정 대사는 꼬박 대사관에서 숙식을 해결했다고 한다. 정 대사는 탕자쉬안(唐家璇) 외교부 부부장(차관급)과 15차례 담판을 벌이는 한 달여 협상 끝에 황 비서를 필리핀을 거쳐 한국으로 무사히 망명시켰다. 황 비서 망명은 한중 관계에서 상호신뢰 구축의 상징적 사건으로 평가받았다.

권병현 대사는 한중이 비밀 수교 협상을 벌일 때 주역 중 한 명이다. 당시 김석우 외무부 아주국장, 신정승 동북아2과장 등과 함께 '동해 사업'으로 명명된 수교 교섭을 극비리에 진행했다. 당시 카운터파트가 초대 주한대사로 오는 장팅옌(張庭延)이었다. 당시 외무부 본부대사였던 권 대사는 부친 노환을 핑계로 외무부 사무실을 비우고 베이징(北京)을 오가며 비밀 수교 교섭을 벌였다.

권 대사는 대사 부임 후 베이징 하늘이 황사에 싸인 다음 날이면 서울을 덮친다는 사실에 충격을 받았다. 권 대사는 대사 시절부터 중국에서 나무심기 캠페인을 벌여 중국의 황사 방지에 적극 나섰다. 권 대사는 2001년부터 사단법인 미래숲을 설립해 중국 사막화 방지, 한중 청소년 교류 등을 추진하고 있다. 홍순영 대사는 이규형 대사와 함께 한반도 주변 4대 강국인 러시아와 중국 대사를 모두 역임했다. 김대중 정부 시절 햇볕정책을 대중 정책에 적극 반영했다.

김하중 대사는 7년 1개월간 재임해 최장수 중국대사이다. 외무부 동북아2과장, 주중 대사관 공사 등 중국 업무도 오랫동안 맡았다. 중국 내 행사에서 연설할 때 중국어로 옮기는 통역이 틀리면 수정할 정도로 중국어에 능통하고, 한중 관계에 대한 온갖 통계 수치를 1시간 가까이 줄줄이 제시할 정도로 대표적인 중국통 대사로 정평이 나 있다. 그의 재임 시절인 2001년 한국인 마약사범 사형 사건이나 2007년 황정일 정무공사 의문사 사건 등은 오점으로 남아 있다.

한중 수교 협상 시 외무부 동북아2과장으로 실무 협상에 관여한 신정승 대사도 언젠가는 중국대사로 올 인물이었다. 신 대사의 재임 시절 주한 중국대사 닝푸쿠이(寧賦魁)와는 베이징 무역대표부 교환 설치를 위한 준비 과정에서부터 만난 '수교 협상 파트너'였다. 신 대사가 동북아2과장일 때 닝 대사는 외교부 조선처장(한국담당 과장)이었다. 과거 과장급으로 함께 수교의 문을 열었던 두 사람은 비슷한 시기 자국 대사로 상대국에 부임했다. 신 대사는 이임 후에도 국립외교원 중국연구센터 초대 소장, 동서대 석좌교수(중국연구센터 소장) 등으로 중국 관련 활동을 지속하고 있다.

류우익 대사는 서울대 지리학과 교수 출신으로 이명박 대통령의 초대 대통령실장을 지내다 대사로 부임했다. 대통령이 가장 신임하는 인사를 중국대사로 임명해 중국과의 신뢰 관계 구축에 도움이 됐다는 평가도 받고 있지만 중국에는 문외한이라며 전문성 논란을 일으켰다. 2010년 천안함 사건 등 민감한 외교 현안 발생 때 제대로 대처하지 못했다는 평가를 받았다.

이규형 대사는 홍순영 대사와 닮은꼴이다. 직업외교관 출신으로 한반도 주변 4강인 러시아와 중국 대사를 모두 지냈다. 이 대사는 외국대사로는 유일하게 중국 외교부의 경극(京劇) 관련 동아리 모임에 참여해 활동한 것으로 유명하다. 대사 시절 리커창(李克强) 당시 국무원 부총리가 방한했는데 이 대사가 환영만찬 석상에서 "경극을 조금 하는데, 한번 해 봐도 되겠느냐"고 양해를 구한 후 『삼국지(三國志)』중 읍

참마속(泣斬馬謖) 부분을 소화했다. 이 대사는 경극 '실가정(失街亭)'의 대사를 읊고 노래도 불러 리커창 부총리 등의 격찬을 받았다.

검사 출신의 권영세 대사와 군 출신 김장수 대사, 학생운동가 출신 노영민 대사, 학자 출신 현 장하성 대사 등은 대통령의 신임과 정치적인 비중 등으로 대사에 임명된 사례들로 분류된다.

주한 중국대사, 모두 직업 외교관이지만 일부는 일본통

주중 한국대사의 출신이 다양한 반면 중국은 모두 직업외교관인 것이 다르다. 한반도 전문가도 있고 일본 혹은 국제전문가 등도 있다. 주한 중국대사가 임명돼 파견될 때마다 관심은 대사의 전문성이나 출신보다 격(格)이 더 초점이 됐다. 중국이 초기에는 외교부 부사장(副司長·부국장)급을 파견해 장차관급 대사나 그 이상의 비중 있는 인물을 임명하는 한국과 비교해 외교 홀대 논란을 낳았다. 중국은 '전문성을 중시하는 인사 결과'라고 설명했지만 북한에는 국무원이나 중국 공산당 부부장(차관)급 인사를 파견했다. 현재는 사장(국장)급을 파견하고 있다.

주한 중국대사 중 북한 김일성종합대, 사리원농업대 등을 졸업한 '북한 유학파' 대사가 3인이다. 이들은 남·북한 주재 대사관과 본국 외교부를 오가며 한반도 전문가로서 경력을 쌓았다.

초대 장팅옌 대사는 베이징대 동방어문학부(조선어 전공)를 졸업한 뒤 외교부에 들어가 줄곧 조선(북한) 업무만 맡아 북한의 대표적인 1세대 한반도 전문가로 꼽힌다. 한중 수교 전에도 외교부 본부와 북한 대사관을 오가며 한반도 관련 경력을 쌓았다. 한중 수교 협상 때는 권병현 본부대사의 파트너였다. 베이징대 동기동창이자 외교부 입사 동기인 아내 탄징(譚靜) 1등 서기관이 통역으로 배석하여 부부가 함께 한중 수교에 참여하기도 했다.

장 대사는 한중 수교 후 북한대사 하마평도 있었으나 평양이 아닌 서울로 발령 났다. 장 대사는 2001년부터 현재까지 한중우호협회 부회장을 맡아 자신의 이름 '팅옌(庭延)'과 아내 '탄징(譚靜)'에서 한 글자씩을 딴 '옌징(延靜)'이라는 필명으로 '한국대사로 나가(出使韓國·2004년)' '영원한 기억(永遠的記憶·2007년)' 등 회고록을 펴내기도 했다.

2대 대사 우다웨이(武大偉)는 베이징외국어대 일본어학과 출신이다. 일본 공사를 거쳐 1998년 한국대사로 부임했는데 "나는 말갈족 출신이라 말을 돌려서 못하고 직설적으로 하는 것이 외교관으로서 흠이다"라고 스스로 이야기한 것처럼 거친 입담으로 구설에 오르기도 했다. 그의 재임 중 '중국산 마늘 파동'이 터졌는데 거친 어조로 자국의 입장을 대변했다. 2001년 이임 후 주일본 대사로 갔다. 2010년 '조선반도 사무 특별대표'로 북핵 6자회담 중국 측 수석대표를 맡아 다시 한반도와 인연을 맺었다.

리빈(李濱) 대사는 부임과 이임 모두 화제를 낳은 인물이다. 북한 김일성종합대 출신으로 유창한 한국어 실력을 바탕으로 2001년 45세의 젊은 나이에 3대 주한 중국대사가 됐다. 당시 한국 언론은 '중국 황제의 소년 칙사(勅使)'라는 표현도 썼다.

대사 재임 시 한국의 지인들과 폭탄주도 마시며 스스럼없이 어울리며 친화력을 보였다. 그런데 2005년 이임 후 산둥(山東)성 웨이하이(威海)시 부시장으로 간 리빈 대사는 이후 스파이 혐의로 구속돼 7년형을 선고받았다. 업무상 기밀 누설 혐의였다. 한동안 소재가 알려지지 않았던 리 대사는 웨이하이시 난하이신구(南海新區) 벤처기술센터 총재로 복귀하여 한국 기업의 중국 진출 업무를 총괄하기도 했다.

닝푸쿠이 대사는 리빈과 김일성종합대 동기동창이자 외교부 입부 동기이다. 중국과 북한을 오가며 경력을 쌓은 후 2005년 대사로 부임했다. 대사 재임 시절 2008년 베이징 올림픽 성화 봉송식 서울 구간 행사에서 중국 유학생 폭력 사건이 발생해 곤욕을 치렀다. 대사 이임 후 태국대사 등을 지내다 2018년 3월 한반도사무특별부대표를 맡아 북핵 6자회담 중국 측 차석대표로 활동했다.

청융화(程永華) 대사는 우다웨이 대사처럼 중국의 제1세대 일본 유학생 출신이다. 일본 창가학회(創價學會·SGI)가 설립한 소카(創價)대를 졸업한 뒤 외교부에 들어가 일본 업무에 종사했다. 그도 우다웨이처럼 주한대사에 이어 일본대사로 부임했다.

장신썬(張鑫森) 대사는 외교부 선임 부처인 판공청 주임을 맡다 한국대사로 와 역대 최고위급 대사이다. 장 대사는 수교 20주년 기념 인터뷰에서 "수교 이래 양국 우호 협력 관계의 발전이 양국의 장기적인 발전과 지역의 평화·안정에 도움이 됐고 양국 국민의 근본 이익에 맞았다는 것은 역사적 사실로 증명된다. 역사적으로 정확한 선택이었다. 주한 중국대사로서 양국 관계의 발전에 직접 참여하고 노력할 수 있게 된 것을 영광스럽게 생각하며 막중한 책임감도 느낀다"고 양국 수교의 의미를 강조했다. 하지만 그의 재임 시절 한중 관계는 천안함 폭침, 한국 해경 피살, 이어도 영유권 문제 등 갈등이 끊이지 않았다. 대사 재임 시절 자주 외교부 청사로 초치(招致)돼 해명해야 했다.

2014년 부임한 추궈훙(邱國洪) 대사도 저팬스쿨(일본 전문가) 출신이다. 주일본 공사, 주오사카(大阪) 총영사를 역임했다. 추 대사 재임 기간 동안 한중 갈등은 최고조에 이르렀다. 2016년 주한미군의 사드 배치에 대하여 중국 정부는 '한한령(限韓令)'으로 응수했다. 추 대사는 "사드 한국 배치는 한중 관계 발전을 위한 그동안의 노력이 순식간에 파괴될 수 있다"고 발언해 파문을 일으켰다.

논란과 비판 속에서도 추 대사는 5년 10개월 역대 최장수 주한대사 기록을 썼다. 이임 후 외교·국제관계 싱크탱크인 중국 차하얼학회 동북아사무 수석연구원으로 근무하고 있다. 추 대사 이임 후 한국 정부가 '수교훈장 광화장'을 수여하자 '한국을 무시하는 발언을 한 전 중국대사에게 최고등급 훈장을 주나'라는 비판이 나오기도 했다.

현임 8대 대사 싱하이밍(차하얼학회)은 리빈, 닝푸쿠이의 뒤를 잇는 '북한 유학파 출신' '한반도통' 대사로 분류된다. 남북한 대사관을 번갈아 가며 근무하다 몽골대사를 거쳐 코로나가 한창이던 2020년 1월 주한대사로 전임됐다.

한국어와 한국 사정에 밝은 싱 대사는 거친 언사로 구설에 오르기도 했다. 주한대사관 공사참사관이던 2010년 5월 당시 현인택 통일부 장관이 장신썬 주한 중국대사에게 천안함 폭침 사건에 대해 "중국의 책임 있는 자세"를 촉구하자, 한국어로 "이거 너무 심한 것 아닙니까"라고 들이받았다. 참사관이던 2004년 5월에는 '대만 독립론자'인 천수이볜(陳水扁) 대만 총통 취임식 참석 의사를 밝힌 여야 국회의원들에게 전화를 걸어 고압적으로 불참을 종용한 적도 있었다. 2021년 7월 윤석열 검찰총장이 『중앙일보』 인터뷰에서 "중국이 사드 배치 철회를 주장하려면 자국 국경 인근에 배치한 장거리 레이더 먼저 철수해야 한다"고 주장하자, 다음 날 같은 신문에 기고한 글에서 '한중 관계는 한미 관계의 부속품이 아니다'고 반박해 외교 결례 논란을 빚었다.

주중 북한대사… 사위 장인이 오기도

북한은 신중국 성립 직후인 1949년 12월 22일 파견한 리주연 초대 대사 이후 현 리용남 대사까지 13명의 대사를 파견했는데 대체로 고위급이었다. 리주연은 일제강점기 신간회 간부 출신으로 북한 노동당에서 고위직을 지내다 주중대사로 왔다. 대사 이임 후에는 내각 상업상, 재정상, 부수상, 무역상 등을 역임했다.

6·25전쟁 중이던 1952~53년 대사직을 수행한 2대 대사 권오직은 소련 모스크바동방노동자대 출신으로 『해방일보(解放日報)』 주편(主編)을 맡았다. 최고인민대표회의 대의원을 거쳐 주중대사로 부임했으나 귀임 후 간첩 혐의로 투옥돼 옥사한 것으로 알려졌다.

3대 최일 대사에 대한 기록은 거의 남아있지 않은데 중국 측 기록에 초대 리주연 대사 신임장 제정식에 "최일이 일반 참사로 배석했다"고되어 있어 주중 북한대사관에서 근무한 외교관 출신임을 알 수 있다.

4대 대사 리영호는 김일성과 같은 소련군 제88특별여단 장교 출신으로 6·25전쟁 발발 시 북한군 주력인 제3사단장으로서 동두천 방면으로 남침하기도 했다. 후임 한익수도 군 장성 출신으로 후에 조선인민군 총정치국장을 지냈다. 6대 박세창에 이어 1966년 부임한 7대 대사 현준극은 10년간 재임했다. 소련 모스크바과학기술대를 졸업한 공학도지만 『노동신문』 부사장도 지냈다.

8대 대사 전명수에 대해서는 자세한 행적은 알려져 있지 않으나 북한 외교관 출신 태영호 국민의힘 의원은 전명수가 리용남 현 북한대사의 장인이라고 증언해 장인과 사위가 대사로 부임한 셈이다. 9대 신인하에 이은 10대 대사 주창준은 1988년 9월부터 2000년 10월까지 만 12년을 대사로 지내 최장수 기록을 갖고 있다. 소련 공산당고급당학교를 졸업했고 《노동신문》 사장, 스위스 대사 등을 지냈다. 주중대사 이임 때 한국 대사와는 처음으로 주중 북한대사관을 방문한 권병현 당시 한국대사와 면담했다. 후임 최진수 대사도 10년을 재직했다. 반면 2010년 4월 부임한 최병관은 같은 해 10월 떠나 '6개월'이라는 최단명 기록을 남겼다.

12대 주중 북한대사 지재룡(池在龍)은 2010년 주중대사로 부임하여 2021년까지 만 11년간 근무해 역대 두 번째로 길다. 지 대사는 재임 중 코로나19 사태가 발생했다. 지재룡은 후임 대사가 임명돼 부임했지만 평양으로 귀임하지 못해 대사관에 두 명의 전현직 대사가 동거하는 진풍경이 벌어졌다. 그는 2021년 2월에야 베이징을 떠날 수 있었다.

현 리용남 대사는 베이징외국어대 출신으로 중국어에 능통하다. 국제무역 분야에서 활동해 무역상(장관급), 무역성과 합영투자위원회 등 대외경협 담당 기관을 통합해 출범한 초대 대외경제상을 맡았다. 2016년 6월 부총리로 승진해 역대 주중 북한대사 중 최고위급으로 기록됐다.

주북한 중국대사는 군인·외교관 출신, 부부장급 고위직

주북한 초대 중국대사 니즈량(倪志亮)은 인민해방군 장성 출신으로 6·25전쟁 중이던 1950년 8월 부임해 1952년 9월까지 재임했다. 현 왕야쥔(王亞軍) 대사까지 18명을 파견했다.

주북한 중국대사 중 10대인 정이(鄭義) 대사는 1990년부터 1993년까지 평양 주재 중국대사로 재임했는데 재임 중 한중 수교가 이뤄져 북한에서 냉대를 받았다.

16대 류훙차이(劉洪才) 대사와 17대 리진쥔(李進軍) 대사 그리고 현 왕야쥔 대사는 외교부가 아닌 공산당 대외연락부 출신이다. 북중 관계의 주요 외교 업무를 외교부가 아닌 대외연락부가 맡는 것을 반영한 것으로도 풀이된다.

제2장

높아지는 도전 수위

눈은 돌리고 마음은 틀어지고, 왜?

이동률
동덕여대 중어중국학과 교수

들어가는 글

한중 양국 정부가 사드 갈등 이후 관계 회복을 위한 노력을 하고 있음에도 불구하고 국민 간 상호 인식은 회복되지 않고 오히려 더 나빠지고 있다. 한중 관계는 세계에서 가장 다양하고 빈번한 인적 교류가 진행되고 있는 양자 관계로 불린다. 그런 만큼 서로서로 부정적 인식도 주고받고 예상하기 어려운 복잡한 갈등과 충돌을 야기할 가능성이 크다. 수교 30년에 즈음한 한중 관계는 미중 간 전략 경쟁의 고조, 북핵의 고도화, 그리고 중국 산업의 구조조정 등으로 기존의 협력 구조는 약화되고 새로운 협력 동력은 미처 확보되지 못해 중대한 역사의 기로에 서 있다. 향후 양국 간 부정적 정서가 장기화, 구조화될 경우 한중 관계는 관계 발전의 동기마저 약화되면서 만성적 갈등 관계로 악화될 가능성도 배제할 수 없다. 한중 관계가 직면한 복잡하고 어려운 현실을 직시하고 그 원인과 배경을 다각도로 분석하고 이해하려는 노력이 절실하다.

한중 양국의 인식 변화와 특징

1) 한국의 대중국 인식의 변화와 특징

한중 관계는 수교 이후 30년간 경제협력을 중심으로 비약적인 양적 발전을 이루었다. 그런데 양국 국민들 간 상호 인식은 오히려 나빠지고 있다. 코로나 팬데믹과 미중 전략 경쟁이 고조되면서 서방 선신국을 중심으로 중국에 대한 인식이 전반적으로 악화되고 있다. 그런데다 한중 양국 국민들의 상호 인식, 특히 한국인들의 중국에 대한 부정적 인식은 정도가 심각할 뿐만 아니라 몇 가지 특이한 측면마저 있다.

첫째, 한국의 중국에 대한 인식은 2016년 사드 갈등으로 인해 급격히 나빠졌다. 그런데 여론의 추이를 살펴보면 이미 2000년대 이후 점진적이고 지속적으로 악화되어 왔음을 확인할 수 있다(그림1 참조). 2014~2015년 기간에 회복되는 듯했지만 일시적 현상이었을 뿐 바로 급전직하하여 이후 지속적으로 나빠졌다.

<그림 1> 한국인들의 대중 부정적 인식 증가

출처: 퓨리서치센터

구분	'02	'05	'06	'07	'08	'09	'10	'11	'12	'13	'14	'15	'16	'17	'18	'19	'20 봄	'20 여름	'19-'20 변화
호주	-	-	-	-	40	-	-	-	-	35	-	33	39	32	47	57	-	81	▲24
영국	-	16	14	27	36	29	35	26	35	31	38	37	44	37	35	55	-	74	▲19
스웨덴	-	-	-	40	-	-	-	-	-	-	-	59	49	52	70	-	-	85	▲15
네덜란드	-	34	-	-	-	-	-	-	-	-	-	-	43	42	45	58	-	73	▲15
독일	-	37	33	54	68	63	61	59	67	64	64	60	60	53	54	56	-	71	▲15
미국	-	35	29	39	42	38	36	36	40	52	55	54	55	47	47	60	66	83	▲13
한국	31	-	-	42	49	54	56	-	-	50	42	37	-	61	60	63	-	75	▲12
스페인	-	21	38	43	56	41	38	39	46	47	55	50	56	43	48	53	-	63	▲10
프랑스	-	42	41	51	72	60	59	49	60	58	53	49	61	52	54	62	-	70	▲8
캐나다	-	27	-	37	-	36	-	-	-	45	-	48	40	40	45	67	-	73	▲6
이탈리아	-	-	-	61	-	-	-	-	64	62	70	57	61	59	60	57	-	62	+5
일본	42	-	71	67	84	69	69	61	84	93	91	89	86	83	78	85	-	86	+1
벨기에	-	-	-	-	-	-	-	-	-	-	-	-	-	-	-	-	-	71	-
덴마크	-	-	-	-	-	-	-	-	-	-	-	-	-	-	-	-	-	75	-

Most unfavorable   Least unfavorable

둘째, 서방 선진국들은 중국에 대한 부정적 인식이 높지만 중국이 미래에 미국을 넘어서는 경제 강국이 될 것이라는 데는 동의하고 있다. 그런데 한국은 16%만이 중국이 경제 강국이 될 것이라고 응답해 조사 대상 13개국 중 가장 낮았다. 한국은 조사 대상 13개국 평균인 34%의 두 배가 넘는 77%가 여전히 미국이 경제 강국이 될 것이라고 응답했다.[1] 뿐만 아니라 중국은 한국에 안보적, 경제적으로도 위협이라고 응답한 비율도 69.2%에 달하고 있다.[2] 한국은 중국에 대한 경제

의존도가 25%에 달하고 있으며 한중 관계는 경제협력이 주도해 왔다는 사실을 고려할 때 한국인들의 중국 경제에 대한 인식은 예상 밖이고 특이하다.

셋째, 한국은 다른 국가들과 달리 20, 30대 젊은 세대에서 반(反)중국 정서가 높게 나타나고 있다.[3] 같은 조사에서 중국은 한국에게 적에 가깝다고 응답한 젊은층은 62.8%로 전체 평균 49.1%보다 13.7%나 높게 나왔다.

넷째, 미국, 호주, 캐나다 등처럼 국가 간 첨예하게 갈등이 진행되고 있는 경우에 국민 인식도 상호 부정적으로 변화하는 것이 일반적이다. 한중 관계도 사드 갈등으로 인해 양국 국민들의 상호 인식이 악화되었다. 그런데 이후 한중 양국 정부는 사드 갈등을 넘어서 관계 회복을 지속적으로 모색해왔다. 특히 코로나 방역에서 긴밀하게 협력해왔다. 그럼에도 한국인들의 중국 인식(75%)은 미국(73%), 호주(81%), 캐나다(73%) 등과 별 차이가 없다(그림1 참조). 즉 정부 간 관계 개선 시도에도 불구하고 국민 정서는 회복되지 않고 있다.

---

1 Laura Silver, Kat Devlin and Christine Huang, "Unfavorable Views of China Reach Historic Highs in Many Countries," Pew Research Center (October 5, 2020) https://www.pewresearch.org/global/2020/10/06/unfavorable-views-of-china-reach-historic-highs-in-many-countries/
2 동아시아연구원, "2022 대통령의 성공조건 & 신정부 외교정책 제언 인식조사 발표," 2021-11-30.
3 2021년 5월 한국리서치 여론조사는 2030세대가 반중 정서를 이끌어가는 핵심 집단이라는 결론을 내리고 있다. 20대의 중국에 대한 감정 온도는 15.9도로 40대(28.3도)나 50대(30.8도)에 비해 절반 가까이 떨어지고 30대도 21.8도로 전체 평균 26.4도보다 낮다. 이오성, "중국의 모든 것을 싫어하는 핵심집단, 누굴까?," 「시사IN」 2021.06.17.

2) 중국의 한국에 대한 인식 변화와 특징

중국의 한국에 대한 인식은 최근의 객관적인 여론조사 자료가 충분치 않아서 현실을 정확하게 파악하는 데는 한계가 있다. 2010년과 2017년 여론조사 결과가 있지만 이 역시 한국 연구자들이 중국의 여론조사 기관에 의뢰하여 실시한 것으로 중국 자체에서 실시한 여론조사 데이터는 거의 없다. 그럼에도 기존의 자료를 바탕으로 추이를 감안하여 몇 가지 합리적 추론은 가능하다.

첫째, 한중 양국은 인접국이면서 수교와 함께 최대 규모의 인적 교류가 이루어져 왔기 때문에 기본적으로 한중 양국 간의 인식은 상당 정도 상호 영향을 주고받으며 연동되어 왔고 현재도 그럴 가능성이 높다. 한중 양국은 지금까지 쟁점과 현안을 둘러싸고 갈등, 대립하면서

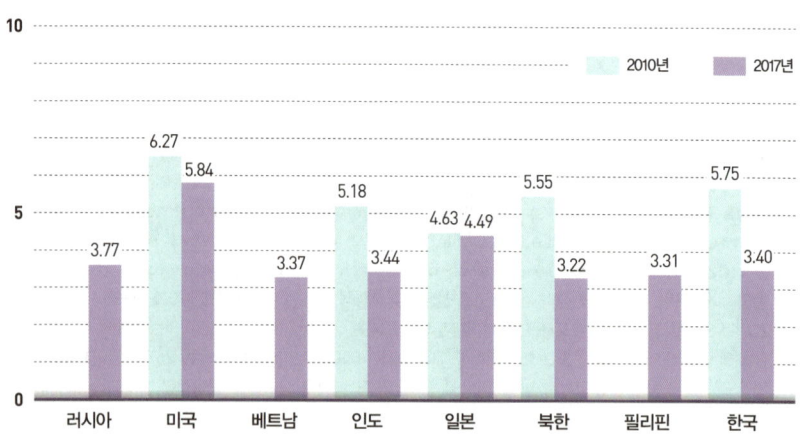

〈그림 2〉 중국의 주요국에 대한 인식 변화

상호 부정적 인식이 표출되어 왔다.

　따라서 한국의 중국에 대한 인식이 나빠지고 있으면 이에 영향을 받아서 중국의 한국 인식도 나빠지고 있을 것으로 보는 것이 자연스럽다. 실제로 2010년과 2017년의 조사 결과를 바탕으로 보면 중국의 한국 인식은 나빠지는 추세에 있었다.[4] 2017년 여론조사에서 중국인들의 한국에 대한 이미지는 3.40점(10점 만점)으로 조사 8개국 중 최저 수준이다. 2010년 대비 2.35점 감소하여 조사 대상국 가운데 가장 감소폭이 컸다(그림2 참조).[5]

　둘째, 한국의 중국 인식이 악화되는 과정에 중국의 예상보다 빠른 가파른 부상이 있었다. 그 과정에서 중국의 한국에 대한 인식에도 전반적인 변화의 기류가 있었다. 수교 이후 1990년대 말까지 중국은 개혁·개방 정책을 본격적으로 추진하면서 경제협력 대상의 다변화를 모색하고 있었다. 그 과정에서 아시아의 신흥개도국이었던 한국과 경제협력을 중요시했고 심지어 한국을 발전 모델로 주목하기도 했다. 그런데 중국이 2001년 세계무역기구(WTO)에 가입하고 글로벌 경제 대국으로 급성장하면서 한국과의 경제협력 비중은 감소하기 시작했다. 2010년 중국이 이른바 주요 2개국(G2)에 진입하고 미중 경쟁이 고조

---

[4] 이동률, "2018 한·중관계의 과제와 전망," 외교안보연구소 중국연구센터, 『2018 중국정세보고』(서울: 역사공간, 2019), pp. 232-235; 이동률, "2017년 한·중관계와 한국의 대중국외교," 외교안보연구소 중국연구센터, 『2017 중국정세보고』(서울: 역사공간, 2018), pp. 238-241.

[5] 2010년 조사 결과는 이동률 외, 「중국인의 한국 인식과 한국의 대중국 공공외교 강화방안」(경제·인문사회연구회 대중국 종합연구 협동연구총서 10-03-34) 참조.

되면서 한국은 중국의 대미 외교의 영향을 받는 종속 변수로 변화해 갔다.

요컨대 중국의 가파른 부상으로 인해 중국에게 한국의 비중과 전략적 가치에 변화가 있었다. 최근 중국의 한 여론조사는 중국의 한국에 대한 관심이 실제로 감소하고 있다는 것을 시사한다. 중국 관영 영자지 글로벌타임스가 2020년 발표한 중국 여론조사에서 중국에 가장 큰 영향을 미칠 국가로 한국은 북한(5.2%)보다 더 낮은 4.6%로 조사 대상 11개국 가운데 10위에 불과했다. 중국의 주변국 가운데서도 북한(9.0%)보다 낮은 7.2%로 조사 대상 9개국 가운데 8위였다.[6]

셋째, 중국의 여론은 한국과 비교하여 다른 특징이 있다. 한국 여론은 항상 정부의 정책 방향과 일치하지는 않는다. 심지어 여론이 정부의 정책과는 상반된 방향으로 저항적으로 표출되기도 한다. 그래서 여론이 오히려 정부의 정책에 영향을 미치기도 한다. 반면 중국의 여론은 대체로 정부 정책 방향과 동조화하는 경향을 보이고 있다. 중국 체제의 특성상 중국 일반인들은 정부의 정책에 반하는 입장을 공개적으로 표출하지 않으려는 일종의 '자기 검열'이 자리하고 있다.

따라서 중국의 경우 오히려 여론을 통해 정부의 정책 방향을 감지해 볼 수 있다. 예컨대 트럼프 정부 집권 이후 미국의 대중국 인식은 역대 최악으로 변화했고 중국에 대한 전면적인 압박을 강행하고 있다. 그럼에도 상대적으로 중국의 미국에 대한 부정적 인식은 적극적으로 전면에 표출되고 있지 않다. 이는 중국 정부가 미국과 관계 악화를 회피하려는 정책 방향이 반영되어 반미 정서가 표출되고 있지 않거나 통제되고 있을 가능성을 시사하고 있다.

마찬가지로 사드 갈등 이후 중국의 한국에 대한 인식은 분명히 나빠졌지만 이러한 부정 정서가 한국처럼 공개적이고 지속적으로 표출되고 있지는 않다. 현재 중국 정부는 미국과의 갈등이 고조되면서 한국과의 관계 회복에 비교적 적극적이다. 따라서 중국인의 한국에 대한 부정적 인식이 비록 수면 위에 노출되고 있지는 않지만 그렇다고 인식이 좋아졌다고 볼 근거는 없으며 다만 드러나고 있지 않은 것이다.

한중 양국 인식 악화의 원인은 무엇인가?

1) 국제 체제 요인: 중국의 부상, 미중 경쟁과 한중 국력 격차의 확대

한중 양국 국민의 상호 부정적 인식이 노골적으로 표출된 것은 2016년 사드 배치와 경제 보복 때문이었다. 그런데 여론의 추이를 살펴보면 이미 중국의 부상이 본궤도에 진입한 2000년대 이후 점진적이고 지속적으로 악화되어 왔다. 중국의 가파른 부상, 미중 간 경쟁과 대립의 심화, 한중 간 국력 격차의 확대 등 일련의 구조적 변화가 양국의 상호 인식에 영향을 미쳐 왔던 것이다. 실제로 양국 간 국민 정서의 악화는 이미 2000년 마늘 분쟁, 2004년 고구려사 왜곡 문제로 나빠지기 시작했다. 이후에도 한중 간에는 단오제의 유네스코 등재 문제(2005

---

[6] "Chinese rational on China–US ties: GT poll," (2020/12/26), https://www.globaltimes.cn/content/1211038.shtml

년) 등 역사와 문화 종주권을 둘러싸고 갈등이 이어졌고 양국 간 상호 부정적 인식이 쌓여 갔다.

그런데 당시 수교 10년에 즈음한 양국은 여전히 경제협력을 기반으로 하는 관계 발전의 강한 동기가 있었다. 특히 중국은 미국과의 경쟁이 심화되고 있어 한국과의 관계 유지가 필요했고, 한국 역시 북핵문제 해결에서 중국의 역할을 기대하고 있었다. 따라서 한중 양국은 구조적 변화가 주는 신호에 크게 주목하지 않았고 봉합하기에 급급했다. 수면 아래에 덮여 누적되어 왔던 상호 부정 정서는 사드 갈등이라는 현안을 통해 마침내 봉인이 해제되면서 노출되었다. 즉 구조적 요인으로 인해 상호 부정 인식이 증대되는 과정에서 다양한 갈등 상황이 불거졌다. 그런데 갈등 사안들에 대해 양국이 치열하게 대면하고 근본적인 해결을 모색해 가는 어려운 과정을 겪으면서 관계의 기초 체력을 다지기보다는 상대적으로 손쉬운 봉합이라는 선택을 하면서 부정 정서는 치유되지 않고 겹겹이 쌓여 왔다.

2017년 여론조사 결과에서 한국이 중국에 대해 부정적인 인식을 갖게 된 주된 이유로 '중국이 한국을 존중하지 않는다'(41%), '중화민족주의 때문이다'(37.8%)라고 응답했다. '사드 사태 이후 경제보복 때문이다'(60.7%)라는 응답 다음으로 높게 나왔다. 중국인들 역시 한국인은 중국을 존중하지 않는다는 응답이 69.4%에 달했다. 중국은 한국인들이 중국의 부상을 인정하지 않는다는 인식을 갖고 있는 반면에 한국은 중국이 예상보다 빠르게 경제 성장하면서 한국을 점차 무시하고 있다는 불만이 쌓여 갔다. 이제 한국은 중국의 경제적 부상을 기회가 아닌 위협으로 인식하고 경계하기에 이르렀다.

그리고 그 과정에서 한반도의 지정학적 특수성으로 인해서 미중 경쟁과 대립의 파고가 양국 간 인식에 영향을 미쳤다. 2017년 중국의 한국 인식이 악화된 직접적 배경은 사드 갈등이었다. 그렇지만 당시 여론조사를 분석한 결과는 결국 한국이 중국의 강대국 위상을 인정하지 않고 있으며, 미국과의 동맹을 통해 중국을 견제하려고 한다는 불만이 저변에 있었음을 확인할 수 있었다. 한국이 중국을 존중하지 않는 이면에는 미국 요인이 자리하고 있다고 인식하는 것이다.

실제로 2010년과 2017년 여론조사 결과를 비교해 보면 중국인들은 이명박 보수 정부 시기인 2010년보다 문재인 정부에서 오히려 더 미국과 가까워졌다고 인식하고 있다. 2010년 대비 2017년 한국이 미국과 가깝다고 보는 응답은 7.9% 증가하여 무려 71.5%에 이른 반면에 2010년 대비 2017년 중국과 가깝다는 응답은 10.1% 감소한 10.7%로 나타났다.

중국은 미국과의 경쟁이 고조되면서 이에 비례하여 상대국을 인식하는 기준의 하나로 미국과의 친소 관계를 중요시하고 있다. 중국이 한국을 인식하는 데 있어 미국 변수가 갈수록 중요해질 것이며 미중 갈등이 고조될수록 그러한 경향성은 더 커질 것임을 시사하고 있다. 관련하여 주목되는 것은 사드 갈등으로 중국의 한국에 대한 인식은 크게 나빠진 반면에 정작 사드 배치를 적극 요청한 미국에 대한 인식은 큰 변화가 없었다. 이 역시 중국의 국력 변화에 따라서 중국인들이 경쟁 상대인 강대국과 주변국을 구분하여 인식하고 있음을 방증해

주고 있다.

2) 국내 정치 요인: 정치 체제와 가치의 간극 확대

최근 한중 양국 간 체제와 가치 지향에서의 간극이 확대되면서 양국 국민들의 상대국의 정치 현실에 대한 이해의 폭이 좁아지고 이로 인한 부정적 인식도 커지고 있다. 한국인들은 촛불 시민운동을 경험하면서 민주주의 발전에 대한 자부심이 높아졌고, 시민의식, 민주, 정의, 공정 등 보편적 가치를 더욱 중요시하게 되었다. 반면에 중국 시진핑(習近平) 정부에서는 오히려 권위주의적 속성이 강화되면서 양국 간 정치 체제의 이질성이 확대되고 국민들의 가치와 이념의 차이를 새삼 재인식하고 있다.

중국인들에 대한 여론조사에서도 한국 정치에 대해서 매우 특이한 인식의 결과를 보여주고 있다.[7] 사드 갈등의 영향이 작용했을 것으로 보이지만 그럼에도 평화적인 촛불시위를 통해 정권 교체를 이룩한 한국 정치에 대해서 예상 밖의 부정적인 인식을 보여주고 있다. 예컨대 한국의 민주화 수준이 높다는 데 동의하지 않는다는 응답이 49.4%에 이르고 있으며 정치 환경이 안정적이라는 데 동의하지 않는다는 응답은 무려 69.3%에 달한다.

반면에 중국에서 국가주석 연임 제한에 대한 헌법을 수정하고 미국과의 갈등이 고조된 이후 한국 내의 시진핑 주석에 대한 인식도 나빠졌다. 시진핑 주석이 한국을 방문한 2014년에 호감도가 59%였으나 2017년에 25%, 2018년에는 19%로 떨어졌다.[8] 요컨대 양국의 체제와 가치에 대한 이질성이 확대되면서 상대적으로 공감대는 약화되고 상호 상대 체제에 대한 반감이 커지고 있다.

체제와 가치에 대한 이질성으로 인해 양국 국민의 상호 인식이 나빠지는 것은 양국 관계의 구조적인 장애가 될 우려가 있다. 특히 중국은 중국대로 국내 정치적 이유로 애국주의와 민족주의가 고양되고 있고, 한국 국민들 역시 선진국 진입에 대한 자긍심이 높아지고 있다. 때문에 한중 관계에서 외교 결례, 홀대 등 의전 문제가 빈번하게 논란이 되고 있다.

중국은 현재 체제 안정과 집권 강화를 위해 민족주의와 이데올로기를 적극적으로 동원하고 있다. 한국 역시 '촛불 시민운동'의 여파로 시민들의 정치 참여와 요구가 증대하고 있다. 중국은 2021년 공산당 창당 100주년에 이어 2022년에는 시진핑 주석의 장기 집권 여부가 판가름 나는 20차 공산당 전국대표대회가 예정되어 있다. 정치적으로 매우 예민한 상황에 있고 국민들의 민족주의 정서도 고조되어 있다.

한국은 이미 본격적으로 선거와 정치 계절이 시작되어 진보와 보수 간 세 대결이 격렬해지고 있다. 특히 과거 어느 때보다도 미국과 중국 간 한반도를 둘러싼 각축이 치열해지고 있는 상황에서 미중 양국 모두 권력 교체와 관련한 현안을 앞둔 만큼 정치권과 언론에서 외교를 국내

---

7 이 조사는 중국 내 여론조사 기관을 통해 중국의 10대 도시에 거주하는 만 19세 이상의 성인 남녀 1,000명을 대상으로 1개월(2017.9.19.-10.19)간 실시한 결과이다.
8 "대북 인식, 주변국 정상 호감도," 「데일리 오피니언」 제298호(2018년 3월 2주).

정치에 동원하려는 유혹에 빠질 위험이 크다. 한중 양국 모두 민감하고 복잡한 국내 정치 상황에 있고 그로 인해 양국 국민들의 상호 부정 정서가 더 악화될 가능성도 있다.

3) 생활 안전 요인: 환경, 기후, 감염병 등 인접국 리스크

한국에서는 대기오염 등 생활환경에 대한 관심이 높아지고 있는 상황에서 황사와 미세먼지로 인한 대기오염이 날로 극심해지고 있다. 해양오염과 중국 어선들의 불법 조업 등 문제도 수시로 불거져 중국에 대한 부정적 인식이 누적되어 왔다. 특히 2020년 예상치 못한 중국 우한발 코로나 사태가 발생하면서 인접한 한국은 다른 어느 나라보다도 심각하게 영향을 받게 되었다.

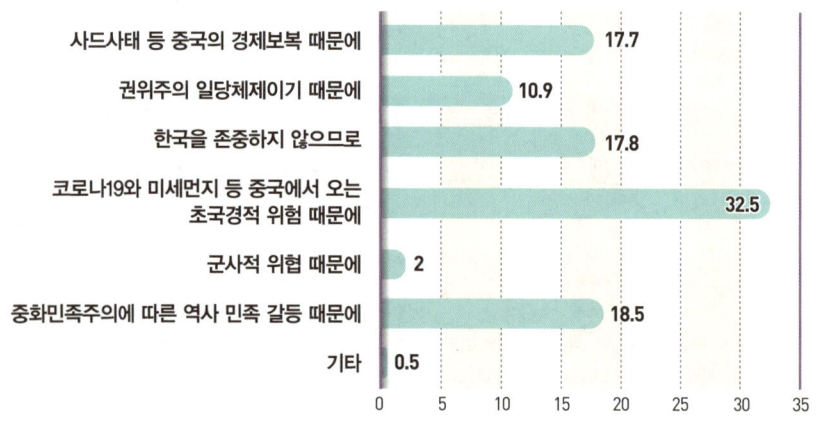

〈그림 3〉 중국에 대해 좋지 않은 인상을 가지는 이유 (2021)

코로나 발생 초기 청와대 국민청원에 중국인 입국 금지 요청이 76만 명에 달했다. 중국 내 한국인에 대한 강제 격리와 혐오 행동이 언론에 자주 노출되면서 코로나 사태로 인해 양국 국민들의 상호 부정 인식이 확대되는 경험을 한 바 있다. 2021년 동아시아연구원의 여론조사에서도 중국에 대해 좋지 않은 인상을 가지는 이유로 '코로나19와 미세먼지 등 중국에서 오는 초국경 위험'이라는 응답이 32.5%로 1위를 차지했다 (그림3 참조).[9]

한국이 당면하고 있는 가장 큰 위협 요인으로 40대 이상 기성세대는 주요국 간의 무역, 첨단 기술경쟁과 마찰(45.56%)을 1위로 응답했다. 반면에 20, 30대는 코로나19와 같은 감염병 확산(52.7%)을 1위로 꼽고 있다. 요컨대 한국의 젊은 세대가 중국에 대해 부정적 인식을 갖게 된 가장 주요한 원인이 기성세대와는 달리 환경, 질병 등 현실적인 생활 안전에 있음을 보여주고 있다.

한국의 기성세대는 사대주의, 공산주의, 경제 후진국 등 역사적 선입관이 일정 정도 중국에 대한 부정적 인식에 영향을 주었다면 한국의 미래 세대의 중국에 대한 인식에 영향을 주는 요인은 변화하고 있는 것이다. 이는 향후 한중 관계에서 미래 주요 현안과 쟁점에서도 변화가 있을 것임을 예고하는 것이다.

---

[9] 동아시아연구원, "2022 대통령의 성공조건 & 신정부 외교정책 제언 인식조사 발표," 2021-11-30.

맺는 말

한중 관계는 수교 30년을 경과하면서 비약적인 발전을 이루었다. 그런데 상대적으로 외형적인 비약적 발전에 부합하는 관계의 내실화와 기반이 충분히 조성되지 못했다. 그런데 그 과정에서 중국의 예상보다 신속하고 가파른 부상과 미중 경쟁의 고조라는 외부 환경의 구조적 변화가 진행되면서 지정학적 특수성과 북핵 문제를 안고 있는 한국과 한중 관계에 큰 부담이 되고 있다. 즉 한중 관계는 자체의 내실화가 충분치 않은 상황에서 국제체제와 환경에 취약해졌고 양국 간에는 기존의 경제협력 방식을 대체할 수 있는 새로운 협력의 동력이 준비되지 못하고 있다.

양국 간 국력의 비대칭성 확대와 더불어 체제와 가치의 괴리도 확대되고 있다. 이로 인해 양국 국민들의 인식의 간극은 커지고 오해와 왜곡의 공간은 확장되고 있다. 한국에서는 중국 의존성, 중국 경사에 대한 저항 심리가 증대하고 있는 반면에 중국 내에서는 오히려 한국의 미국 경사에 대한 우려와 경계가 고조되는 상반된 상황이 전개되고 있다. 요컨대 한중 국민들의 상호 부정 정서는 역사적, 구조적인 배경을 지니고 있으며 미래 세대로까지 이어지면서 장기화될 가능성을 예고하고 있다.

한중 관계의 미래 30년을 향한 새로운 설계가 절실한 시점에 있다. 이를 위해서는 먼저 양국 국민들의 상호 부정 정서가 구조화되어 양국 관계가 만성적 갈등 상황에 빠지지 않도록 관리하는 것이 필요하다.

양국 언론 매체와 여론 주도층에서 한중 양국 국민 간 부정 정서가 구조적 요인에 의해 상호 작용하면서 악화되고 있는 심각한 현실을 직시하고 이를 적극적으로 관리해야 하는 필요성에 대한 공감대를 형성하는 작업이 선행되어야 한다. 그리고 한국과 중국 양국이 진솔하고 다양한 소통을 지속하여 직면하고 있는 국내외 정치 현실에 대한 냉철하고 객관적인 이해와 상호 존중을 위한 새로운 접근이 요구되고 있다. 한중 관계는 수교 단계에서부터 가치와 이념의 차이를 상호 묵인하고 수용하는 대전제에서 기능적 차원의 경제협력 관계를 중심으로 발전해 왔다는 '초심'을 재인식해 실사구시적 차원에서 관계 발전을 모색할 필요가 있다. 한중 양국은 지난 30년, 그리고 지난 반만년 역사가 보여주었듯이 미래에도 상호 교류하며 협력하는 것이 당위인 인접 국가임을 새삼 상기할 필요가 있다.

중국 눈에 한국이 없나

주재우
경희대 중국어학과 교수

높은 산 메아리를 좇는 신세

중국의 눈에 우리가 더 이상 없는 것인가, 우리가 중국의 눈에 들지 못하는 것인가. 중국이 부상하면서 우리는 중국의 눈에 소국으로 전락했다. 방증으로 두 가지 사례를 들 수 있다. 하나는 2010년 7월 아세안(ASEAN) 외교장관회담에서였다. 당시 중국 외교부장 양제츠(楊潔篪)는 싱가포르 외교장관의 면전에다 "중국은 대국이고, 나머지는 소국이다. 이것이 사실(Fact)이다"라는 무례한 공개 발언을 했다.[1]

다른 하나는 2017년 4월 미국 플로리다주 마러라고 리조트에서 가진 만찬이었다. 도널드 트럼프 전 미 대통령과의 회담에서 시진핑(習近平) 주석은 한반도가 사실 중국의 '일부'였다며 중국인의 내재적 인식을 노골화하는 발언을 했다.² 2010년의 발언은 중국의 공세적인 외교 행위의 시작을 알렸다. 2017년의 발언은 한반도에 대한 중국의 통제력과 영향력의 확대 결의를 알렸다. 한반도 분단 이래 사상 처음으로 남북한에 제재를 동시에 가한 것이 이의 방증이다.

2010년 양제츠 부장이 결례를 범할 당시 우리의 외교장관도 있었지만 반응은 알려지지 않았다. 2017년 시 주석의 발언을 전해 들은 한국 외교부는 마러라고 회담(4월 2~6일) 이후 2주가 지난 20일에서야 미국과 중국을 상대로 사실관계 확인을 요청했다고 밝혔다. 외교부 대변인은 그날 정례 브리핑에서 "우리 정부는 앞으로도 잘못된 역사관을 수용할 수 없다는 분명한 입장하에 해당 국가뿐만 아니라 전체 국제사회를 대상으로 올바른 인식이, 역사 인식이 확산될 수 있도록 적극 노력해 나갈 방침"이라며 "구체적인 사실들이 파악되는 대로 필요한 대응을 해 나갈 것"이라고 설명했다.³

같은 날 중국 외교부 대변인은 정례 브리핑에서 우리 측의 확인 요청 서신의 수신 여부를 묻는 질문을 회피하면서 "한국 국민들은 걱정

---

1 John Pomfret, "U.S. takes a tougher tone with China," Washington Post, July 30, 2010.
2 "WSJ Trump Interview Excerpts: China, North Korea, Ex-Im Bank, Obamacare, Bannon, More," The Wall Street Journal, April 13, 2017.
3 "정부 '한국은 중국 일부' 시진핑 발언 진위 파악중", 「뉴스핌」, 2017년 4월 20일.

할 필요가 없다"라고 사건의 심각성을 무시했다.⁴ 우리 정부의 진위 파악 노력은 이후 실제로 진행된 것이 없어 보였고, 중국도 우리를 무시하는 처사로 사건을 덮었다. 우리의 외교적 노력이 중단되었음을 보여주는 대목이다.

더 심각한 문제는 우리나라 지도자의 대중국 사대 정신에서 드러났다. 2015년 베이징시를 방문한 당시 박원순 서울시장은 기자회견에서 중국의 성장에 편승하면 우리에게도 이익이라며 "파리가 말 궁둥이에 딱 붙어 있듯이 한국도 중국에 딱 붙어 가면 갈 수 있다"고 비유했다. 당시 박 시장은 중국이 추진하던 일대일로(一帶一路) 사업이 중국의 성장과 번영, 그리고 세계를 지배하는 네트워크의 상징적인 이정표라며 서울시나 대한민국이 중국을 잘 활용해야 한다는 입장을 부연했다고 설명했다. 중국의 성장을 두려워할 필요가 없고 이를 기회로 삼아야 한다는 맥락에서 발언했다는 것이 그의 설명이었다.⁵

여기에 우리나라 대통령은 2년 뒤 2017년 12월 베이징(北京)대학에서 가진 연설 자리에서 "높은 산봉우리가 주변의 많은 산봉우리와 어울리면서 더 높아지는 것과 같습니다"라며 중국을 높은 산봉우리에 비유했다.⁶ 그는 우리나라를 '그(중국) 주변의 산봉우리'로 전락시켰다. 중국에 사대하는 모습을 대통령 스스로가 연출한 기가 막힌 순간이었다. 그러면서 그는 시진핑 주석의 '중국몽(中國夢·중국의 꿈)'을 찬양했다. "중국몽이 중국만의 꿈이 아니라 아시아 모두, 나아가서는 전 인류와 함께 꾸는 꿈이 되길 바란다"면서 "중국이 더 많이 다양성을 포용하고 개방과 관용의 중국정신을 펼쳐 갈 때 실현 가능한 꿈이 될 것이라고 믿습니다"

라면서 그의 중국정신과 중국몽을 맹신하는 처사를 이어갔다.

개방과 관용을 중국정신으로 묘사한 것도 부족해, 전 인류가 꿈꾸는 중국몽이 되길 기원한다는 발언만으로도 그는 중국에 대한, 세상에 대한 무지를 드러냈다. 더 황당했던 것은 "한국도 작은 나라지만 책임 있는 중견국가로서 그 꿈에 함께할 것"이라는 결의를 보이고자 자신의 조국을 스스로 '작은 나라'로 폄하한 사실이었다. 그 어느 나라의 최고 지도자도 해외에서 자국을 스스로 위축시키고 자국민의 자부심과 자긍심을 폄훼하는 발언을 하는 사례는 극히 드물다.

G2로 올라선 중국

이른바 'Group of 2(G2)' 용어는 2006년에 블룸버그 통신의 칼럼니스트 윌리엄 페섹이 처음 소개했다. 그는 미래 세계경제를 미국과 중국이 주도할 것이라는 뜻에서 이 단어를 소개했다. 그리고 하버드대 니얼 퍼거슨 교수와 베를린자유대의 모리츠 슐라리크(Shularick) 교수는 2007년 국제금융 학술지에 게재한 공동 저작 논문에서 중국과 미국의 영문 표기명을 합성한 '차이메리카(Chimerica)'를 고안해냈다. 2009년 1월 베이징에서 개최된 미중 수교 30주년 기념 학술회의에서

---

4 "시진핑 '한국은 중국의 일부' 발언 사실 확인은 않고… 中 '한국 국민은 걱정할 필요 없다'", 「국민일보」, 2017년 4월 20일.
5 "박원순 '파리가 말에 붙어 가듯 우린 중국 붙어야'", 「시사포커스」, 2015년 8월 4일.
6 "[전문] 문재인 대통령 베이징대 연설 전문", 「연합뉴스」, 2017년 12월 15일.

즈비그뉴 브레진스키는 세계경제를 미중 양국이 견인할 것으로 전망하면서 'G2' 회의의 개최를 주창했다.

이같이 해외 언론과 전문가들이 중국의 경제적 부상을 일찍이 주목한 데는 그만한 특별한 이유가 있었다. 중국이 2002년부터 경제 영역에서 누리기 시작한 두 개의 호기 때문이다. 중국은 세계무역기구(WTO)의 정식 회원국이 되었다. 그리고 2008년 베이징 올림픽 개최를 위한 제반 시설의 구축 사업을 본격적으로 추진하기 시작했다. 이들의 효력은 일취월장한 중국의 경제력과 경제 위상이 입증했다.

중국은 2002년부터 2007년까지 연평균 10.4%의 경제성장률을 기록했다. 이는 10년 주기로 봤을 때 개혁·개방 시기가 막 시작된 1980년대와 맞먹는 기록이었다. 중국 경제성장이 제2의 르네상스를 누린 시기였다. 그리고 2007년에는 14.2%의 경제성장률을 기록하면서 1994년의 최고 기록과 동률을 이뤘다. 이런 장족의 성장을 통해 2007년 독일을 제치고 세계 3위의 경제 대국, 2010년에는 일본을 제치고 세계 2위의 경제 강국으로 부상했다. 이 과정에서 중국은 2009년 독일을 제치고 세계 최대의 수출국 반열에 올랐다. 명실상부한 G2국가 중 하나가 된 것이다.

그러나 중국은 서방세계가 사용하는 G2 용어를 부정하고 나섰다. 2009년 5월 원자바오(溫家寶) 당시 중국 총리는 중국-EU 정상회의에서 이에 동의할 수 없다는 입장을 밝혔다. 이유는 중국과 미국 두 나라가 공동으로 세계를 영도할 수 있다는 것 자체가 틀렸다는 것이었다.[7] 그는 "일각에서 세계의 사무를 중국과 미국 두 나라가 관리할 수 있다고 주장한다. 이런 시각은 근거가 없고 잘못된 것이다. 두 나라 또는 몇 개의 강대국 그룹이 세계가 당면한 도전 과제를 해결하는 것은 불가능하기 때문이다. 다극화와 다자주의가 인류의 의지와 시류에 부합하기 때문이다."라고 지적했다.[8]

그런데 3년 뒤 시 주석의 등장과 함께 중국은 미국과 견줄 만한 국제적 역할과 세계적 기대를 마냥 부정하지는 않기 시작했다. 그는 2012년 중국 공산당 총서기로 선출되면서 이의 신호탄을 노골적으로 알렸다. '중국몽', '인류운명공동체', '필승 강군' 등이 소개됐다. 특히 '인류운명공동체'는 중국식 규범과 원칙에 기초하는 국제관계를 기본으로 운영되는 창의적인 국제질서 창출의 의미를 내포한다.[9]

이듬해 시 주석이 소개한 '일대일로'는 최소한 경제 영역에서 중국의 세력 확장 포부를 공식화했다.[10] 왜냐면 중국은 2014년부터 '일대일로' 사업에 군사적 기능과 역할을 접목시키는 방법을 강구하고 나섰기 때문이었다.[11] 중국은 이의 명분으로 이른바 중국의 '해외이익'의 수호에

---

[7] An Gang, "Rejecting the 'G2'," Beijing Review, No. 4, October, 2013, http://www.bjreview.com/expert/txt/2013-09/29/content_570682.htm# (검색일: 2013년 10월 30일).

[8] "Chinese premier rejects allegation of China, U.S. monopolizing world affairs in future," Xinhua News, May 21, 2009, http://news.xinhuanet.com/english/2009-05/21/content_11409799.htm (검색일: 2009년 5월 23일).

[9] Liza Tobin, "Xi's Vision for Transforming Global Governance: A Strategic Challenge for Washington and its Allies," Texas National Security Review, Vol. 2, No. 1, November 2018;

[10] "推动共建丝绸之路经济带和21世纪海上丝绸之路的愿景与行动(全文)", 2015年 9月 15日, http://www.china.org.cn/chinese/2015-09/15/content_36591064.htm?f=pad&a=true (검색일: 2015년 10월 2일).

[11] "习近平接见第五次全国边海防工作会议代表, 李克强张高丽参加," 『新华社』, 2014年 6月 27日; 刘海泉, "'一带一路'战略的安全挑战与中国的选择", 『太平洋学报』, 2015年 第23卷 第2期.

서 찾았다.[12] 그리고 2017년 '일대일로' 사업과 중국군의 해외 진출 및 주둔 문제의 상관성을 찾는 데 성공했다. 즉, 중국군의 일대일로 참여국 진출과 주둔을 위한 당위성과 원칙이 마련되었다.[13]

외교 차원에서 시 주석은 중국이 대미 관계를 '관제(管制·관리와 통제)'할 필요성을 이미 2011년 부주석 당시에 밝혔다.[14] 시 주석은 중국이 대미 관계를 동등한 입장에서 관리통제가 가능해진 이유로 (양국 간의) '세력 균형이 교차점에 도달(国际力量对比更趋平衡)'한 점을 꼽았다.[15] 그의 이런 판단은 2017년 19차 당대회 보고서에 명시되었다. 나아가 중국은 2019년 국무원에서 발간한 『신시대의 중국과 세계(新时代的中国与世界)』 백서에서 이 같은 인식을 공식화했다. 백서는 중국과 세계의 관계를 '대등한 위치에서 상호존중과 협의'하는 관계로 규정했다. 이는 세계가 중국의 '핵심 이익'을 존중하고 미국과 대등한 관계를 유지하는 것을 의미한다. 즉, 미국이 중국과의 외교에서 중국식 규범과 일치하는 자세로 임해야 한다는 것을 제안한 셈이다.[16]

이렇게 중국의 국력과 위상이 부상하면 할수록 아래가 안 보이는 건 자연스러운 결과다. 또 아래를 보려 하지도 않는다. 물론 중국은 이를 부정한다. 왜냐면 중국은 이미 2003년 이웃과의 화목(睦隣), 화평(安隣), 부유(富隣)해지는 것을 주변국 외교의 3대 원칙으로 채택했기 때문이다. 그리고 10년 뒤 2013년에 시진핑 주석은 주변국 외교 좌담회에서 이른바 '친성혜용(親誠惠容)'을 대주변국 외교원칙으로 추가했다. 이는 주변국과 친하게 지내고(親), 성의를 다해 대하며(誠), 혜택을 공유하고(惠), 포용하는(容) 관계를 의미한다. 그러나 지금까지 중국의 대외 행위를 보면 이 같은 원칙은 온데간데없다. 주변국과의 영토 분쟁에서 국제 규범을 무시하고 일방적인 행위를 취하고 있기 때문이다. 2016년 국제 재판소의 중재에도 불구하고 중국은 거부 의사를 밝히면서 국제규범을 존중할 의지조차 없음을 공개했다. 주변국의 방공식별구역을 중국 군용기가 무단 진입하는 처사에 대해서도 중국은 구역의 획정이 국제법적 효력이 없고 규범에 불과하기 때문에 준수 사항이 아님을 주장한다.

탈도광양회의 시작?

시진핑 정권의 등장 이후, 중국이 1992년부터 견지해 왔던 외교 방침 중 하나인 "도광양회(韜光養晦·자신을 드러내지 않고 때를 기다리며 실력을 기른다)"와 "유소작위(有所作爲·해야 할 일을 적극적으로 나서서 이뤄낸다)"를 실질적으로 포기했는지에 대한 논란이 일었

---

12 刘静, 『中国海外利益保护: 海外风险类别与保护手段』, (北京: 中国社会科学出版社, 2016); 孔志国, "中国海外利益转型与一带一路战略", 『社会科学前沿』, 2016年, 第5卷, 第1期.
13 "姚云竹: 人民军队在'一带一路'中的战略和作用", 『祖国网』, 2017년 9월 14일, http://www.zgzzs.com.cn/index.php/Article/detail/id/9120.html (검색일: 2019년 4월 2일).
14 시진핑 주석은 2011년 부주석의 자격으로 헨리 키신저 박사와의 만남에서 이 같은 구상을 밝혔다. "习近平会见美国前国务卿基辛格", 『新华网』, 2011년 6월 28일, http://news.xinhuanet.com/2011-06/28/c_121593256.htm.(검색일: 2020년 12월 11일). 그의 '관제'구상은 2014년 6차 미중전략경제대화에서 오바마 전 대통령에 의해 인용되기도 했다. "Obama's Statement to the U.S.–China Strategic and Economic Dialogue," The White House, July 8, 2014, http://iipdigital.usembassy.gov/st/english/texttrans/2014/07/20140709303557.html#axzz3HUqT0ohj (검색일: 2020년 12월 11일).
15 习近平, 『决胜全面建成小康社会 夺取新时代中国特色社会主义伟大胜利: 在中国共产党第十九次全国代表大会上的报告』, (北京: 人民出版社, 2017).
16 Timothy R. Heath, Derek Grossman, and Asha Clark, China' Quest for Global Primacy, (Santa Monica, CA: The Rand Corporation, 2021), p. 50.

다.[17] 이는 그가 2013년 10월 24일, 즉 중국 국가주석으로 선출된 이후 가진 첫 중앙주변외교공작좌담회의 중대 연설에서 이른바 "분발유위(奮發有爲·분발해 성과를 이뤄낸다)"라는 새로운 외교 자세를 처음 소개한 데서 비롯됐다.

그는 주변국 외교를 잘하는 것이 중국의 '두 개의 100년 목표를 달성하고 중화민족의 위대한 부흥인 중국몽을 구현하는 데 필요하다'고 강조했다. 그렇기 때문에 주변국 외교를 "분발유위"하게 적극 추진해야 한다는 것이 핵심이라고 부연했다.[18] 이로써 중국 외교 전략이 "도광양회, 유소작위"에서 "분발유위"로 전략적 조정에 들어갔음이 드러났다. 그는 2014년 7월 14일에 제6차 브릭스(BRICS) 정상회의 전날 중국이 부단한 발전을 하면서 더 책임 있는 대국으로서 역할을 발휘하기 위해서는, "세계의 평화 수호, 국제 사무와 공동 발전에 더 적극적으로 할 수 있는 것을 해 나가야 한다(有爲)"는 입장을 밝혔다.[19]

이 과정에서 한 가지 주목할 만한 사실을 간과해서는 안 된다. 우선 중국 공산당이 '도광양회, 유소작위'를 포기했다는 공식 입장은 어디에서도 찾을 수 없다는 사실이다. 즉, '분발유위'의 전략을 외교에 반영하는 결의를 비쳤으나, '도광양회, 유소작위'를 완전히 대체했다는 의미는 아니다. 중국이 '도광양회'를 견지하는 결의는 1998년 장쩌민(江澤民) 주석, 2005년 원자바오 총리에 의해 확인되었고 2009년 베이징에서 개최된 해외공관장 회의에서도 재확인된 것으로 알려졌다. 이의 공통된 핵심은 앞으로 100년 동안 '도광양회, 유소작위'를 외교 방침으로 유지하겠다는 데 있었다.

그러나 2017년 19차 중국 공산당 전국대표대회에서 시 주석이 발표한 당대회 보고서가 흥미로운 키워드를 소개했다. 그는 '신시대(新時代)', '신사상(新思想)', '신역할(新作用)'과 '신공헌(新貢獻)' 등을 나열하면서 중국 외교의 새로운 역할을 역설하고 나섰다. 이는 '분발유위'와 맥락을 같이한 것이었다. 즉, 중국의 더 주도적이고 적극적인 역할의 수행을 강조했다. 이를 중국의 꿈에 적용하면 중국이 앞으로 인류의 발전과 번영, 세계의 평화와 안위를 위해 대내외적으로 보다 적극적이고 주도적인 역할을 수행해야 한다는 사명감을 표출한 것이었다.[20]

중국의 전랑 외교

그럼에도 오늘날 시진핑의 중국이 '도광양회'에서 벗어났다는 주장

---

17 포기를 안 했다는 주장과 관련해서는 陈向阳, "中国外交 还要冷静一百年", 国际在线, 2005年 9月 6日, http://news.cri.cn/gb/2201/2005/09/06/1405@689210.htm (검색일: 2005년 9월 8일); "吴建民述中国外交60年变化:韬光养晦仍要管100年", 中国新闻网, 2009年 6月 1日, https://www.chinanews.com.cn/gn/news/2009/06-01/1713676.shtml (검색일: 2009년 6월 2일); "专家否定中国外交应放弃韬光养晦 要防被'捧杀'", 『中国新闻网』, 2011年 1月 20日, https://www.chinanews.com.cn/gn/2011/01-20/2800888.shtml (검색일: 2011년 1월 24일); "中国外交不再'韬光养晦'了吗？" 海外网, 2013年 12月 27日, http://opinion.china.com.cn/opinion_75_89575.html (검색일: 2021년 11월 29일) 등 참조. 중국이 "도광양회"에서 전략적 전환을 했다는 주장과 관련해서는 Yan Xuetong, "From Keeping a Low Profile to Striving for Achievement," The Chinese Journal of International Politics, Vol. 7, No. 2, 2014; 阎学通, "从韬光养晦到奋发有为", 『国际政治科学』, 2014年 第4期; 李志永, "中国'奋发有为'外交的根源,性质与挑战: 一自主性外交理论的视角", 『國際展望』, 2018年 第2期.
18 "习近平在周边外交工作座谈会上发表重要讲话", 『新华网』, 2013年 10月 25日, http://news.xinhuanet.com/politics/2013-10/25/c_117878897.htm (검색일: 2021년 11월 2일).
19 "习近平接受拉美四国媒体联合采访", 『新华网』, 2014年 7月 14日, http://news.xinhuanet.com/video/2014-07/14/c_126752042.htm (검색일: 2015년 1월 3일).
20 习近平, 『决胜全面建成小康社会 夺取新时代中国特色社会主义伟大胜利』.

에 무게가 실리는 가장 큰 이유는 중국의 공세적인 대외 행태 때문이다. 이를 두고 세계는 중국에 '전랑(戰狼·늑대 전사)외교'라는 별명을 붙였다. 이 단어는 2017년 중국의 흥행작 '특수부대 전랑2'라는 영화 제목에서 따온 것이다. "중국을 모욕하는 자는 멀리 떨어진 곳에 있어도 반드시 응징한다(犯我中华者, 虽远必诛)"는 영화의 슬로건처럼 중국은 더 이상 모욕과 비방에 회피하지 않고 적극 맞서겠다는 굳은 결의를 대외관계에 투영하면서 공세적인 면모를 갖추기 시작한 것이다.

이런 중국인의 의식은 2020년 12월 러위청(樂玉成) 외교부 부부장에 의해 피력되었다. 그는 "다른 나라가 중국이라는 우리 집 앞에 와서 가족의 문제를 방해하고 끊임없이 잔소리를 하거나 모욕하거나 불명예스럽게 하고 있다. 따라서 국가의 이익과 존엄성을 수호하기 위해 반드시 맞설 수밖에 없다"라며 전랑외교 방식의 대응을 정당화했다.[21]

전랑외교의 인식과 행동에는 중국 공산당의 건국이념과 목표가 그대로 배어 나온다. 즉, 중국 공산당은 1840년 아편전쟁 이후 중화민족이 겪었던 수치와 모욕, 치욕과 굴욕을 완전히 치유한다는 사명감에 나라를 세운 것이다. 이는 중국몽의 절대적 가치인 중화민족의 위대한 부흥과 의미를 같이한다. 외교의 관점에서 보면 중국몽은 중화질서의 재건을 의미하기 때문에 중국은 중국 중심의 주변 질서 재확립을 도모한다.

이 과정에서 중화 복속주의가 대두되고 있다. 이것이 의도되었든, 의도되지 않았든, 중국이 보여주는 외교 행태는 중국의 주변국에 대한 전통적인 인식을 여실히 보여주고 있다. 이런 인식은 중국이 선호하는 외교 방식으로 드러나고 있다. 우선 분쟁과 갈등의 해결 방식에서 중국은 양자 협상을 선호한다. 둘째, 중국은 주변국과의 비대칭적인 권력구조를 이용하여 영향력을 발휘하면서 주도권을 가지고 압도하려 든다. 마지막으로, 여의치 않으면 보복으로 상대를 제압하려 한다. 이런 행태의 유형이 오늘날 중국의 대한반도 외교에서도 역력히 드러나고 있다. 사드로 남한에 보복을, 핵실험을 빌미로 북한에 독자적 제재를 가하는 중국의 행위가 대표적인 사례다.

중국의 변화와 한국에 대한 인식 변화

2017년 19차 당대회 보고서에서 시 주석은 두 번째 100년의 목표를 달성하기 위한 일정을 공표했다. 건국 100주년을 맞이하는 2049년까지 '사회주의 현대화 강국'을 달성하는 것이다. 그는 이 과정을 다시 두 개의 시기로 나눴다. 2035년까지 목표 달성을 위한 기반을 닦는 것이다. 그는 이를 전면적인 샤오캉(小康) 사회의 구축을 통해 사회주의 현대화를 달성하는 것으로 설정했다. 따라서 이때까지 시 주석이 집권하려는 의도를 유추할 수 있다. 즉, 2022년 올해 3연임에서부터 10년은 더 군림하려는 의욕을 볼 수 있겠다.

대내적으로 사회주의 현대화 기반을 견고히 하기 위한 대외적인 목

---

21 "중국 '늑대전사 외교' 딱지는 우리 국가이익 수호 막으려는 것", 『연합뉴스』, 2020년 12월 6일.

표도 재설정되었다. 시 주석은 중국 외교를 체제 경쟁으로 몰아가고 있다. 이런 결정은 사회주의를 승리로 이끌어 가려는 그의 확고한 신념에서 비롯됐다. 그는 2013년 당간부회의에서 "자본주의는 소멸할 것이며, 사회주의가 궁극적으로 승리할 것(资本主义最终消亡, 社会主义最终胜利)"이라고 호언장담했다.[22] 이는 자본주의 체제보다 사회주의 체제의 우월성을 입증할 수 있는 사회주의 체계(System) 구축의 완성을 전제한다. 이런 신념에 따라 그는 19차 당대회에서 종합국력과 국제적 영향력 면에서 중국이 글로벌 리더가 되어야 하는 사명을 알렸다. 그리고 사회주의 체계의 강화를 위한 당과 전 당원의 노력을 촉구하고 나섰다.[23]

이런 과업의 완성을 위해서라도 그에게는 최소한 2035년까지 집권해야 한다는 당위적 목적이 생긴 것이다. 이의 정지작업으로 그는 2017년 국가주석의 임기 제한을 없애는 개헌을 성공적으로 이끌어 냈다. 그리고 권력의 공고화를 위해 과거 60년대의 '정풍운동'을 재연하고 있다. 반부패 운동을 빌미로 정적을 제거함으로써 정권의 공고화를 꾀하고 있다. 더 나아가 그는 중국의 인공지능(AI) 기술을 통치수단과 사회통제의 도구로 이용하면서 잠재적 불만세력의 출현을 사전에 차단하고 있다. 일례로, 사회 신용 체제를 도입함으로써 사회 구성원의 공산당에 대한 충성도를 측정하고 이들의 경제생활과 사회활동을 통제하고 있다. 또한 공산당 영도력과 영토의 완정 등 중국 공산당이 정의한 핵심 이익에 도전하는 분리주의, 테러주의, 독립주의 세력의 활동도 탄압하고 있다. 중국 정치에서 자유, 인권, 민주라는 단어가 퇴색

되어 간다고 비판받는 이유가 여기에 있다.

시진핑의 중국이 체제 경쟁을 외교의 목표로 삼은 것이 한국에 대한 인식에 어떠한 영향을 미칠까. 중국의 대한국 인식에는 어떤 변화가 일어나고 있는가. 첫 번째는 한반도에 대한 중국의 복속주의의 부활로 나타나고 있다. 한반도 분단 이후 남북한에 제재를 동시에 가함으로써 한반도 길들이기에 들어갔다 해도 과언이 아니다. 두 번째는 보복정치를 통해 남북한의 의사결정권자들이 중국을 의식하게 만드는 데 성공하고 있다. 이는 우리의 대중국 '저자세 외교'로 대변되고 있다. 북한 또한 북미정상회담을 전후하여 중국과 정상회담을 연쇄적으로 갖는 모습을 보였다.

마지막으로, 한국 길들이기가 어느 정도 성과(?)를 보이면서 한반도에서의 숙원을 풀 기회가 도래했다고 인식하고 있다. 중국은 한미동맹을 미국 동맹 체제에서 약한 고리로 확신하면서 이의 근간을 흔드는 작업을 개진했다. 이의 일환으로 중국은 이른바 '쌍궤 병행', 즉 한반도 비핵화와 한반도 평화 프로세스를 동시에 진행하는 것을 북한의 비핵화 방식으로 2017년에 공식 제안하기에 이르렀다. 한반도 평화 프로세스는 주한미군 철수와 한미동맹의 해결 문제 등을 내포한다. 과거 중

---

22 "关于坚持和发展中国特色社会主义的几个问题", 『中国共产党新闻』, 2019年 3月 31日. 본 연설은 시진핑 주석이 2013년 1월 5일 신진 중앙위원회 위원, 후보위원이 18대 정신을 토론하기 위한 학습회의에서 전해진 것이다. (这是习近平总书记2013年1月5日在新进中央委员会的委员、候补委员学习贯彻党的十八大精神研讨班上讲话的一部分.)

23 习近平, 『决胜全面建成小康社会, 夺取新时代中国特色社会主义伟大胜利』, (北京: 人民出版社, 2017年).

국은 사드 사태에 대한 우리 사회의 분열 모습을 통해 이의 현실적 가능성을 내다본 것이다.

그러면서도 시진핑의 중국은 대북한 일변도를 자처하고 나섰다. 우리에게는 사드 '3불(不)' 약속을 받아냈지만 북한에게는 불변의 지지를 담은 또 다른 '3불(不)'을 약속해줬다.[24] 또한 시 주석은 2020년 10월 25일 중국인민지원군의 6·25전쟁 참전 70주년 행사에서 중국의 참전을 '정의로운 전쟁'으로 묘사했다. 그가 뼛속까지 친북이라는 사실을 방증하는 대목이다. 역대 중국 지도자들 중에 이 같은 발언을 한 사람은 없었다. 그러나 유독 시 주석만은 2008년 방북과 2010년 6·25전쟁 60주년 행사에서 동일한 발언을 했다. 여기서 우리는 시 주석이 한국과 한반도의 역사를 어떻게 인식하고 있는지를 엿볼 수 있다. 2017년 4월 그가 미국에서 가진 트럼프 대통령과의 만찬 자리에서 한반도(의 역사)가 중국의 일부라고 발언한 이유를 가늠할 수 있겠다.

---

[24] 2018년 5월 중국 다롄 북중정상회담에서 시진핑 주석은 김정은 위원장에게 '3개의 불변'을 약속했다. 이는 중북 관계의 공고와 발전에 대한 확고한 입장, 중국의 대북 우호와 우정, 그리고 사회주의 북한에 대한 지지가 불변할 것임을 약속한 것이다. 즉, 북한의 생존과 관련하여 최소한 중국의 지지를 확인시켜 준 것이다.

한중, 이제 코피티션(Copetition)시대

박한진

코트라아카데미 원장

한국과 중국이 공식 외교 관계를 맺은 지 30주년을 맞았다. 강산이 세 번 바뀔 시간에 양국 경제 관계와 국제 환경은 더 많이 바뀌었다. 무엇이 달라졌고 중국을 어떻게 볼 것인가. 세계 속의 중국의 위상은 어디 정도인가. 수교 30년이 주는 앞으로 30년의 발전적 방향에 대한 시사점을 찾아본다.

지난 30년, 무엇이 달라졌나

지난 30년을 큰 틀에서 되돌아본다면 중국의 경제 대국 급부상과 이를 가장 잘 활용한 한국으로 정리할 수 있다. 한국은 대중국 무역과 투자가 동시에 급증하면서 전 세계에서 벌어들인 무역수지 흑자액보다 더 많은 이익을 중국에서 일궈냈다. 경제 의존도는 높아졌지만 중국의 성장 효과가 고스란히 한국으로 전해졌다. 중국이 성장하면 한국도 성장했고 중국 수출이 호조를 보이면 한국도 실적을 내는 시기가 수교 후 20여 년간 이어졌다.

엇갈린 측면도 있다. 수교 당시 비슷하던 두 국가의 체급은 경제와 교역 규모에서 상당히 벌어졌다. 기업 경쟁이 날로 치열해지는 현실에서 중국 시장을 낙관만 하거나 중국 시장만을 바라볼 수 없는 상황이 되었다는 지적이 나온다. 대중국 경제 교류의 기본 틀이었던 가공무역은 시효를 다해가며 이제는 새로운 협력구조를 만들어야 할 때가 됐다.

1) 무역-투자 장기 동시 급증

가장 극적이고 상징적인 변화는 경제 교류의 양적 확대이다. 대중 수출이 1992년 27억 달러에서 2021년 1630억 달러(추정)에 달해 60배 이상으로 늘어났다. 같은 기간 우리나라 전체 수출은 약 8배 증가했다.

흔히 중국을 우리나라 최대 무역수지 흑자국으로만 알고 있지만 사실 1992년까지는 한국의 적자가 매년 심화하는 구조였다. 흑자로 돌아선 것은 1993년부터인데 한중 간 경제 교류에서 가공무역이 자리 잡기 시작하면서부터다. 수교 이후 한중 투자협정 등 제도적 장치가 마련되자 대중 직접투자가 증가했다. 이렇게 중국에 들어간 공장과 기업들이 한국산 원부자재와 중간재를 수입했다. 한중 수교가 대중 무역수지를 적자에서 흑자로 바꿔 놓은 결정적 계기로 작용한 것이다. 이제 대중 무역수지 흑자의 대폭 증가는 중국 측의 무역 불균형 해소 요구로 이어지더니 구조적인 통상 갈등 현안으로 변화할 조짐이다.

상호 경제 의존도가 높아지면서 중국의 성장 효과가 고스란히 한국으로 전해진 점도 특징적이다. 중국이 성장하면 한국도 성장했고 중국의 수출 실적이 좋으면 한국의 대중국 수출도 함께 늘어났다. 양국 경제의 상관성을 나타내는 기준의 하나로 상관계수가 있다. 한중 간 '경제성장률 상관계수'는 수교 이전 마이너스(−)였으나 이후 +0.8 수준으로까지 확대되기도 했다. 한국의 대중 수출은 중국의 수출 및 수입과도 유의미한 상관관계에 있다.

2) 中, '규모의 경제' 효과 커져

수교 당시 양국 간 경제 규모는 한국이 앞서거나 비슷한 수준이었다. 이후 중국이 급성장하면서 '규모의 경제' 효과가 누적됐고 한국과의 차이가 커졌다. 국내총생산(GDP) 규모는 1992년 한국 3299억 달러(세계 14위), 중국 4227억 달러(10위)로 큰 차이가 없었으나 1990년대 중반 이후 중국이 급팽창했다. GDP 규모의 한중 비율은 수교하던 해에 한국과 중국 간 1:1.3이었으나 이후 중국의 경제 규모는 세계 10위에서 2위로 도약했다. 1인당 GDP 규모는 중국의 전체 인구가 많아 한국이 여전히 앞서 있으나 갈수록 격차가 줄어들고 있다.

수출액은 1991년까지 한국이 중국을 앞서 있었으나 수교하던 해에 역전됐고 이후 중국이 한국을 큰 폭의 격차로 앞섰다. 수출액 기준 세계 1위 중국은 이제 수출 3조 달러 시대에 근접하고 있다. 해외직접 투자액의 경우 2000년대 중반까지는 양국이 앞서거니 뒤서거니 하면서 큰 격차가 없었으나 2005년부터 격차가 벌어지기 시작했다. 중국의 몸집이 커지면서 양국 관계는 여러 측면의 변화를 가져오게 된다.

3) 코피티션(Copetition), "협력 속 경쟁-경쟁 속 협력"

중국 시장은 커졌지만 기업들의 경쟁이 갈수록 치열해지고 있다. 중국 시장을 낙관만 하기는 어려운 이유다. 과거엔 '현시 비교우위'(RCA·Revealed Comparative Advantage) 지수, 무역특화지수(TSI) 등을 통해 중국 시장 내 한국의 상품별 경쟁력 수준을 가늠했다. 하지만 중국의 기술력 상승, 국내 유통망 발전, 상품시장 활성화 등으로 이제 범용상품에선 한국은 물론 세계 각국의 상품들이 중국 시장에서 치열한 경쟁을 벌여야 하는 시기가 되었다.

미래 또 다른 30년을 보장받기 위해서는 질적인 업그레이드가 필요하다. 교류 구조가 협력 위주에서 경쟁과 상호 보완성이 커지면서 경합(코피티션)의 시대가 되었다. 중국 시장은 결코 모든 기업에 적합한 곳은 아니라는 사실을 확인하게 된 것이다.

거시적 관점에서 수교 30년의 대중국 경제 교류가 한국에 주는 시사점을 추출해 보면 아래와 같다.

양국 관계가 산업 간 교역에서 산업 내 교역으로 변하고 있다. 양국의 미래 신산업 정책은 겹치는 부분이 많아 한국은 이제 중국은 물론 아시아 역내를 포괄하는 새로운 국제분업 구조를 본격 모색해야 한다.

기존 대중국 주력 수출 품목은 중국 시장 내 경쟁력 약화 및 대중국 무역특화지수 악화 현상이 나타나고 있다. 최근에는 중국의 수입 수요가 부품보다는 소재 위주로 재편되고 있음을 고려할 때 고부가가치 소재 개발·수출에 노력해야 한다. 고부가가치 소재는 향후 한국의 가치사슬 안전 확보 차원에서도 중요한 과제이다.

종래 중국 시장이 선택과 집중형 시장이었다면 이제는 중국이 필요로 하는 상품과 서비스를 개발해 진출해야 한다. 대중국 투자는 서비스업 신규 진출 또는 기진출 제조업과 서비스업과의 연계에 노력하고 내륙지역 진출은 타당성 조사 등 충분한 사전 준비와 특화전략이 선행되어야 한다.

앞으로 한중 경제 관계는 중국 경제의 규모 확대와 구조적 전환이란 구조 속에 더욱 극적인 변화를 겪을 것이다. 산업 측면에서 가장 중요한 것은 양국 간 경제산업 구조에 새로운 연결고리(New Linkage)를 서둘러 구축해야 하고 중국의 거시정책 동향과 경제산업 구조 변화를 면밀하게 분석하기 위한 연구 분석 기능을 확충하는 것이다.

4) 경제 의존도의 딜레마

여러 아시아 국가가 미국과 중국 사이에 있다. 아시아에는 안보는 미국, 경제는 중국에 의존하는 나라가 많다. 이런 전략적 포지션은 평시에는 크게 문제가 될 게 없지만 두 강대국이 본격적인 갈등 국면으로 진입하면 전혀 다른 상황이 된다. 미국에 대한 안보 의존도가 지나치게 높다든지, 중국에 대한 경제 의존도가 지속적 혹은 지나치게 높은 상황이라면 큰 문제가 될 수 있다.

대중국 수출은 우리나라 전체 수출 규모의 약 4분의 1 수준이지만, 비중 자체가 문제라기보다는 구조적인 충격에 빠질 수 있다는 점이 중요하다. 중국이 팔면 값이 싸지고 중국이 사면 값이 비싸진다. 중국이 팔지 않으면 공급망 충격이 오고 중국이 사지 않으면 시장이 사라지는 상황이 올 수 있다.

해외투자는 대중국 의존도가 최근 많이 완화됐지만 여전히 높다. 중국 내 투자 환경도 많이 달라졌다. 임금 상승 외에도 기업들이 가장 체감하는 분야는 기업 관련 법제화라는 변화다. 종래엔 법 규정이 미비해 제약이 없었으나 이제는 환경보호, 산업표준, 허가 등 전반에 걸친 법제화가 하루가 멀다 하고 진행되고 있다. 이는 필연적으로 기업 간 경쟁을 더욱 치열하게 만들고 있다.

중국은 자국 완결형 가치사슬(Value Chain)을 확대, 강화해 나가고 있다. 종래 수입했던 중간재의 자국산 사용 비중을 높이면서 아시아 국가가 수출했던 중간재가 급속하게 중국산으로 대체되고 있다. 최근 요소수 사태 등 상황은 중국발 공급망 충격이 언제라도 재발할 수 있다는 점을 일깨워주고 있다. 결국 종래 중국 내 비즈니스 환경이 땅 짚고 헤엄치기였다면 이제는 집채만 한 파도를 앞에 두고 서핑을 할 것인지 말 것인지를 결정해야 할 시점이다.

한국과 중국은 1992년 수교와 함께 우호협력 관계를 맺었고 이후 양국 관계는 협력동반자, 전면적 협력동반자, 전략적 협력동반자 등으로 지속 격상돼 왔다. 1998년 이래 양국은 산업협력 분야에서 완성차, 고속철로부터 시작해 첨단 분야, 서비스업, 금융에 이르기까지 광범위하게 협의하고 합의도 이루어냈으나 실제 양국 기업 간 교류의 깊이와 성과 측면에서는 아쉬움이 없지 않다. 앞으로 중국에 진출할 때는 중국과 무엇을 주고 무엇을 받을 것인지에 대한 고민이 필요할 것이다.

중국을 어떻게 볼 것인가

1) 중국 '롱(long)' 랜딩에 대비하자

과거나 현재나 변하지 않은 중국 이슈가 있다. 경제의 '경착륙(Hard Landing)−연착륙(Soft Landing)' 논란이다. 많은 사람이 두 가지 착륙 시나리오를 두고 양자택일 진실게임을 벌이고 있지만, 필자의 판단으로는 둘 다 아니다. 지방정부 부채 확대, 공급과잉 심화 등 성장의 고름들이 여기저기 터져 나오는 마당에 연착륙은 물 건너간 얘기다. 한때 중국 경제가 계속 질주할 것이란 '노 랜딩(No Landing)' 주장도 있었지만 경제성장률이 예상보다 빠른 속도로 떨어졌으니 이 또한 옛이야기다.

경착륙은 논쟁이 무성할 뿐 용어 자체에 대해 아직 명확한 컨센서스가 없다. 다만 통화·재정적 조치의 약발이 갈수록 약해지고 노동생산성 향상 속도가 빠르지 않아 잠재성장률이 떨어지는 복합적 상황이란 차원에서는 대체로 의견이 일치한다.

둘째, 반부패 투쟁과 근검절약 캠페인에 이어 공동 부유론, 부동산 및 테크 기업 단속 강화 등이 소비시장에 주는 충격은 예상만큼 크지 않아 보인다. 그래서 주의를 기울여 보자는 것이 '롱(Long) 랜딩'이다. 롱 랜딩이란 한마디로 점진적 성장률 하락 시나리오다. 항공기가 착륙할 때 충분한 시야와 거리를 확보하고 안전하게 내려앉는 것과 유사한 양상이다. 중국은 성장방식 전환을 목표로 한 강력한 개혁 조치들을 가속하면서 성장률은 해마다 떨어질 것이다. 하지만 개혁과 구조조정이라는 좌표가 있기에 낮아져도 건전한(Healthier) 성장을 할 것이다. '롱 랜딩'은 현재 중국에는 최상의 시나리오인 것으로 보인다. 급추락하지 않고 비록 힘들긴 하지만 점진적으로 낮아진다면 대내외적으로 정책 구상과 대응의 시간을 벌 수도 있기 때문이다.

앞으로 예상되는 중국의 정책 처방은 앞서 언급한 법제화 강화와 경제 체질 개선 노력이다. 이는 필연적으로 중국 내 기업 경영 환경과 대중국 수출 여건을 서서히 그러나 뚜렷하게 바꾸어 놓을 것이다.

2) 중국 경제 재조정에 주목을

중국 경제의 최대 고민은 불균형이다. 2001년 세계무역기구(WTO) 가입 후 강력한 수출 드라이브는 심각한 내·외수 불균형을 낳았다. 처방은 재조정이다. 대외 재조정과 대내 재조정이 있다. 과도한 경상수지 흑자를 줄이는 것이 전자다. 후자는 수요와 공급, 신용의 쏠림을 바로잡는 것이다. 경제성장률 하락을 감수하면서도 재조정에 온갖 공을

들이고 있다. 오랫동안 습관화된 몸집 불리기식 성장 방식을 떨쳐내고 스마트한 발전을 추진한다는 판단에서다.

재조정의 중간 성적표는 어떨까. 대외 재조정은 이미 상당한 성과를 내고 있다. 2007년 국내총생산(GDP)의 10%를 기록한 경상수지 흑자 규모는 이후 한 자릿수 초반대로 떨어졌다(최근 팬데믹 이후는 수출 급증, 외화 유입 확대로 인해 시기적으로 대폭 증가했다). 순수출의 성장 기여도 역시 과거 GDP의 2% 내외에서 지금은 0% 근처에 머문다. 수출의 성장 기여도 하락과 함께 내수의 성장 기여도가 상승했다는 점에서 긍정적으로 평가된다.

재조정 정책의 최종 성적표는 어떻게 나올까. 정부의 정책 청사진을 그대로 수용할 수는 없다. 어림짐작으로 헤아려 볼 일은 더욱 아니다. 수많은 변수의 복합조합이다. 인구와 사회구조 변화도 고려해야 한다. 그것은 미래의 영역이다. 시나리오 플래닝 기법의 대가 피터 슈워츠의 미래 예측방법론이 유용할 것이다. 그는 알 수 없는 미래를 세 가지 시나리오로 구분한다. '지금 같은 미래', '더 나은 미래', '지금보다 못한 미래'다. 상황별로 추세를 관찰하고 끊임없이 질문을 던지면 미래상을 좀 더 잘 볼 수 있다.

국제통화기금(IMF)의 시나리오 보고서가 흥미롭다. 기본 시나리오 즉 '지금 같은 미래'에서는 소비 확대와 서비스업 개혁은 성과를 내지만 국유기업 개혁과 예산 운용 측면에서는 지지부진할 것으로 본다. 긍정적인 시나리오(더 나은 미래)는 과감한 정책 수단을 통해 수요, 공급, 신용의 불균형이 전반적이고 실질적으로 교정되는 경우다. 재조정이 성공하려면 여러 영역의 정책 조화와 조합(Policy Mix)이 필요한데 자칫 균형감각을 상실한다면 최악의 시나리오(지금보다 못한 미래)가 된다.

중국은 '더 나은 미래' 시나리오로 가려는 정책 조치에 나서고 있다. IMF의 진단은 이렇다. 위안화 환율은 평가절하 또는 평가절상의 어느 한 방향보다는 실질적인 관리변동 환율제도를 유지할 것이다. 위로도 갈 수 있고 아래로 갈 수도 있다는 얘기다. 작은 수치 변화에 일희일비할 일이 아니다. 서비스업은 규제 철폐로 생산성 향상과 소비 확대 효과가 나도록 할 것이다. 정부가 나서 의료보건 투자를 확대해 높은 가계 저축률을 소비로 유도할 것이다.

G2 시대의 주목할 키워드 '지경학(GE)'

중국 경제의 급부상으로 세계는 딴 세상이 됐다. 상하이 증시가 불안하면 글로벌 증시가 출렁인다. 경제가 성장하면 서구식 자유주의로 변할 것이라는 기대감은 보란 듯이 빗나갔다. 서구 경제학 이론으로는 중국을 해석하기 어려워 경제학 교과서를 다시 써야 할 판이다. 중국은 커지고 강해지고 독특해지기까지 했다. 'G2'(주요 2개국)라는 말이 나온 배경이다.

냉전 시대 강대국들은 핵으로 경쟁했다. 모두 핵무기를 가졌지만, 공멸의 두려움 때문에 공포의 균형이 이루어졌다. G2 시대에는 경제적 영향력이 무기다. 21세기 들어 전개된 세계화의 결과다. 글로벌 차원의 경제 의존도가 심화하여 전쟁이 나면 너 나 할 것 없이 엄청난 피해를 볼 수밖에 없다.

냉전 시대의 '상호확증파괴'가 '경제적 상호확증파괴' 개념으로 진화한 배경이다. G2 시대에 미국과 중국은 영토 개념의 지정학적 패권을 겨루지 않는다. 경제적 영향력 확대를 위한 지경학(Geoeconomy) 전략으로 경쟁하고 있다. 지경학은 미국의 군사전략 전문가 에드워드 루트워크와 프랑스의 파스칼 로로가 국가의 경제 전략을 다루는 분야로 발전시켜 왔다.

지경학 시대에는 군사적 영향력보다 해외시장 점유율이 더 직접적이다. 또 자원 보유국보다 시장 보유국의 파워가 더 강하다. 남미가 쇠하고 인도가 흥하는 이유다. 군사 타격보다는 경제 제재가 더 유용한 수단이다. 그런 이유로 전쟁은 줄었지만 엉뚱하게도 기업에 불똥이 튀기도 한다. 서방 국가들이 러시아에 경제 제재를 가하자 무고한 기업들이 타격을 받는다. 유럽의 수출 기업과 러시아 현지 부자기업들이 된서리를 맞았다. 중국과 호주의 마찰은 우리나라 공급망에 타격을 주었다.

한국의 선택은 무엇인가. 싱가포르를 잘 관찰해 보자. 미국과도 잘 지내고 중국과도 관계가 돈독한 나라다. '안보냐 경제냐'는 지정학적 논리다. 현실주의 정치학자인 존 미어샤이머 시카고대 교수의 '미중 충돌 불가피론'도 같은 맥락이다. 지경학 시대에는 양립을 모색하는 것이 현명하다. 지경학은 학문의 영역이 아니다. 실사구시이자 생존의 조건이다.

한중 경협, 신(新)패러다임을 위하여

"같은 강물에 발을 두 번 담글 수 없다." 고대 그리스 철학자 헤라클레이토스는 만물이 끊임없이 변한다고 했다. 이 말은 우리에게 익숙한 고사성어인 각주구검(刻舟求劍)과 통한다. 칼이 강물에 빠지자 뱃전에 표시했다가 나중에 칼을 찾으려 한다는 뜻이다. 세상 변화를 모르는데 대한 경종이다. 20세기의 대표적인 석학 대니얼 벨은 "모든 것이 변하는데 단 한 가지 변하지 않는 것은 변하지 않는 것은 없다는 사실"이라는 명언을 남겼다. 변화는 동서고금의 진리다.

21세기의 변화에 관해 중국만큼 빠르고 극적인 곳이 또 있을까. 중국 전통 가면극 중에 '변검(變臉)'이 있다. 눈앞에서 순식간에 얼굴 모양을 바꾸는 마술 같은 연기에 넋을 놓을 정도다. 중국의 변화는 수천 수만 명의 변검 연기자들을 동시에 보는 듯하다. 중국의 변화를 보자. 우선 국제정치 분야다. 미국의 외교 거장 헨리 키신저는 '중국 이야기'에서 중국의 외교정책을 바둑에 비유했다. 급변하는 국제 환경에서 중국은 더 이상 극단적인 충돌을 원치 않는다. 자국의 상대적인 지위 향상에 더 관심을 두는 쪽으로 변했다.

다음은 경제 분야다. 우리는 늘 양극단을 오간다. 경제 수치에 따라 기대감과 위기감이 교차한다. GDP 증가율에 대한 집착이 대표적인 경우다. 부동산·부채 거품 우려에 경착륙 걱정도 끊이지 않는다. 하지만 눈앞의 현상이 아닌 변화의 관점에서 본다면 다른 판단이 가능해진다.

더 늦기 전에 중국을 다시 보자. 앞으로 해야 할 일보다는 이제 하지 말아야 할 일들을 꼽아 보자. '막연히 중국이 G2, G1이라는 생각'(종합국력에서 미국처럼 되려면 갈 길이 멀다), '미국과 중국 가운데 선택해야 한다는 생각', '중국발 퍼펙트 스톰(초대형 위기)이 온다는 생각'(중국 지도자들은 위기 대응 능력이 강하며 동서양의 처방을 아우른 정책조합도 가능하다), '13억 대박 시장이라는 생각'(빈부격차가 워낙 크고 위협적인 경쟁자들이 넘쳐난다), '휴리스틱(Heuristic)과 차이나 드렁크(China Drunk)' 현상도 경계하자. 휴리스틱은 복잡한 변화 속에서 경험에만 의존하는 어림짐작이다. 차이나 드렁크는 과거나 현실에 쉽게 취해 버리거나 한눈에 거대 중국을 재단하려는 경향이다. 하지 말아야 할 일만 하지 않아도 중국은 더 잘 보일 것이다.

이제까지 한국의 자본·기술과 중국의 노동력을 결합해 양적으로 팽창했다면, 앞으로는 속도보다 방향성이 중요하며 이를 통해 질적인 성숙 단계로 나가야 할 것이다. 미래지향적 실용주의에 입각한 새로운 협력 패러다임을 모색하기 위한 세 가지 우리 측 과제를 구상해본다.

첫째 새로운 산업협력의 연결고리를 찾아내는 노력이 필요하다. 한국의 미래전략 산업과 중국의 미래전략 산업은 중첩된다. 치열한 경쟁이 벌어질 게 불을 보듯 뻔하다. 과거엔 중국에 투자하고 부품소재를 수출하면 성과가 났지만, 앞으로는 중국의 변화와 새로운 트렌드를 관찰하고 기회를 찾아야 한다. 중국이 필요로 하는 상품을 내놓는 구조로 가야 한다. 그러기 위해선 눈앞의 실적만 생각하는 단타 전략을 멀리해야 한다.

둘째 금융협력을 강화해야 한다. 중국은 한국의 최대 교역 대상국이며 한국은 중국의 제3위 교역 대상국이 될 정도로 실물 교역은 급증했다. 하지만 금융은 미미해 실물-금융 간 불균형이 심하다. 금융협력은 경제교류의 혈맥이다. 나아가 글로벌 금융시장의 불확실성 확산에 대비해 양국 경제에 미치는 부정적 영향을 완화하고 안정적인 경제 발전에 기여할 것이다. 중국 경제의 영향력 확대와 최근 위안화의 국제 무역 결제비중 증가 추세를 생각하면 위안화의 국제화는 예상보다 빠른 속도로 다가올 수 있음도 고려해야 한다.

셋째 양적 확대보다는 질적 발전이 중요하다. 양국 관계는 지금까지 시장 위주의 기능적 경제 통합 속에 양적인 성장을 해왔다면, 이제는 제도적·규범적 경제 통합으로 질적인 발전을 모색해야 할 시점이다. 경제통상 분야의 교류 확대는 물론 사회, 문화 영역으로 확산해 양국 관계를 전반적으로 업그레이드해야 한다.

중국의 변화에 당혹해하기보다는 세밀하게 관찰해 양국 이익의 공통분모를 찾아내는 노력이 중요하다. 이를 담당할 수 있는 인력의 발굴과 육성은 아무리 강조해도 지나침이 없다.

변한 중국,
변하지 않은 대중국 인식

임훈기
베이징랑옌로펌 고문

시작하며

베이징(北京)에 첫발을 들여놓던 그날의 기억이 아직도 생생하다. 당시에는 베이징 직항 노선도 없었다. 일행 6명은 인천에서 카페리를 타고 선상에서 하룻밤을 보낸 후 톈진(天津)에 도착했다. 우리는 미리 대기하고 있던 승합차를 타고 베이징으로 향했다. 고속도로도 없던 때라 왕복 2차선 국도를 따라 달렸다. 톈진을 지날 때는 가라앉은 회색 도시라는 인상을 받았다. 도심에 지나다니는 사람도 별로 없고 공장에서 뿜어져 나온 시커먼 매연으로 침전된 도시라는 느낌을 받았다. 활기라고는 찾아볼 수 없었다. 5시간이 넘는 긴 여정을 거쳐 베이징 시내에 도착했을 때는 이미 짙은 어둠이 깔려 있었다. 빨리 숙소에 도착해 짐을 풀고 쉬고 싶은 우리 일행의 마음은 아랑곳없이 승합차는 베이징 도심의 널찍하고 텅 빈 도로 위를 세월아 네월아 기어가고 있었다. 답답할 노릇이었다. 이것이 소위 말하는 넓디넓은 땅에서 사는 대륙 사람들의 기질인가 싶었다. 하지만 이것이 대륙 기질에서 나오는 여유가 아니라는 걸 깨닫는 데는 그리 오랜 시간이 필요치 않았다.

중국은 모든 사회 시스템이 느릿느릿 돌아가고 있었다. 우체국에서 우편물 발송하는 것부터 은행에서 간단한 입출금 업무를 보거나 학교나 관공서에서 업무를 보는데도 상당한 인내심이 필요하다. 복잡한 절차로 인해 창구는 항상 많은 사람으로 붐빈다. 현금을 다루는 곳은 위폐를 감별해내기 위해 하나하나 일일이 몇 번씩을 확인한다. 위폐 감별 기능이 있는 지폐계수기가 있는 곳에서도 마찬가지다. 그렇다고 서두르거나 독촉한다고 해결되는 건 하나도 없다. 마냥 기다려야 한다. 섣불리 독촉하거나 불만을 제기하면 오히려 일을 그르치기 십상이다. 빨리빨리 문화에 익숙한 우리는 만만디 문화에 적응하는 데 고충이 이만저만이 아니었다. 때로는 화도 났지만, 화가 난다고 화를 내면 나만 손해다. 이방인이 낯선 문화와 사회에 익숙해지려면 인내하고 열린 마음으로 이해하려는 노력이 필요하다. 이들의 문화를 있는 그대로 받아들이고 만만디에 익숙해질 즈음엔 뭔가에 쫓기듯 정신없이 바쁘게 돌아가는 우리 사회가 오히려 비정상일 수도 있다는 생각도 들었다.

물건을 사면서도 중국 문화의 몰이해로 인해 종종 말썽이 생긴다. 우리는 물건을 살 때 진열품을 살펴보거나 시험해보고 구매를 결정하는 것이 지극히 정상이라 생각한다. 지나간 이야기지만 중국에선 꼭 그렇지만도 않다. 어느 날 알람 기능이 있는 탁상용 시계를 사려고 진열장으로 다가가 진열품을 보자고 하니까 먼저 물건값부터 지급하고 오라고 한다. 돈을 내야 진열품을 보여줄 수 있단다. 옷을 살 때도 물건값을 계산하고 나면 천연덕스럽게 남들이 입어봤던 진열품을 건네준다. 진열품 말고 포장된 새 물건을 달라고 하면 "진열품 그냥 가져가거나, 안 그러면 안 판다, 사지 말라"는 말을 스스럼없이 한다.

오랜 시간 동안 상품을 배급하던 공급자 위주의 사회주의 체제하에서 생활하다 보니 자신도 모르게 몸에 밴 습성이겠다는 생각을 하면서도 쉽게 이해되지 않았다. 많은 식당과 상점이 국영이었다는 사실을 알고 나서야 당시 상황을 이해하기 시작했다. 국영인 데다가 인센티브나 인사고과 제도가 유명무실하거나 부실하게 운영되고 있었다. 절밥통이라 쉽게 해고되지도 않았다. 때가 되면 급여는 꼬박꼬박 나온다. 매출과 종업원의 이익과는 아무런 상관이 없다. 종업원으로선 팔아도 그만, 안 팔아도 그만인 것이다. 친절로 무장하고 열심히 일할 동기(모티베이션)가 없었던 것이다. 지금은 국유기업 민영기업 할 것 없이 인센티브 제도를 도입해 연말에 성과급을 지급하는 기업이 점점 늘고 있다. 적게는 몇천 위안부터 많게는 몇십만 위안 가까이 지급하는 곳도 있다.

최근 중국 모습은 상전벽해가 따로 없다. 경제발전 속도만큼 사회도 급변했다. 만만디가 속도 느린 것만을 의미하는 게 아니라 일 처리에 있어서 신중함도 내포하고 있을 것이라 보지만 최소한 속도 면에서는 만만디는 옛말이 돼가고 있는 것 같다. 한 푼이라도 더 벌기 위해 차량 속도가 올라가는 만큼 사람들 마음도 급해지고 있다. 대부분의 식당이나 상점도 개인사업자나 민영기업들이 운영하면서 서비스의 질도 개선되고 있다. 중국은 비디오가 채 보급되기 전에 VCD가 나오고 얼마 지나지 않아 곧바로 DVD가 보급되었다. TV 홈쇼핑이 자리매김하기 전에 이커머스가 서민 생활 깊숙이 파고들었다. 신용카드가 보편화되기 전에 핀테크가 먼저 보편화되는 등 퀀텀 점프하고 있다.

현금과 지갑이 사라져가고 있다. 필자도 현금을 사용한 게 언제인지 아득하다. 알리페이, 위챗페이 등 중국의 대표적인 모바일 간편 결제 서비스를 통해 언제 어디서든 계좌이체와 결제를 자유롭고 간편하게 할 수 있다. 노점에서도 심지어 길거리 걸인도 간편 결제 앱 QR 코드를 이용해 돈을 받는다. 시간과 장소에 구애받지 않고 중국판 우버라 불리는 디디추싱 앱을 이용하면 5분 안에 지정한 장소로 달려와 목적지까지 고이 데려다준다. 이용 차량도 최고급 승용차부터 중형차, 비즈니스 승합차, 소형차, 택시, 합승 중 자유자재로 선택할 수 있다. 주차비와 자가용을 운전할 때 주차장 찾는 수고를 생각하면 훨씬 편리하고 경제적이다. 필자의 차도 아파트 단지 주차장에서 먼지만 쌓여가고 있다. 택시 부족으로 자가용 불법 영업이 성행하던 시절을 생각하면 격세지감이 아닐 수 없다. 아울러 각종 규제와 기득권 세력의 반대에 부딪혀 다양한 분야의 스타트업 투자에 애로를 겪는 우리에 비해 정부의 적극적인 지원 아래 활발한 스타트업 투자가 이루어지고 있는 중국을 곁에서 지켜보고 있자니 절로 위기감이 느껴진다.

덩샤오핑의 공

1992년 한중 수교가 있던 해 중국은 국제 정세의 영향으로 개혁·개방과 현대화 건설 추진에 있어 중요한 시기였다. 중국 공산당과 정부는 정치적인 혼란에서 벗어나 안정을 찾아가고 있었다. 개혁·개방을 추진해 오면서 일부 문제가 드러나고 곤란을 겪기도 했다. 오랫동안 시행해온 사회주의 체제하의 계획경제에 익숙해 있다가 시장경제를 받아들이며 일부 계층에서는 사상적으로 혼란을 겪으며 사회주의의 앞날을 걱정하는 시각도 나타났다. 구소련의 붕괴를 지켜보며 불안은 더욱 증폭되고 있었다.

이러한 상황은 중국의 개혁과 발전에 적잖은 방해 요소로 작용했다. 대학가에는 자산계급 자유화를 반대하고 사회주의가 자본주의를 대체해야 한다는 대자보가 붙기도 했다. 1989년에는 민주화를 요구하는 학생과 시민들을 무력으로 진압하여 유혈사태가 일어나는 정치적 참극을 겪었다. 톈안먼(天安門) 사태의 영향으로 그 해와 그 이듬해에는 경제성장률이 4% 내외까지 급락했다.

개혁·개방 초기 발전 속도가 더딘 주요 원인을 정치 문제로 본 개혁·개방의 총설계사 덩샤오핑(鄧小平)은 "계획경제가 사회주의이고 시장경제가 자본주의라는 생각을 하지 말라. 그런 것이 아니다. 양자 모두 수단일 뿐 시장경제도 사회주의에 도움이 된다"라는 발언을 한다. 이에 따라 언론에서도 "개혁·개방이 강국부민의 유일한 길이다. 자본주의냐 사회주의냐에 대한 논쟁에 얽매여 있으면 기회를 잃는다."라는 논조의 기사를 쏟아낸다.

당시 개혁·개방 정책은 좌경화된 사조의 반대와 도전으로 어려움에 직면해 있었다. 구소련의 길을 갈 것인가? 개혁·개방의 길을 갈 것인가? 기로에 섰던 중국은 경제 글로벌화와 과학기술의 급속한 발전 추세를 중국 경제발전의 호기로 봤다. 구소련이 해체되는 것을 본 덩샤오핑은 남방 지역 시찰을 결심한다. 1992년 1월 17일 구소련이 해체된 지 23일째 되는 날 88세의 고령인 덩은 열차에 몸을 싣고 베이징을 떠나 우창(武昌), 선전(深圳), 주하이(珠海), 상하이(上海) 등 지역을 시찰한다. 35일간의 남방 시찰이 오늘날 중국이 주요 2개국(G2)로 부상하는 데 모멘텀이 되었다. 덩은 남순강화를 통해 좌경화된 사조와 잘못된 관점에 대해 새로운 사상, 새로운 관점, 새로운 판단으로 사상을 해방시킬 것을 강조한다. 덩은 개혁·개방 과정에서 보수파와의 갈등을 타협으로 해결하며 중국이 급속한 경제발전의 길로 접어들게 했다. 덩은 오늘의 중국을 있게 한 지도자라 해도 과언이 아닐 것이다.

사유재산 인정과 의식 변화

1988년 '헌법' 개정 시 "법률 규정의 범위 내에서"라는 전제 조건을 두고 있기는 하나 사영 경제를 허용하였다. 사영 경제가 사회주의 공유제 경제의 보충임을 분명히 하고 국가가 사영 경제의 합법적인 권리와 이익을 보호한다는 내용을 추가하였다. 한편 토지사용권을 법률의 규정에 따라 양도할 수 있다는 내용도 추가했다. 1992년 중국 공산당 제14차 전국대표대회부터 사회주의에 시장경제를 접목하는 쪽으로 개혁 방향을 확립하였다. 1993년 개헌을 통해 "사회주의 시장경제"라는 내용을 처음으로 '헌법'에 포함하면서 사회주의 시장경제를 중국의 기본적인 경제 체제로 확립했다. 1999년 개헌에선 의법치국 실행과 사회주의 법치국가 건설을 추진한다는 내용을 포함하며 법치를 명문화했다.

2004년 개정에선 "공민의 합법적인 사유재산은 침해받지 않는다"라는 규정을 추가하여 사유재산권 보장을 '헌법'에 명문화했다. 중국은 2007년 사유재산의 인정과 보상 원칙을 포함하는 '물권법(物權法)'을 제정하였다. 그동안 '헌법' 개정을 통해 사유재산을 인정하고, 사영(私營)기업 등 비공유제 경제의 권리와 이익을 보호한다는 내용을 포함했으나 '물권법'의 시행으로 사유재산 보호나 보상 제도가 더욱 구체화하였다. 계획경제에 시장경제가 접목되면서 중국인들은 권리의식을 갖기 시작했다. 사유재산이 인정되면서 재산을 축적하고 재산과 권리를 보호하려는 의식이 높아지면서 분쟁이 발생하기 시작했다. 공산당 정부 수립 이후 취소되었던 변호사 제도가 개혁·개방에 발맞춰 회복되고, 1996년 '율사법(변호사법)'이 제정된 후 활성화되기 시작했다. 이러한 권리의식의 제고는 비단 재산권 보호뿐만 아니라 인격권에 대한 보호 의식의 제고로 이어지는 추세로 보인다.

2008년 1월 1일 '노동계약법' 시행 이후 관련 서적이 전국적으로 가장 많이 판매된 도서에 이름을 올린 것을 보면 중국 노동자들의 권리의식 수준이 얼마나 높아졌을지 짐작이 가고도 남는다. 노동자들의 권리보호에 대한 의식 수준이 높아지면서 사용자와 노동자 간의 분쟁도 급격히 늘었다. 노동계약을 갱신하지 않고 종료하거나 해고를 당할 때는 영락없이 잔업수당, 경제보상금 또는 배상금을 요구한다. 그뿐만 아니라 사회보험료, 유급휴가 보상금 지급을 요구하고 심지어 관련 기관에 회사의 비리를 신고하겠다고 협박하는 사례가 비일비재하다. 요구가 관철되지 않는 경우 노동중재위원회에 중재 신청을 하여 악착같이 받아내려고 한다. 임신과 수유기 해고 금지 제도나 출산휴가 제도를 악용하는 직원으로 인해 갈등을 겪는 사례를 어렵지 않게 접할 수 있다.

회사의 사정으로 구조조정을 하는 경우라도 감원이나 부서 이동을 시키기가 쉽지 않다. 베이징에 소재한 A회사의 경우 시장의 변화에 따라 일부 업무가 대폭 축소되었다. 유휴인력을 정리하고 핵심 직원을 다른 부서로 발령을 내려 했으나 직원의 완강한 반대에 부딪혔다. 하는 수 없이 다른 업무를 추가하여 처리할 것을 지시했다. 해당 직원은 새로 추가된 업무가 자기와 맞지 않아 업무적인 스트레스가 심하다는 이유로 추가된 업무 수행을 거부하고 평소 담당하던 업무만 하겠다고 주장했다. 노동계약서에 약정된 지역, 부서와 직무에 따라 일을 하겠다는 것이다. 이와 유사한 사례로 곤욕을 치르는 기업이 한둘이 아니다. 노동계약의 약정 내용과 사규의 내용의 중요성은 아무리 강조해도 지나치지 않다.

묻지마 투자의 대가

수교 후 노동집약적 산업뿐만 아니라 중국의 큰 시장만을 보고 기업과 개인이 쏟아져 들어왔다. 노동집약적 산업인 제조업과 일부 서비스업에 종사하는 기업은 중국의 저렴한 인건비와 원자재로 인해 원가 절감 효과를 톡톡히 보았다. 하지만 중국에 대해 제대로 된 연구와 전략도 없이 진출하거나 중국에서 한 사람한테 하나씩만 팔아도 14억 개를 팔 수 있다는 단순한 생각으로 큰 시장만 보고 용감하게 진출한 기업과 개인사업자는 그 대가를 톡톡히 치렀다.

중국은 줄곧 외자 유치 장려 정책을 펼치고 있다. 지방정부 관료들은 외국 투자자에게 칙사 대접을 하며 외자 유치에 공을 들인다. 세금 감면이나 토지 가격(출양대금) 할인 등 갖가지 우대 혜택 약속은 기본이다. 분위기를 봐서는 지방정부의 지원과 고위 관료들의 보호로 사업이 성공하지 않을 이유가 없어 보인다. 하지만 투자 결정을 하고 자금과 설비를 들여오고 나면 생각지도 못한 일로 인해 사업을 시작도 못 하고 철수하기도 한다.

산둥(山東)성 옌타이(煙臺)시에 진출한 B회사와 베이징 외곽에 있던 C회사의 사례는 여러 면에서 매우 유사하다. 두 기업 모두 종업원들의 방해로 한국에서 파견된 관리자들이 회사에 출입을 못 하고 결국 쫓겨나다시피 사업을 접고 철수했다. 지방정부에 부당함과 억울함을 호소하고 협조를 요청하고 공안 당국에 신고도 해보았지만 사건 해결에 별다른 도움을 받지 못했다. 투자 전에는 식탁에서 친구, 형제 하더니 투자 후에는 나 몰라라 하더란다. 억울할 노릇이다.

두 기업의 공통점은 공장이 집성촌에 설립됐다는 것이다. 중국 시골에는 유독 집성촌이 많다. 동네 이름만 봐도 알 수 있다. 강가촌, 한가촌, 장가장촌, 고가장촌 등등. 그러다 보니 회계부터 구내식당 종업원까지 대부분 직원이 일가친척이다. 말도 통하지 않는 낯선 땅에서 조선족 통역 하나 믿고 회사를 경영하다 보니 소통에도 문제가 있을 수밖에 없었을 것이다. 상하 관계에 익숙한 한국 관리자의 강압적인 태도, 중국 법과 제도에 대한 이해 부족 등에서 비롯되는 크고 작은 문제들이 내재했을 것이다. 회사에 분쟁이 발생했을 때, 관리자와 종업원 사이에 문제가 생겼을 때 회사와 관리자를 위해 목소리 내줄 사람은 아무도 없었다. 여기에 더해 투자자가 제풀에 못 견디고 포기하고 철수하면 설비와 함께 공장은 고스란히 그 자리에 남는다.

중국 기업과 공동으로 투자해 운영하는 회사도 중국 파트너가 고의로 협조를 하지 않거나 방해를 하며 회사를 곤궁에 빠뜨려 외국 투자자가 두 손 털고 나가게 한 후, 자기들이 독자적으로 사업을 유지해 가는 사례도 있다. 자금이나 설비가 투자된 후에는 투자자 것이 아니라 현지 법인의 재산으로 마음대로 갖고 갈 수 없다는 점이 악용되는 사례다. 중국 투자에 성공한 사례보다 실패한 사례가 많다. 이는 외국 투자자 처지에서 볼 때 중국 투자 환경이 좋은 편이 아니라는 방증일 수 있다. 중국 투자에 앞서 다양한 성공과 실패 사례를 통해 철저한 준비와 전략이 필요한 이유이기도 하다.

김대중 정부 시절 벤처기업 육성 정책에 따라 투자 유치가 수월했던 정보기술(IT) 기업들도 앞다퉈 중국 진출을 모색했다. 상대적으로 정보기술이 뒤처져 있었던 중국도 환영할 일이었다. 그렇지만 시간이 지나도 눈에 띄는 성과는 없었다. 그 당시에는 정보도 많지 않았지만, 정보 습득 채널도 태부족한 상태였다. 기업들도 자체적으로 개발한 기술이라 경쟁력이 있다고 판단하고 무조건 먹힐 거라는 희망을 안고 큰 고민 없이 중국 시장을 두드린 결과로도 볼 수 있다.

한국에서 중국 IT산업에 관한 연구가 부족했다면 중국에서 발로 뛰며 직접 보고 들으면서 서둘지 말고 차근차근 준비했다면 어땠을까 하는 아쉬움이 남는다. 이미 성공 가도를 달리고 있던 유명 기업들만 찾아다닐 게 아니라 함께 커나갈 수 있는 스타트업이나 중소기업을 대상으로 사업 파트너를 물색했다면 상황은 달라졌으리라 본다. 어디든 마찬가지겠지만 특히 중국 사업의 성패는 얼마만큼 신용 있는 파트너를 만나느냐에 달려 있다 해도 과언이 아니다.

기술 자료를 한 아름 들고 유명 기업을 찾아가 PT를 하면 왕왕 아이디어만 빼앗기는 결과를 초래한다. 현장에 가보면 PT 자리에 참석하는 사람들 대부분이 기술자나 연구진으로 구성되어 있다. 이들 기업은 어느 정도의 기술 자료만 있어도 얼마든지 자체적으로 연구·개발을 해낼 자금과 인력을 보유하고 있다. 자신들의 기술은 중국 기업이 5년을 연구·개발해도 쫓아올 수 없을 거라고 큰소리친다. 제한된 자금과 인력으로 개발한다면 그럴 수도 있을 것이다. 중국 기업의 자금 동원 능력과 인적 자원의 능력을 너무 과소평가한 무지의 소치라는 인상을 지울 수가 없다.

사드 영향

사드(THAAD·고고도미사일방어체계) 배치 결정 후 중국 정부의 한한령(限韓令)으로 영화, 드라마, 예능 프로그램, 게임 등 우리 콘텐츠의 중국 진출 길이 막혀 막대한 손실을 보고 있다. 사드 기지 부지를 제공한 롯데그룹은 중국 시장에서 퇴출당하는 아픔을 겪고 있다. 명문화된 규정이나 문서는 없지만, 한한령은 분명히 존재하며 작동되고 있다.

한한령 직전까지만 해도 한국의 드라마나 예능 프로그램은 엄청난 인기를 구가하며 한류 바람을 일으키고 있었다. 활발하던 한중 양국 간 문화 교류는 사드 문제로 인해 삽시간에 중지되어 버렸다. 외국 드라마에 대한 방영 시간 및 방영 편수 제한이나, 외국 영화나 드라마의 수입량 제한은 한한령 이전에도 시행되고 있었다. 오락 위주로 제작되는 예능 프로그램이나 리얼리티 프로그램에 대해서도 프로그램의 내용이나 출연진 등에 대해 각종 규제를 강화하고 있었다. 하지만 한한령 이후 한국 콘텐츠의 도입을 전면 금지함은 물론 이미 도입된 콘텐츠도 서비스를 못 하는 분위기가 되었다. 한국 연예인의 공연도 금지되고 한국 연예인이 모델인 광고도 모두 내려졌다. 한국 연예인이 출연한 드라마나 영화는 언제 다시 열릴지 모르는 창고로 들어갔다.

그뿐만 아니라, 매일 다량의 다소 과장되고 왜곡된 보도로 인해 우리나라와 상품에 대한 호감도가 급격히 떨어지고 일부 국수주의자들은 혐한 감정을 노골적으로 드러냈다. 이처럼 반한(反韓) 정서가 중국인들에게 퍼지면서 우리 기업들의 다른 산업에도 심각한 영향을 끼치고 있다. 우리 기업들의 경쟁력이 날로 약화하고 있던 상황에서 혐한 감정의 심화는 우리 기업들에 치명타로 작용했다.

최근 한국 게임의 판호가 하나둘 허가되고, 한국 영화가 스크린에 걸렸다. 한중 수교 30주년을 앞두고 2021년 1월에는 2021~2022 한중 문화 교류의 해가 선포됐다. 9월엔 개막식도 개최했다. 앞으로 양국 간 문화 교류와 협력이 강화되어 더 많은 우리의 콘텐츠가 중국에 진출하여 제2의 한류 바람이 불 수 있길 기대해 본다.

투자 환경의 변화

중국은 '외상투자방향지도 잠행규정' 및 '외상투자 산업지도목록'을 제정하여 1995년 6월 20일부터 시행했다. 외국인 투자를 장려, 허용, 제한, 금지 등 4개 산업으로 분류하여 관리해왔다. '외상투자 산업지도 목록'은 제정된 후 1997년, 2002년, 2007년, 2011년, 2015년, 2017년, 총 6차례에 걸쳐 개정됐다. 외상투자 장려산업목록(415개 업종)이 2019년 7월 30일부로 시행되면서 2017년 개정된 외상투자산업지도목록의 장려산업(348개 업종)은 폐지됐다. 2017년 발표한 외상투자진입 특별관리조치(외상투자진입 네거티브 리스트)에 따르면 외국인 투자 제한 산업이 35개 업종이다. 부가가치통신, 기간통신의 경우 중국 업체와 공동 투자가 가능하나 실무상 관련 사업을 영위하는 데 필요한 라이선스 취득이 곤란하다. TV 프로그램 공동 제작이나 영화 공동 제작을 외국인 투자 제한 산업으로 분류하고 있으나 사드 사태 이후 실제로는 금지 수준이다. 방송 프로그램, 영화 제작이나 수입, 발행(배급), 온라인 정보서비스, 인터넷 출판서비스, 온라인 동영상서비스 업종 등은 외국인 투자를 금지하고 있다.

2020년 1월 1일부터 '외상투자법'이 시행되면서 기존 외국인 투자기업을 규율하던 '중외합자경영기업법', '중외합작경영기업법', '외자기업법' 등 소위 3자기업법이 폐지됐다. 2020년부터는 외국인이 투자하여 설립하는 기업도 중국인이 설립하는 국내 기업과 같이 '공사법(회사법)'에 의해 규율된다. '외상투자법'이 시행되기 전에는 중국 기업과 공동으로 투자하여 설립하는 유한회사(중국에서 설립되는 외국인 투자회사는 대부분 유한회사임)는 주주회가 구성되지 않고 동사회(이사회)가 의결기관이 된다. 따라서 종전에는 이사회 구성 시 이사를 몇 명으로 구성하고 누가 더 많은 이사 선임권을 갖느냐가 가장 중요한 이슈였다.

하지만 2020년부터는 주주회가 의결기관이므로 다수 지분 확보 여부에 따라 경영권이 좌지우지된다. 다만 외상투자법 시행 이전에 설립된 외국인 투자기업에 대해서는 5년간 유예기간을 두고 있다. 다시 말해 2019년 12월 31일 이전에 설립된 외국인 투자기업은 2025년 말까지는 의결기관으로 주주회를 새로 구성하지 않고 이사회를 의결기관으로 그대로 두고 감사도 둘 필요 없이 기존 체제를 유지할 수 있다. '외상투자법' 시행 전에는 중관춘(中關村)과 같은 일부 지역을 제외하곤 외국인은 중국 개인과 공동으로 투자하여 회사를 설립하는 것이 허용되지 않았다. 하지만 '외상투자법' 시행으로 외국인은 중국 개인과도 공동 투자가 가능해졌다. 외국 투자자 입장에선 선택의 폭이 넓어진 셈이다.

환경 안전 관리 강화

중국은 외자도입 정책에 있어 양적 성장에서 질적 성장을 강조하는 기조로 전환했다. 경제성장이 강조되던 시기에 어느 정도 묵인되던 환경보호 및 안전생산에 대한 관리와 감독이 날이 갈수록 강화되고 있다. 중국에서 사업을 하는 경우 환경보호와 안전생산에 철저한 대비와 빈틈없는 관리가 필요하다. 위험폐기물 처리 유자격자에게 위탁하여야 한다. 만약 무자격자에게 처리를 위탁하여 문제가 되면 회사도 책임을 져야 한다. 환경오염 행위에 대하여는 형사 처벌도 가능하다. 위험폐기물을 배출, 투기한 경우뿐만 아니라 허가증이 없는 무자격자에게 위탁하여 위험폐기물을 수집, 보관, 처리하게 하여 환경을 오염시킨 경우에도 공범으로 간주하여 처벌하고 있다.

베이징에 소재한 D회사에 누전으로 화재가 발생했다. 회사 직원의 신고를 받고 출동한 119소방대원들이 화재 진압을 하고 돌아간 뒤 재발화가 되어 공장 한 동이 전소되었다. 현지 소방 당국은 누전에 의한 화재로 판단했으나 베이징시 안전생산위원회에서는 화재의 원인을 안전생산 위반으로 간주했다. 안전생산위원회는 사고를 계기로 안전생산에 대한 경각심을 불러일으키기 위해 화재의 주요 원인이 안전생산 위반이라고 했을 가능성이 있다. 이 문건으로 인해 회사 책임자는 형사 처벌을 받을까 봐 노심초사했고 회사는 보험료 수령에 오랫동안 애를 먹었다. 자칫 '안전생산법'이나 '소방법'을 위반한 사실이 있었다면 회사 책임자가 형사 책임을 면치 못했을 것이다.

마치며

한국 기업들의 대중국 투자 패러다임이 바뀌었다. 1992년 수교 후 저렴한 인건비와 원자재를 찾아 많은 한국의 기업들이 중국에 진출했다. 그러나 이제는 세계의 공장이라는 소리를 듣던 중국이 세계의 소비시장이라 할 만큼 소비시장이 활성화되자 한국 기업들도 중국 소비시장으로 눈을 돌리고 있다.

중국 기업들은 막대한 자금과 풍부한 인적 자원을 동원한 연구·개발로 기술과 가격 경쟁력을 갖춰가고 있다. 중국의 완성품 소비시장에서 우리 기업의 설 자리가 점차 없어져 가고 있는 것 같아 안타깝다. 한동안 중국 시장 점유율 1위를 기록했던 LG전자의 에어컨이나 삼성전자의 스마트폰도 중국 기업에 그 자리를 내준 지 오래다. 우리 기업이 나름 선전을 하고 있었던 자동차나 화장품 등 일부 제품도 중국 기업들이 무서운 속도로 시장 점유율을 높여가고 있다.

왜 우리 제품이 점점 경쟁력을 잃고 있는지, 어떻게 해야 경쟁력을 갖출 수 있는지, 경쟁 회사들의 성장과 경쟁력, 소비 트렌드를 살피는 등 중국 국내 소비시장에 대해 천착할 필요가 있다. 중국 소비시장에 진출하는 기업들은 효과적인 시장 공략과 성공적인 진출을 위해 차별화되고 심도 있는 전략적 접근이 필요하다. 중국 시장 진출 전략에 대한 고민과 변화가 필요한 시점이다.

제3장
미중 갈등의 회오리

한국, 미중 사이 '약한 고리' 벗어야

김한권
국립외교원 교수

한국의 외교적 위상

올해 수교 30주년을 맞는 한중 관계는 역사적인 의미와 함께 해소해야 할 다양한 과제들을 잔뜩 안고 있는 모습이다. 무엇보다 2016년 7월 발표된 한국 내 고고도미사일방어체계(THAAD) 배치 이후 급속히 냉각된 관계는 온전히 개선되지 못했다. 나날이 심화하는 미중 전략적 경쟁은 한국이 한미동맹의 굳건한 기반 위에 중국과 전략적 협력 동반자 관계를 발전시켜 나가는 데 구조적인 어려움을 더하고 있다.

최근에는 중국이 미국과의 전략적 경쟁을 위해 내부적으로 애국·민족주의와 사상 교육을 강화하는 과정에서 중화주의와 민족적 자긍심이 높아졌다. 이로 인해 한국과 김치, 한복 등 원조 논쟁을 포함한 문화적 충돌이 양국 네티즌들 사이에서 불거져 나와 상대 국가에 대한 호감도가 떨어지고 있다.

이러한 한중 관계가 약 5년간 친중 정책을 강하게 실행해 온 문재인 정부 시기에 나타난 냉정한 현실이라는 점은 미중 전략적 경쟁 구도 속에서 한국이 갖는 외교적 위상의 한계, 특히 대중국 외교의 고민과 과제를 가감 없이 보여준다.

미중 관계의 경쟁과 갈등 속에서 수교 30년을 맞는 한국의 대중국 외교가 향후 새로운 발전을 추진해 나가려면 구조적인 한계를 냉철하게 인식하고 현실적인 대응을 모색해 나가야 할 것이다. 이를 위해 먼저 한국의 국력과 국제사회에서의 위상을 정확히 평가해 볼 필요가 있다.

현재 한국은 경제협력개발기구(OECD) 회원국이며 선진국 대열에 들어선 중견 강국이다. 몇 가지 대표적인 지표를 살펴보자. 세계은행에서 발표한 2020년 세계 국내총생산(GDP) 순위에서 한국은 1조 6305억2500만 달러로 세계 10위에 올랐다.[1] 한국은 2021년과 2022년에도 세계 10위의 GDP 규모를 유지할 것이란 분석도 나왔다.[2] 군사

---

[1] World Bank, "Gross domestic product 2020" World Development Indicators database (July 01, 2021).
[2] The Center for Economics and Business Research (CEBR), "World Economic League Table 2022" (December 2021), P. 17.

력에서 한국은 미국, 러시아, 중국, 인도, 일본에 이어 6위권이라는 평가가 있다.[3]

한 국가의 종합국력을 살펴보는 항목은 다양하다. 한국은 비록 영토면적과 인구수에서 대국이라고 보기 어렵지만 경제력과 군사력 지표를 보면 선진국 또는 최소한 중견 강국의 위치를 점하고 있다. 여기에 최근 세계 곳곳에서 나타나는 K-Culture에 대한 관심과 인기, 이로 인한 높은 호감도를 고려하면 '연성권력(Soft Power)'의 측면에서도 한국은 절대 약한 나라가 아니다.

그럼에도 그간 한국의 외교가 많은 한계에 부딪쳐 온 가장 큰 이유는 지정학적 요인이라고 생각된다. 지금까지 한국 외교의 주 무대는 한반도와 동북아 지역, 또는 한반도와 주변 4강에 몰입되어 있었다.

이로 인해 한국 외교는 항상 미·중·일·러와 경쟁해 왔다. 이들 국가는 모두 한국보다 영토와 인구수는 물론 군사력에서도 앞서 있다. 경제력에서도 한국은 GDP에서 2020년 11위인 러시아보다 한 계단 위에 있을 뿐 1, 2, 3위인 미국, 중국, 일본과 분명한 차이가 있다. 남북관계에서 한국은 경제력에서는 북한에 월등히 앞서지만 핵과 미사일 위협에 여전히 시달리고 있다. 북한의 '벼랑 끝 외교'와 예측 불가능성으로 인해 한반도 비핵화와 평화 프로세스에서도 좀처럼 의미 있는 돌파구를 찾지 못하고 있다.

미중 전략적 경쟁을 바라보는 시각

1) 투키디데스의 함정?

다음으로는 미중 전략적 경쟁의 본질을 이해하는 것이 필요하다. 미국 트럼프 행정부 출범 이후 본격적으로 표출된 미중 갈등과 대립은 '투키디데스의 함정'에 기반을 둔 '패권 경쟁'에서 나아가 일각에서는 '패권 전쟁'으로 치닫는 과정으로 인식되고 있다. 이러한 분석에 인용되는 것이 '세력전이 이론(Power Transition Theory)'이다.

오간스키와 쿠글러가 주도했던 세력전이 이론은 국제체제를 무정부 상태로 보았던 기존 국제관계 이론과는 달리 국제체제가 '위계적 질서'로 구성되어 있다고 주장했다. 이 질서에서 '지배 국가(Dominant Nation)'는 위계질서의 가장 높은 곳에 위치하며 국제사회의 규범과 질서 형성에 가장 큰 영향력을 발휘한다. 물론 이 규범과 질서는 지배국가 또는 일부 강대국들의 이익을 대변한다.

하지만 이 질서의 수립과 유지 과정에서 배제되거나 혜택이 적은 국가들은 만족도가 낮다. 오간스키는 위계질서의 위치가 낮을수록 불만족도가 높다고 보았다.[4]

세력전이 이론이 미중 관계에 주는 함의를 보면 대체로 강대국들은

---

[3] GFP(Global Firepower), "2021 Military Strength Ranking" Power Index ('PwrIndx') (https://www.globalfirepower.com/countries-listing.php), 최종접속일 2021년 12월 10일).
[4] A.F.K. Organski, World Politics (New York, NY: Alfred A. Knopf), 1958, pp. 331-332.

미국이 수립한 전후(戰後) 국제질서에 대한 만족도가 상대적으로 높은 편에 속한다. 하지만 신흥 강대국 중 일부는 기존 국제규범과 질서에 불만을 품고 개정을 요구할 수 있다. 세력전이 이론에서 이들 국가들은 '수정주의 세력'이 될 수 있다고 설명한다.[5]

트럼프 행정부는 2017년 12월 발표한 '국가안보전략(NSS)'에서 중국과 러시아를 전후 질서에 도전하는 '수정주의 세력'으로 규정했다.[6] 바이든 행정부가 2021년 3월 발표한 '국가안보잠정지침'은 중국을 '전략적 경쟁자'로 정의하고 있다.[7] 미국 의회 또한 상원 외교위원회에서 '2021년 전략적 경쟁법'을 통과시켜 중국과의 전략적 경쟁에 대응하고 있다.[8]

한국이 관심 있게 살펴볼 필요가 있는 점은 1990년대 들어와 인드라데 소이사, 존 오닐, 그리고 박용희 등이 제기한 세력전이 이론에 대한 반론이다.

오간스키의 이론은 지배국가와 도전국가 사이의 갈등은 점차 높아지고 결국 '투키디데스의 함정'의 설명과 같이 물리적으로 충돌할 수밖에 없다고 본다. 하지만 데 소이사 등은 도전국가가 기존의 규범과 질서 속에서 지배국가의 국력과 위상을 추월할 정도로 빠른 국력의 발전을 보이는데 왜 기존 국제질서에 불만족하는지에 대해 의문을 제기했다.[9] 이들은 기존의 국제규범과 질서 속에서 가장 빠르게 국력을 증진시키는 도전국가의 만족도가 가장 높고, 오히려 지배국가의 불만족도가 높아질 것이라 보았다.

세력전이 이론에 따르면 현재 국제질서에서 미국은 민주주의와 자유시장경제의 가치를 중심으로 전후 질서를 주도해온 가장 큰 수혜자다.[10] 그런데 기존의 규범과 질서가 시간이 흐르고 국제환경이 바뀌어 타국, 특히 중국처럼 부상하는 도전국가에 상대적으로 더 많은 혜택을 주고 있다면, 지배국가는 어떤 대응을 할 것인가. 도전국가의 상승을 인정하든지 아니면 지배국가가 자국의 '상대적 이익'을 다시 증가시키고 도전국가의 '상대적 이익'은 감소시키는 새로운 국제규범과 질서를 수립할 수도 있다.

이때 대부분의 지배국가 혹은 패권국가는 자국에 유리한 새로운 국제규범과 질서를 원한다. 니코 크리시는 지배국가는 자신의 지배를 평화적이고 안정적으로 제도화, 영속화하기 위해 국제법과 제도를 만든다고 보았다. 하지만 크리시는 국제법과 제도가 어느 순간 지배국가의 이익에 반하거나 자신을 제약한다고 느낀다면 탈퇴하거나, 개조하거나, 대체하고자 하는 태도를 보였다고 분석하였다.[11] 크리시의 연구는

---

5   A.F.K. Organski & Jacek Kugler. The War Ledger (Chicago & London: The University of Chicago Press). 1980; Ronald. L. Tammen, J. Kugler, D. Lemke, A. Stam, M. Abdollahian, C. Alsharabati, B. Efird, and A.F.K. Organski. Power Transitions (New York: Chatham House) 2000; Ronald L. Tanmen. "The Organski Legacy: A Fifty-Year Research Program" International Interactions 34, 2008.
6   The White House. "National Security Strategy of the United States" (December 2017), P. 25.
7   "Interim National Security Strategic Guidance" The White House (March 03, 2021).
8   117th Congress (2021-2022). "S.1169 – Strategic Competition Act of 2021" (https://www.congress.gov/bill/117th-congress/senate-bill/1169) 최종접속일 2021년 11월 15일).
9   De Soysa, I., Oneal, J. R., & Park, Y. H. 1997. "Testing power-transition theory using alternative measures of national capabilities." Journal of Conflict Resolution Vol. 41, No. 4, 1997, 509-528.
10 김영준. "세력전이론의 전개, 진화, 그리고 적용에 대한 고찰" 국제관계연구 20(1), 2015, pp. 192-193.
11 Nico Krish. "International Law in Times of Hegemony: Unequal Power and the Shaping of the International Legal Order" European Journal of International Relations 7-1, 2001. pp. 371-372 & 377-378. 구체적인 설명과 사례로는 Section 3-5 참조.

트럼프 행정부에서 파리 기후변화협약 탈퇴, 북미자유무역협정(NAFTA) 파기 및 멕시코 캐나다와 새로운 미국·멕시코·캐나다 협정(USMCA) 체결, 세계무역기구(WTO) 체제에 대한 불만과 비판, 그리고 중국과의 무역 불균형 문제를 양자 협상으로 풀어가려는 모습 등에 대한 설명을 제공하고 있다.

2) 미국 주도의 '예방적 경쟁'과 중국의 대응

최근까지 심화되어온 미중 전략적 경쟁의 본질은 '투키디데스의 함정'에 기반을 둔 패권경쟁의 성격을 내포하고 있다. 나아가 앞으로 물리적 충돌을 불사하는 패권전쟁으로까지 내달을 가능성도 있다. 하지만 이는 미래 시나리오 중 최악이자 마지막 국면에 나타날 수 있는 상황이다.

현재 미중 전략적 경쟁 구도는 국제사회의 패권적 리더십을 놓고 두 강대국이 벌이는 규범과 질서의 경쟁이 주를 이루고 있다. 잭 레비는 이런 상황을 도전국가의 '균등하지 않은 종합국력의 발전 속도' 및 '추월' 가능성에 대한 지배국가의 우려로 인해 '예방적 동기(Preventive Motive)'가 나타났다고 설명했다.

미국은 자국 주도의 전후 국제질서에서 중국이 미국보다 더욱 큰 '상대적 이익'을 가져가 양국 간 종합국력의 격차가 감소하고 궁극적으로 추월 가능성까지 나타나 국제 규범과 질서 개혁의 필요성을 인식하고 있다. 미국은 중국에 대한 '예방적 경쟁'을 시작했다고 볼 수 있다.

미국이 제시하는 새 규범과 질서를 중국이 수용하지 않고 경제력과 군사력을 지속적으로 증진시켜 나가면 미국은 '예방적 전쟁' 국면으로까지 나아갈 가능성도 있다. 젝 레비는 이를 '지금 전쟁하는 것은 나중의 악화된 상황에서 전쟁하는 위험을 피하기 위해서'라고 본다.[12] 미국이 '예방적 경쟁'을 진행하는 것도 지금 중국에게 미래 첨단산업의 기술패권을 포함, 미국이 추구하는 새로운 규범과 질서를 수용하게 하는 것이 후일 국력이 더욱 커진 중국을 순응시키는 것에 비해 용이하기 때문이다.

따라서 현재 미중 전략적 경쟁은 '투키디데스의 함정'에 빠져 패권전쟁으로 치닫기보다는 '예방적 경쟁'을 통해 미국이 '상대적 이익'을 높이려는 것으로 판단된다.

미국의 의도를 잘 파악하고 있는 중국 시진핑(習近平) 지도부는 미국이 압박하는 국제규범과 질서를 수용하면 미국의 '패권주의적 사고'와 세계시장의 농단(壟斷) 및 독섬사본의 이익 추구에 구조적으로 함몰될 것으로 우려한다.[13] 이럴 경우 자국이 추구하는 '중화민족의 위대한 부흥'을 뜻하는 '중국몽(中國夢)'은 상당 기간 실현되기 어려울 것으로 인식하는 것으로 보인다.

---

[12] Jack S. Levy, "Declining Power and the Preventive Motivation for War" World Politics, Oct., 1987, Vol. 40, No. 1 (Oct., 1987), P. 82.

[13] 金沙滩. "美国挑起贸易摩擦的企图是独占世界市场" 求是网 (2019年05月18日); 强世功. 《美国陷阱》揭露了一个骇人听闻的霸凌主义案例" 求是 2019年 12期 (2019年05月18日); 习近平. "关于坚持和发展中国特色社会主义的几个问题" 求是_2019年7期. (2019年04月01日); 习近平. "增强推进党的政治建设的自觉性和坚定性" 求是_2019年14期. (2019年07月16日).

한국 '전략적 모호성'과 '약한 고리'의 문제점

미중 전략적 경쟁의 심화로 한국의 외교적 위상에 한계가 나타나고 고민이 커지고 있다. 이는 미중에 비해 종합국력과 국제사회에서의 위상의 차이, 한국이 가진 지정학적 요인 등이 가장 큰 원인이다. 단기간의 노력으로 쉽게 해결될 수 없다는 것이 문제다.

하지만 한국의 외교적 위상이 한계를 보일 수밖에 없었던 다른 요인은 없을까. 특히 미중 간 전략적 경쟁의 본질을 오판하고 '전략적 모호성'과 '안미경중(安美經中)'의 틀에 갇혀 한국 스스로 '약한 고리'의 함정에 빠지지는 않았는지 엄중히 되새겨 볼 필요가 있다.

한국처럼 미중에 비해 종합국력과 국제사회 위상이 약한 유럽연합(EU)의 주요 국가들이나 러시아 일본 인도 등은 자신들의 가치와 정체성을 분명히 하면서도 강대국 사이에서 자신들의 국익을 추구해 나가고 있다. 한국에 비해 강대국인 이들과 한국을 비교할 수 없다면 종합국력과 위상이 한국보다 높지 않은 국가들은 어떤가. 호주 싱가포르 베트남 뉴질랜드 필리핀 등도 자국의 가치와 정체성을 살리면서도 실질적인 국익을 추구해 나가고 있다. 물론 이들도 일부 민감한 현안에서 속내를 드러내지 않거나 적절한 균형을 이루려는 모습을 취하는 것도 사실이다.

그럼에도 미중 전략적 경쟁 구도하에서 한국과 주요 국가들 간 외교에서 왜 차이가 있는지 생각해 봐야 한다. 가장 큰 원인은 미중 전략적 경쟁의 본질에 대한 접근과 이해가 다른 것이라고 생각한다. 한국 외교가 '안미경중'에 치중하며 미중 전략적 경쟁을 '투키디데스의 함정'의 궁극적인 충돌에 초점을 맞추었기 때문이라고 생각한다.

트럼프 행정부 시기 한국은 미중 갈등과 대립을 명(明)-청(淸) 교체기와 비교하며 누가 승리할 것인지에 초점을 맞추었다. 이로 인해 한국의 정책적 방향성이 '전략적 모호성'으로 나타났다. 이는 줄을 잘못 서면 패권 경쟁의 결과에 따라 국가 생존이 위협받고 국익에 커다란 손상이 올 수도 있다는 시각 때문이었다.

국제환경의 변화를 외면하고 과도하게 단순화된 '안미경중'의 틀을 최대한 유지하는 것이 국익을 보호하는 것이라는 시각도 만연했다. 여기에 보수 세력은 한미동맹 중심의 안보적 생존을 중시하고 진보 세력은 친중 정책의 당위성을 내세우며 미국으로부터의 자주와 중국으로부터의 경제적 이익 및 남북 관계에서의 역할을 강조하며 한국 사회에 '남남 갈등'을 불러왔다. 이런 혼란이 한국의 외교적 위상에 한계를 더욱 선명히 만드는 결과를 초래해 한국은 미중 모두에게 '약한 고리'의 이미지를 각인시켰다.

한국을 '약한 고리'로 인식한 중국은 점차 한국에 대한 외교적 회유와 압박을 강화했다. 미국도 한국을 '약한 고리'로 보았다. 대표적인 사례로는 조 바이든 행정부 출범 이후 국무부 동아시아·태평양 담당 부차관보로 정 박(Jung H. Pak)을 임명한 것을 들 수 있다. 미국의 대표적인 싱크탱크 중 하나인 브루킹스연구소의 한국 석좌였던 정 박은 2020년 7월 발표한 보고서에서 중국이 미국의 동맹국인 한국을 약한 고리로 만들기 위해 보여준 전략적 접근을 분석했던 인물이다.[14] 워싱턴 외교가에서 한국이 중국에 기울고 있다는 논의가 이어지는 가운데 미 정부가 정 박을 중용한 것은 한국의 '약한 고리' 이미지를 더욱 선명하게 만들었다.

한국 일각에서 한국이 미중 모두로부터 '러브콜'을 받는다는 시각도 있었지만 '약한 고리' 이미지가 더 강했고 이는 미중 모두로부터 전략적 신뢰를 감소시킨 것으로 생각된다. 한미동맹에는 틈이 생겼고 중국과 실질적인 관계 개선을 이루어내지도 못했다.

원칙과 유연성 그리고 '제한적 손상'

심화하는 미중 전략적 경쟁 구도하에서 한국의 외교적 위상의 한계와 과제에 대응하기 위해서는 크게 네 가지 정책적 대응이 필요하다고 생각된다.

첫째, 한국의 가치, 정체성, 그리고 국익이 정의된 원칙을 수립하고 이를 바탕으로 현안별로 구체적인 정책적 대응 방안을 마련하는 것이 필요하다.

한국은 현재 쿼드(Quad) 참여 여부 및 코로나19 방역 대응에서 개방성, 투명성, 포용성, 민주성, 국제규범 준수 등의 원칙을 제시한 단계이다. 하지만 미중 전략적 경쟁은 앞으로 국제규범과 질서를 두고 주도권 경쟁이 심화될 전망이어서 한국은 더욱 구체화된 원칙 수립이 필요하다. 특히 최소한 한국 국민 대다수가 지지하는 인권과 민주주의의 가치, 자유 시장경제 체제, 다자간 개방적인 자유무역주의, '규칙

기반의 질서' 등은 사회적으로 합의된 한국 외교의 분명한 원칙임을 강조하는 것이 필요하다.

둘째, 원칙을 중심으로 한 적극적인 글로벌 확대 외교가 필요하다. 한국의 국제적인 위상과 종합국력에 비추어 본다면 이제라도 조속히 한반도 중심의 4강 외교와 동아시아 외교를 넘어 글로벌 외교에 진입해야 한다. '국제 규범과 질서의 경쟁'이 중심이 되는 현재의 미중 관계 국면에서 한국 정부는 새로운 국제 규범과 질서의 수립 과정에 적극적으로 참여하여 한국의 이익과 지분의 보호 및 확대를 추구해야 한다.

국제사회의 주요 국가들도 미중 전략적 경쟁의 본질을 파악하고 미중 관계를 활용해가며 주요 현안의 규범과 질서 수립 과정에서 자신들의 이익과 지분을 보호하고 확대하려 외교력을 총동원하고 있다.

구체적으로 한국은 EU의 탄소국경세(CBAM)와 디지털세 그리고 인도의 의약 및 바이오 산업의 이익 확대 사례를 검토할 필요가 있다. 일본은 미국과 대중국 전략적 견제에서 가치 및 군사·안보 동맹을 공고히 하면서도 중국과의 경제협력에 대한 미국의 이해를 얻어내고 있다. 러시아와 독일 또한 미중 전략적 경쟁 속에서 독일−러시아 간 '노드스트림 2(Nord Stream 2) 가스관'의 완공에 대한 미국의 합의를 이끌어 냈다.

한국의 종합국력, 지정학적 조건, 국제사회의 위상이 EU의 선진국

---

14 Jung H. Pak, "Trying to loosen the linchpin: China's approach to South Korea" The Brookings Institution (July 2020).

들, 일본, 인도, 러시아와 비교할 수 없다는 지적도 있다. 하지만 국제사회에서 10위권의 경제력과 선진국으로 인정받는 한국의 위상을 이해한다면 미중 사이에서 '전략적 모호성'이나 기계적인 균형외교, 또는 친중 정책은 곤란하다. EU, 일본, 인도, 러시아처럼 주요 현안별로 한국의 가치, 정체성, 국익에 원칙을 둔 정책적 방향성을 갖고 대응해야 한다. 나아가 주요 현안별로 한국과 가치, 정체성, 이익을 공유하는 세계 각 국가들과 다자적 연대를 추구하는 적극적인 글로벌 확대 외교도 필요하다.

구체적으로 한국은 EU, 인도, 싱가포르, 베트남과의 전략 채널 강화 및 신정부 출범 이후 투 트랙 접근(과거사 갈등과 다른 현안 분리 대응)에 기반을 둔 한일 관계 개선을 추구할 필요성이 있다. 또한 가치와 국익에 대한 현안별 분명한 입장 표명과 정책적 선택으로 미중 사이에서 한국이 '약한 고리'라는 이미지를 조속히 탈피해야 한다.

셋째, 한국은 분명한 원칙 아래 외교적 유연성을 발휘하는 선제적인 대중국 '제한적 손상(Limited Damage)' 외교 및 다자외교의 활용이 필요하다. 만약 한국 정부가 가치, 정체성, 국익에 기반을 둔 원칙 외교를 펼친다면 중국과는 추구하는 가치 및 정치·사회 체제와 문화가 달라 많은 갈등을 불러올 가능성이 높다. 따라서 한국은 주요 현안별로 선제적인 대중국 '제한적 손상' 외교 및 다자외교의 활용이 필요하다.

일례로 바이든 행정부가 강조하는 인권과 민주주의의 가치는 중국을 전략적으로 압박하는 의미도 내포하고 있다. 따라서 한중 관계에서 이러한 갈등 현안들을 선제적으로 다룰 전략대화 채널의 확대와 정례

화가 필요하다. 이를 통해 한중 사이에 현안별로 갈등이 나타나더라도 양자 관계의 기본적인 틀이나 불필요한 민족적 반감이 나타나지 않도록 제한적 손상을 유도해야 한다.

또한 원칙이 분명해야 유연성을 활용할 수 있으며, 유연성과 모호성을 구분하는 대중국 외교가 필요하다. 일례로 한중 간 가치와 정체성의 차이가 나타나는 현안에 대해 다자외교 무대에서는 한국의 입장을 명확하게 밝히지만 양자 관계에서는 '제한적 손상' 및 '유연성'의 접근이 필요하다.

넷째, 미중 협력 가능 분야에 대한 한국의 적극적인 참여 및 중국과의 협력 강화가 필요하다. 미국의 민주당과 바이든 행정부는 자국의 국익을 위해 기후변화, 글로벌 보건안보, 군축, 핵의 비확산 분야에서 중국과의 협력이 가능하다고 공식적으로 밝혔다.[15] 한국의 입장에서는 미중 협력 분야에 대한 적극적인 관여로 안정적인 미중 관계의 강조를 통한 국제사회의 평화와 안정에 기여하는 모습을 보여야 한다. 이를 통해 미중 갈등 속 한국의 외교적 위상을 높이고 구조적인 한계의 돌파구를 적극적으로 모색할 필요가 있다.

---

[15] The Democratic Party, "2020 Democratic Party Platform" (August 18, 2020), pp. 80-81; "Interim National Security Strategic Guidance" The White House (March 03, 2021), P. 21.

미중 경쟁 틈 파고드는 북핵

전재성

서울대 정치외교학부 교수

미중 전략적 갈등과 한반도

2021년 1월 미국의 조 바이든 민주당 정부가 수립되고 난 이후 미중 관계가 나아질 것이라는 희망이 있었지만 전반적으로 경쟁은 더욱 격화되었다. 2008년 경제위기를 지나면서 미국의 약화가 두드러지는 한편, 중국의 경제성장과 지구적 리더십이 강화되는 상황에서 미중의 전략 경쟁이 더욱 강화된 것이다. 도널드 트럼프 대통령은 중국에 대해 강력한 무역 협상을 벌였고 대중 무역 적자를 줄이고 중국의 불공정 경제 관행을 고치도록 압박했다. 그러나 트럼프 정부의 대중 전략은 무역 분야를 넘어 미중 관계 전 영역에서 체계적으로 추진되지 못했다.

바이든 정부는 미중 관계를 다각적으로 분석하고 예측 가능한 대중 전략을 추구하기 시작했다. 그러나 바이든 정부 역시 중국에 대해 강력한 견제를 추구한 것은 트럼프 정부와 크게 다르지 않다. 바이든 정부는 트럼프 정부의 대중 무역압박, 기술 경쟁, 미국 일본 호주 인도의 4개국 협의체인 쿼드(Quad) 활용 등 정책의 상당 부분을 이어받았다. 더 나아가 트럼프 대통령이 경시했던 지구적 다자주의 국제제도를 재활성화하고 미국의 참여를 적극화했으며 무엇보다 동맹의 중요성을 부각하면서 전략 파트너 국가들의 범위를 확장하고 협력을 강화했다. 미중 양자 관계에서 중국을 압박하는 데 그치는 것이 아니라 동맹, 파트너, 국제사회와 함께 전 방위적 압박과 견제를 펼치는 정책으로 진화한 것이다.

바이든 정부는 국가안보전략 중간지침(Interim National Security Strategic Guidance), 전략적 경쟁법(Strategic Competition Act of 2021) 등을 통해 대중 견제전략을 확실히 표명하였다. 반도체, 배터리, 희소광물 및 의약품 등 주요 4대 산업 공급망에 대한 조사 보고서를 제시하는가 하면, 해외주둔 미군 재배치 검토(GPR·Global Posture Review)도 승인하여 중국에 대한 군사적 견제도 확고히 하였다.

바이든 정부는 사안별로 중국과 다양한 관계를 가진다고 언급해왔다. 일례로 커트 캠벨 백악관 인도태평양 조정관은 2021년 5월 27일 스탠퍼드대 연설에서 향후 역사의 초점은 아시아가 될 것이고 전략적 초점, 경제적 이익, 군사력은 모두 인도태평양 지역으로 이동한다고 지적한 바 있다. 미국이 추진해 온 자유주의 국제질서가 인도태평양 지역에서 도전받고 있다고 언급하면서 중국의 거친 도전이 지역 불안정 요인이며 전 아시아에 걸쳐 강압적 경제전략, 전랑(戰狼)외교, 남중국해 군사화, 대만에 대한 정기적 군사행동 등을 추구하고 있다는 것이다. 대중 전략의 세 가지 기둥으로 첫째, 민주주의 연대에 의한 더 나은 질서 추구, 둘째, 미국 국내경제, 중산층 부흥을 위한 외교정책, 셋째, 중국과 경쟁과 협력을 공존하는 것을 제시하고 있다. 이를 위해 동맹국들과 함께 인도태평양 지역의 작동체계 재정비가 필요하며 일본, 호주, 유럽 등의 국가들과 협력이 필요하다고 주장하고 있다.

비슷한 맥락에서 토니 블링컨 국무장관은 미국의 대중 전략이 소위 3C 복합 전략이라고 설명해왔다. 협력(Cooperation), 경쟁(Competition), 대결(Confrontation)을 병행하는 복합전략이라는 것이다. 대량살상무기 비확산, 기후변화, 보건 등은 협력 이슈인 반면 무역, 금융, 기술 등은 경쟁 이슈로 설정된다. 미중이 서로 제로섬 게임의 관계에 있고 양보할 수 없는 영역이 대결 이슈로서 주로 군사안보에 관한 부분이다. 절대로 양보할 수 없는 영역이며, 미중이 부딪치는 인도태평양 지역에서 그 지역들은 대만해협, 남중국해, 동중국해, 한반도 등이 상정되고 있다. 한반도를 제외한 지역에서 미중은 이미 상당한 군사적 경쟁 관계를 지속해 왔고 향후 군사 충돌을 염두에 둔 대결 태세를 유지하는 중이다.

2021년 12월 블링컨 국무장관은 동남아 순방 중에 인도네시아 자카르타에서 인도태평양의 안보와 번영을 위한 미국의 약속에 대한 연설을 한 바 있다. 여기서 미국의 인도태평양전략의 5가지 핵심 요소가 언급되고 있는데, 첫째는 투명, 공정한 규칙기반 질서의 확립이다. 육지, 사이버 공간, 공해에서 상품과 아이디어, 사람이 자유롭게 유통되는 자유롭고 개방된 인도태평양 지역을 건설한다는 것이다. 둘째, 지역 안팎에서 더 강력한 네트워크를 구성한다는 것이다. 호주, 일본, 대한민국, 필리핀, 태국과 조약 동맹을 심화하는 한편, 쿼드 등 동맹국 간의 협력을 강화하고 동맹국과 파트너를 하나로 묶는 방법을 모색하겠다는 것이다.

바이든 대통령은 일련의 정상회의를 통해 이러한 정책을 추진했다. 2021년 7월 APEC 비공식 정상회의, 3월 및 9월 4개국 정상회의, 10월 미국-아세안 정상회의 및 동아시아 정상회의, 11월 APEC 경제 정상회의 등 주요 지역 기구에서 개최하는 여러 회의에 참석하여 연대를 강화한 바 있다. 셋째는 광범위한 번영을 도모한다는 것이다. 인도태평양 지역에 1조 달러 이상의 직접 투자를 제공하는 것을 목표로 한다. 무역 촉진, 디지털 경제 및 기술, 회복력 있는 공급망, 탈탄소화 및 청정 에너지, 인프라, 근로자 기준 등 공통 목표를 추구할 포괄적인 인도태평양 경제 프레임워크를 개발하는 정책을 추진한다. 넷째, 보다 탄력적인 인도태평양 건설 추진의 목표로 코로나 사태의 대유행과 기후위기 대처의 시급성을 강조하고 있다. 다섯째, 인도태평양 안보를 강화하는 목표이다. 모든 국력 수단을 동맹국 및 파트너의 수단과 더욱 밀접하게 결합하는 '통합 억제(Integrated Deterrence)' 전략을 채택한다는 것으로 호주 및 영국과의 강화된 3자 파트너십(AUKUS)이 대표적인 예이다.

미국의 전략에 대한 시진핑(習近平) 주석의 대응은 소위 "두 개의 백년" 전략으로 중국 공산당 창당 100주년이 되는 2021년에 소강사회를 실현하고 건국 100주년이 되는 2049년에 중국 특색 사회주의 강대국을 달성하여 세계의 리더 국가로 자리 잡는다는 것이다. 미국의 성급한 경쟁 관계에 말려들지 않고 2035년까지는 상호 존중, 평화 공존, 공동 번영 협력의 추구라는 '신형 대국 관계'의 틀 속에서 바라보고 접근하겠다는 것이다.[1]

중국은 대만, 홍콩, 신장 등 주권과 관련된 핵심 이익에서는 절대 양보하지 않고, 미국과 장기간에 걸친 경쟁 관계를 상정하고 있다. 시진핑 주석의 지도하에 2035년까지는 미국에 도전할 수 있는 사회주의 현대화의 목적을 내세우며 중장기 전략 경쟁에 돌입하고 있다. 경제 부문에서 2020년 10월 29일 폐막된 제19기 5중 전회를 통해 결정한 바, 기존의 수출 위주 성장 경제발전을 극복하고, 내수경제를 중심으로 하는 새로운 국가 경제발전 모델을 추진한다고 표방하고 있다. 소위 "쌍순환 전략"을 추진하는 것이다.[2]

정치적으로는 2021년 11월 중국 공산당 19기 중앙위원회 6차 전체회의를 통해 19차 당대회 이후 시진핑이 주창해 온 4개 의식(정치의식, 대국의식, 핵심의식, 일치의식 등) 및 4개 자신(경로자신, 이론자신, 제도자신, 문화자신 등)을 바탕으로 사회주의 현대화 강국 건설을 주장하고 있다. 특히 역사결의를 채택하여 시진핑 체제의 장기화 및 중국 공산당 및 사회주의의 소위 해석권을 시 주석이 가지고 있음을

명확히 하여 정치권력을 강화하고 있다.[3]

미중 관계에서 중요한 점은 미국과 중국이 미중 관계를 서로 다른 관점에서 인식하고 있다는 것이다. 2021년 11월 미중 화상 정상회담이 이를 잘 나타내 준다. 미국은 중국이 기존의 규칙기반 질서와 자유롭고 개방적인 인도태평양 질서를 저해하고 홍콩과 신장 지역 인권을 억압하는 현상변경국가로 인식한다. 미국은 중국과 협력의 필요성을 인정하면서도 경쟁 관계가 대립 관계로 치닫지 않도록 가드레일을 설치하는 것이 당면 과제라고 설명한다. 중국은 미국과 상호 존중 및 공동 이익의 복합적 신형 대국 관계를 여전히 강조한다. 전면 경쟁이 중국의 국력을 약화시킬 것으로 보기 때문에 미국이 제시하는 전면 경쟁에 임하는 것을 보류하고 있다.[4]

이러한 상황 속에서 미중 양국의 경쟁이 대립으로 발전할 수 있는 영역은 군사, 안보 영역이며, 특히 인도태평양 지역의 4대 대립 지점이 핵심 지역이 될 것이다. 대만, 남중국해, 동중국해, 한반도는 미중 간 경쟁에서 위험도가 높고 중요성이 매우 큰 지역들이다. 중국은 소위 반접근지역거부(A2AD) 전략으로 미국을 아시아에서 밀어내려는

---

1 하영선, 문용일, "미·중 정상회담 독해법: 미국의 '경쟁' vs. 중국의 '복합'" [EAI 이슈브리핑] 2021-12-02.
2 한센둥(韩献栋), 정재흥, "미중 전략경쟁에 대한 중국의 인식과 대응." [세종정책브리프 2021-14], 2021-08-12.
3 성균중국연구소, "중국공산당 19기 중앙위원회 6차 전체회의 분석: 시진핑 체제의 공고화를 위한 새로운 역사해석" 2021. 11. 12.
4 CICIR, "CICIR Report: Mutual Respect, Equality, Mutual Benefit and Peaceful Coexistence – Exploring a New Framework amid Complexity for China–US Relations," November 14, 2021. http://www.cicir.ac.cn/NEW/en-us/opinion.html?id=fe12030f-3cdd-4547-ae0e-d2301f191b8b

전략을 추구하고 있다. 4대 대립 지점은 미중 간 전략적 대치 전선을 둘러싼 핵심 지역이다. 이들 지역은 해양자원, 수송로, 관련 국가들의 개별 이익 등 다양한 이슈가 교차하는 지역이지만 점차 미중 간 전략 경쟁의 시각에서 문제들이 부각된다. 한반도 역시 미중의 대립이 첨예하게 현실화될 수 있는 지역이다. 북핵 문제와 한반도 평화를 둘러싼 향후 사태의 진전은 미중 관계 속 세력 균형에 민감한 영향을 미칠 수 있는 문제로 대두하고 있다.

미중 전략 경쟁 속 북핵 문제

1) 미국 단극 패권 체제하의 북핵 문제

북한은 1993년 3월 30일 핵확산금지조약(NPT)을 탈퇴하고 꾸준히 핵, 미사일 능력을 개발해 왔다. 2017년 11월 29일 북한은 대륙간탄도미사일(ICBM) 개발을 완료했다고 선언하여 미국 본토를 공격할 핵능력을 갖추었음을 표방하였다. 북한은 핵개발의 이유가 소위 미국의 대북 적대시 정책 때문이며 미국의 핵 선제공격을 막기 위한 억지전략의 추구에 있다고 밝혀 왔다. 북한의 ICBM의 실제 성능은 아직 확실하지 않더라도 잠수함발사탄도미사일(SLBM) 등 다양한 수단으로 미국 본토에 대한 핵 공격 능력을 갖추어 가고 있는 것은 전략적으로 큰 함의를 가진다.

북한이 최소핵억지전략을 넘어 점차 미국과 핵을 사용한 전쟁을 상정하는 제한억지전략, 더 나아가 2차 핵 보복 능력을 기반으로 한 상호

확증파괴전략 등 전략적 야심을 키워갈 가능성이 있다. 북한의 핵미사일 능력 증강은 남북 관계는 물론이고 북미 관계, 더 나아가 아시아 지역 질서와 지구적 핵 비확산 체제에 미치는 영향이 매우 클 것이다.

북한의 핵 개발 의도가 단순히 대미 핵억지에만 있지 않다는 것은 명백하다. 냉전 종식 이후 대부분의 공산주의 국가가 탈공산 이행을 하고 공산주의 시대 독재자들의 정치 기반이 급작스럽게 무너지는 것을 목도한 북한의 지배층은 정권 연장, 국내 정치 안정, 그리고 미국 주도 단극 체제하에서 북한의 생존과 체제 보장을 위해 핵무기를 개발한 것이다. 북핵 문제는 북한의 국제정치적 미래 지위 문제인 북한 문제와 긴밀하게 연결된 것이다.

북핵 문제 발생 이후 30년이 되어가는 기간 동안 북핵 문제를 둘러싼 국제 체제적 배경은 미국의 단극 패권 체제였다. 미국의 군사력과 경제력이 압도적인 속에서 국제사회는 미국의 대외정책 주요 의제에 동조하는 경향을 보였고 북핵 문제 역시 예외는 아니었다. 북핵 문제는 핵무기 및 핵물질의 확산 방지, 특히 9·11테러 이후 테러집단과 중동의 과격분자들에 대한 핵무기 이전 금지의 문제로 여겨졌다. 북한이 2006년 처음으로 핵실험을 한 이래 국제사회는 단결된 목소리로 북핵의 완전한 폐기, 핵 이전 금지, 그리고 이를 위한 수단으로 강력한 대북 경제 제재를 단행하였다. 중국도 예외는 아니었다. 북한이 중국의 유일한 동맹국이었지만 중국은 북핵의 완전한 폐기라는 목적에 동의하였고 국제연합(UN)의 상임이사국으로서 대북 경제 제재에 찬성하였다.

미국 단극 패권 체제 속에 있었지만 중국이 북핵 문제와 별도의 북한 문제를 의식하지 않은 것은 아니었다. 북핵 문제에 대한 중국의 원칙은 1)한반도 비핵화(半島無核化) 2)한반도의 평화와 안정(維護半島和平與穩定) 3)대화를 통한 문제해결(通過對話解決問題) 등이다. 중국은 지속적인 경제 발전을 위해 무엇보다 한반도의 안정이 필요한 핵심 사항이다. 북한의 핵개발로 국제사회의 대북 제재가 강화되고 이에 따라 북한과 동맹을 맺고 있는 중국의 전략적 처지, 국제사회의 평판 등이 약화되는 것은 큰 부담이다. 또한 북핵에 대한 군사억지를 강화하기 위해 한미 동맹이 강화되는 것도 동북아 지정학 구도에서 중국에는 불리한 상황이다. 2016년 주한미군의 사드 배치에 중국이 민감하게 반응한 배경이기도 하다. 평화와 안정 속에 북한의 비핵화 역시 중요한 목표이다. 중국은 14개국과 국경을 맞대고 있으며 이미 인도와 파키스탄, 그리고 러시아가 핵 국가이기 때문에 북핵은 장기적으로 부담스러운 상황일 수밖에 없다. 북한이 지속적으로 핵, 미사일 능력을 강화하면 한반도 상황의 안정적 관리가 어려워질 뿐 아니라 북중 관계가 악화될 경우 북핵 역시 위협 요인이 될 수 있다. 한국과 일본의 핵무장 목소리가 나오는 것도 장기적으로 위협적이다.

  중국은 2002년 북핵 2차 위기가 발발하고 곧이어 2003년부터 6자회담이 시작되어 북핵 문제를 위한 다자협상의 소집자이자 협력 촉진자의 역할을 해왔다. 중국의 강대국 부상 과정에서 핵 비확산의 규범을 지키면서도 북중 동맹 속에서 북한에 대한 지정학적 보장을 추구하고 동시에 비핵화를 위한 대안을 제시하는 역할을 추구했다. 2008년 12월을 마지막으로 6자회담이 결렬되고 북한이 지속적으로 핵 시험

발사를 하면서 중국의 역할은 한정되었다. 북한의 최대 무역 상대국으로 상당한 압박 수단을 가지고 있지만 중국은 북한의 생존과 대북 정책수단을 통해 한반도 문제를 관리하는 역할을 추구했다. 북핵 문제를 해결하기 위해 북한 문제를 섣부르게 악화시키는 것은 중국의 지정학 이익에 어긋나는 것이기 때문에 북핵 문제의 해결을 위한 적극적 역할은 계속 유보했다.[5]

2) 미중 전략 경쟁 속 북핵 문제

북한의 핵, 미사일 능력 강화 및 북미 협상, 남북 대화의 기본 목적은 북한의 체제 및 안전 보장, 그리고 경제 발전에 필요한 자원 획득 및 국제환경 조성 등이라고 할 수 있다. 그러나 국제환경이 미 단극 패권 체제에서 미중 전략 경쟁 체제로 바뀌어 감에 따라 북한 역시 전략의 추진 방향을 새롭게 모색하고 있다. 대표적인 예로 김정은 위원장은 2021년 9월 30일, 제14기 5차 회의에서 "사회주의 건설의 새로운 발전을 위한 당면 투쟁 방향에 대하여"라는 시정연설에서 국제정세에 대한 새로운 내용을 제시한 바 있다. 즉, "대외사업 부문에서 현 미 행정부의 대조선 동향과 미국의 정치정세 전망, 급변하는 국제 력량관계를 호상련관 속에 엄밀히 연구 분석한데 기초하여 공화국 정부의 대미 전략적 구상을 철저히 집행하기 위한 전술적 대책을 마련하는데 만전을

---

[5] 박병광. 2020. 「시진핑 시기 북중관계에 대한 평가와 전망」. INSS 연구보고서 2020-8. 58-59쪽 참조.

기할데 대한 과업을 제시"하였다는 것이다. 보다 구체적인 내용으로 "대외사업 부문에서 더욱 불안정해지고 있는 국제정치 정세와 주변 환경에 주동적으로 대처해 나가면서 우리의 국권과 자주적인 발전 리익을 철저히 수호하기 위한 사업에 주되는 힘을 넣을 데 대하여 밝히시였다"라는 내용이다.

김정은 위원장은 "오늘 세계가 직면한 엄중한 위기와 도전들은 한두 가지가 아니지만 보다 근본적인 위험은 국제평화와 안정의 근간을 허물고 있는 미국과 그 추종세력들의 강권과 전횡이며 미국의 일방적이며 불공정한 편가르기식 대외정책으로 하여 국제관계 구도가 《신랭전》 구도로 변화되면서 한층 복잡다단해진 것이 현 국제 정세 변화의 주요 특징이라고 볼 수 있다"고 언급하고 있다. 흥미로운 점은 신냉전이라는 용어를 사용하고 있다는 것으로 미국이 새로운 진영을 만들어 세계를 편가르기 하고 있다는 것이다. 미국이 세계적 리더십을 행사하는 데 힘이 부족하고 미국 주도 질서에서 배제하는 세력이 생겨나고 있다는 인식을 반영하고 있다. 북한 역시 미중 양국이 점차 자신의 진영을 만들어 경쟁하게 된다는 사실을 인식하고 있는 것으로 보인다.

이러한 인식은 이미 2018년부터 시작된 북미 협상 구도에서 부분적으로 나타난다. 북한은 2017년까지 급속히 추진된 핵, 미사일 강화 전략에 이어 협상구도로 변화하는데 이 과정에서 트럼프 대통령과 정상회담을 추진하는 한편, 미중 경쟁구도를 활용하여 중국과 밀착하는 모습을 보였다. 북한은 그간 냉각되어 있던 북중 관계를 급속히 회복했는데, 2018년 한 해 동안 중국을 세 차례나 방문하여 시진핑 주석과 정상회담을 가졌다. 2019년 1월 다시 한번 베이징을 방문하였고, 6월 20일에는 시진핑 주석의 방북이 이루어졌다. 이러한 과정에서 북한은 미국과 협상을 하면서 소위 중국 카드를 최대한 활용하였고, 중국 역시 북미 협상 과정에 있는 북한과 관계를 회복하여 한반도 문제에서 중국의 영향력을 확장하고자 추진하였다.

시진핑 주석의 방북 과정에서 북한은 북중 관계 강화를 지속적으로 강조하였는데, "외교관계 설정 70돐이 되는 올해에 정치, 경제, 군사, 문화를 비롯한 여러 분야에서 호상래왕의 전통을 견지하고 확대발전시켜 나가기 위한 새로운 계획들"을 추진한다는 것이다. 또한 "중국인민이 머지않은 장래에 새시대 사회주의 현대화 강국 건설 위업과 중화민족의 위대한 부흥이라는 중국의 꿈을 실현"하는 것을 지원한다고 하여 중국의 국가전략에 대한 지지도 표명하고 있다. "조중 친선관계를 새로운 높이에서 강화 발전시키는 것은 우리 당과 정부의 확고부동한 립장"이며 "조중 두 당, 두 나라 사이의 정치적 신뢰를 너욱 증진시키고 전통적인 조중 친선"을 강화하고, "조선반도와 지역의 새로운 미래를 열어나가는 력사적인 려정"을 공유하겠다는 것이다. 이러한 논의들은 변화하는 미중 경쟁 시대에서 북한의 전략적 대안이 증가했고 이 과정에서 북핵 능력이 활용될 수 있음을 나타내고 있다.

미중 전략 경쟁 시대에 나타난 북한의 전략 변화와 더불어 북핵 문제를 둘러싼 국제환경 역시 변화하고 있다. 북한의 핵은 지구적 핵 비확산이라는 규범의 측면에서 미국과 국제사회는 물론 중국의 견해도 비교적 다르지 않았다. 중국은 책임 있는 강대국으로서 핵 비확산의 규범을 준수하고 증진한다는 입장을 고수했다. 바이든 정부는 중국과 경쟁을 벌이면서도 핵 비확산은 미중의 공통 이익이 있는 협력의 의제라는 점을 누차 강조해왔다. 미중 간 고위급 회담이나 정상회담 중에도 북핵 문제는 미중이 합의할 수 있는 협력 문제라고 종종 언급되었다.

그러나 미국의 대중 견제가 더욱 거세어지면서 중국은 미국이 주도하는 북핵 문제의 해결 방식에 점차 의문을 보이고 있다. 중국은 김정은 위원장이 그간 추구해온 전략 무기에 대한 시험발사 모라토리엄에 대한 미국의 평가와 적극적 대응이 있어야 한다는 입장이다. 더불어 북한 비핵화를 위한 대북 경제 제재와 평화 체제를 향한 보다 적극적인 노력도 주문하고 있다. 중국은 미국의 북핵 해결 노력이 여전히 미흡하다고 보며 북한에 대한 보다 적극적 협상 노력이 필요하다고 본다. 이러한 상황에서 북한 비핵화 이외의 많은 의제에서 미중 간 경쟁이 더욱 가속화되면 미중의 협력은 약화될 가능성도 존재한다. 중국은 미국에만 유리한 북핵 문제 협상 방식에 찬성하지 않을 것이고, 점차 북한의 지정학적 중요성을 강조할 가능성도 있다. 북한은 여전히 중국에 중요한 전략적 완충지대이자 유일한 동맹국이기 때문이다.

한중 관계의 미래

미중 전략 경쟁 시대에 북한 비핵화를 추구하는 한국의 정책은 더욱 어려워질 수밖에 없다. 더구나 미중 경쟁 속 한국의 전략적 선택이 더욱 강요되는 상황이 되면 전반적인 한국의 외교 딜레마와 함께 북핵 문제에 대한 한국의 정책적 대안의 폭도 줄어들 것이다. 이러한 상황이 쉽게 개선될 가능성은 크지 않다. 따라서 현재로서는 미중 전략 경쟁의 추이를 세밀하게 관찰하고 리스크와 손실을 최소화하면서 북핵 문제 해결의 기회를 추구해야 한다.

향후 한중 관계를 염두에 두면 다음과 같은 점들을 유념할 필요가 있다. 첫째, 전반적으로 미중 관계가 점차 경쟁적인 모습을 띠게 되면 한국의 전략적 선택도 더욱 어려워질 것이다. 한국은 미중 관계 속에서 전략적 모호성을 유지하면서 양국과 전략적으로 공유된 이익을 극대화하는 정책을 추진해왔다. 그러나 전략적 모호성을 유지하는 비용이 커지면 어느 순간에는 전략적 선택으로 보이는 정책을 취해야 할 수도 있다. 구체적인 이슈별로 미중 어느 한쪽에 치우치는 정책을 취할 때 명확한 철학과 입장, 국익에 대한 설명이 있어야 할 것이다. 중국에 대해서도 한국의 정책에 대한 선제적이고 충분한 설명이 필요할 것이다.

둘째, 북한의 핵미사일 능력이 제고되면서 한국의 대북 군사억지력은 더욱 증강되어야 한다. 이 과정에서 한국이 독자적으로 증강할 수 있는 군사력이 있는가 하면, 2016년 사드 배치 결정과 같이 미국과 동맹국으로서 함께 추구하는 전략도 있을 수 있다. 이 경우 중국은 한미 동맹 강화 및 군사력 증강이 대중 군사 견제에도 활용될 수 있을 것으로 생각할 수 있다. 한국의 대북 군사 억제 체제의 정확한 목적과 운용 형태에 대한 명확한 입장이 선행되어야 할 것이다.

셋째, 북핵 문제 해결 과정에서 북한 문제를 둘러싼 한중 간의 전략

대화 및 소통이 매우 중요하다. 한국은 비핵화된 북한과 견고하고 지속 가능한 평화 체제를 이루고자 하며, 이 과정에서 한반도를 둘러싼 외교환경 역시 평화롭게 유지되기를 원하고 있다. 비핵화된 북한과 관계 개선이 이루어지고 더 나아가 서로 조율된 대외정책을 추구한다 하더라도 급속히 미국과 중국 어느 한편에 경도된 외교정책을 취하기는 어렵다는 입장을 설명할 필요가 있다. 남북 협력이 이루어지는 속에서도 한국은 미중 간의 협력을 촉진하는 중견국 외교노선을 추구할 것이고 한반도 평화 프로세스가 동북아 평화 프로세스에 기여하도록 하는 것이 정책 목표라는 점을 한중 간에 소통할 필요가 있다.

넷째, 북핵 문제를 토대로 핵 비확산과 같은 지구적 협력 이슈를 더 개발해 나가는 것이 중요하다. 핵 문제는 여전히 중대한 지구적 문제이며 핵확산 방지, 핵안보, 테러집단 등 위험세력에 대한 반확산 등은 지구적 협력이 필요한 문제이다. 한국은 북한의 비핵화를 통해 지구적 비확산 체제를 더욱 공고히 하고 개선하는 데 노력할 것이라는 점을 천명할 필요가 있다. 현재 미중 간 핵 경쟁도 가속화되고 있다. 만약 중국의 핵능력이 급속히 증강하고 미중 간 핵 경쟁이 악화된 상황에서 여전히 북핵 문제가 존속하고 있다면 한국의 안보 상황은 매우 어려워질 수 있다. 한국은 북핵 문제 해결 과정에서 미중 안보협력의 필요성을 환기하고 더 나아가 미중 간 핵 협력, 핵 군축을 추진할 계기를 만들기 위해 노력할 필요가 있다.

한미 동맹과 자강,
안보의 두 기둥

이상현
세종연구소장

미중 신냉전 시대의 도래

　동북아 신지정학의 가장 중요한 프레임은 갈수록 심화되는 미중 전략경쟁이다. 이는 한반도, 동북아, 글로벌 차원 모두에 영향을 미치는 가장 중요한 변수라 할 수 있다. 미중 간에 진행되는 전략경쟁은 처음에는 무역전쟁으로 시작했다. 지금은 가치와 체제, 이념의 경쟁으로까지 확전되는 추세다. 심지어 미중 간 대결은 신냉전 상황으로 갈 가능성마저 우려된다.

미국 우선주의를 앞세운 트럼프에 비해 바이든 대통령은 전반적인 외교정책의 기조로서 미국의 리더십 회복과 더불어 동맹 및 파트너 국가들과의 협력을 매우 강조하지만, 대중국 강경노선은 트럼프 시대와 크게 다르지 않다. 바이든 행정부의 대중국 정책은 미국 주도의 가치와 규범을 동맹 및 우방국들과 함께 구현함으로써 미국의 안보와 번영을 추구한다는 것으로 귀착된다.

바이든 행정부가 2021년 3월 발표한 '임시국가안보지침(Interim National Security Guidance)'에서는 중국을 기존 국제질서에 도전할 종합적 국력을 보유한 유일한 국가로 지목하고 미중 관계를 '21세기 최대의 지정학적 시험'으로 규정한 바 있다.[1] 이러한 전략을 이행하는 방식으로는 동맹 및 파트너십 재강화, 국제제도와 공동체에서 리더십 회복, 외교수단 우선 및 군사력의 책임 있는 행사를 제시하고 있다. 바이든의 외교는 중국을 견제하는 데 초점을 맞추고 있다는 점에서는 트럼프 행정부의 기조를 이어가고 있으나 동맹 체제를 그 중심에 두고 전방위적으로 추진한다는 점에서 차이가 있다. 미국의 대아시아 전략으로서 중국을 견제하기 위한 구상은 인도태평양 전략과 쿼드(Quad)로 나타났다. 중국의 공세적 부상이 가속화하면서 오바마 행정부의 '아태 전략적 재균형 정책(Pivot to Asia)'은 트럼프 행정부에서 인도태평양 전략으로 진화했다.

한편 경제 분야에서 전반적인 국제 추세는 자유무역의 퇴조와 보호주의의 대두라 할 수 있다. 무력해진 세계무역기구(WTO)에 대한 도전, 기술민족주의/디지털보호주의의 등장, 다자주의의 퇴조, 그리고 무역, 법치, 국가안보의 관계 조정 등이 특징적이다. 이러한 변화의 중심에도 미중 간 기술패권 경쟁이 자리 잡고 있다. 미국이 중국 배제를 겨냥한 공급망 구상으로 '경제 번영 네트워크(Economic Prosperity Network)'와 '클린 네트워크(Clean Network)'를 내놓자 중국은 '중국제조 2025'의 홍색공급망(紅色供給網) 강화, 쌍순환 전략으로 대응하고 있다. 미중 기술경쟁의 핵심은 인공지능(AI) 및 머신러닝(Machine Learning), 5세대 이동통신(5G), 반도체 제조, 생명과학, 양자컴퓨터, 감시기술(안면인식 및 검열 소프트웨어), 광섬유 케이블 등을 망라하는 첨단기술 분야이다. 중국은 제14차 5개년 경제계획에서 AI, 양자정보, 생명보건 및 뇌 과학, 생명공학 사육, 우주항공기술, 지하 심층 및 심해 개발 등을 미래 핵심 산업으로 양성한다는 구상을 내놓았다. 미국 트럼프 행정부는 중국과의 기술패권 경쟁의 일환으로 글로벌 밸류 체인의 안보화(Securitization)를 시도했다. 그리고 중국 정부의 군민융합(軍民融合)에 참여하는 기업에 대한 제재를 계속 확대하는 한편 동맹국 및 동반국과 함께 '얼라이 쇼어링(Ally-Shoring)'을 추구했다고 평가할 수 있다. 미중 모두 자국 중심의 공급망 재편을 위해 노력하고 있는데, 이는 제재를 통한 공급망 재편으로서 서로에게 '상호의존의 무기화'를 적용하는 셈이다.

　바이든 행정부의 대외전략은 동맹 및 우방과의 협력 네트워크를 중

---

1 The White House, "Interim National Security Strategic Guidance," March 2021 (https://www.whitehouse.gov/wp-content/uploads/2021/03/NSC-1v2.pdf).

시한다는 점에서 다자주의에 기초를 두고 있다. 하지만 미국이 추구하는 다자주의는 국제기구 형태의 대규모·보편적인 다자주의보다는 주로 목표지향적인 소규모 연대의 형태를 띠며, 이미 미국과 뜻을 같이하는 국가들의 다양한 그룹이 등장했다.[2] 미·일·호·인 4개국 협력체인 쿼드, 미국 등 5개국 정보공동체인 '파이브 아이스', 민주주의 10개국 협의체인 D-10, 선진 기술민주주의 연대인 T-12, 중국의 기술 굴기에 맞설 미국·EU 무역기술위원회(TTC) 등 내용과 형태도 다양하다. 가장 최근에 탄생한 오커스(AUKUS)는 쿼드에 비해 안보·국방에 더 중점을 두는 안보협력체이다. 쿼드가 '공동의 비전 증진과 평화·번영 보장에 헌신하는, 생각이 같은 파트너들의 유연한 그룹'이라면, 오커스는 안보·국방에 분명한 중점을 둔 안보협력체라 할 수 있다. 한국에 대해서도 핵심 동맹으로서 미국 주도의 연대에 참여하라는 시그널이 지속적으로 감지되고 있다.

미중 전략경쟁의 군사적 측면

　미중 전략경쟁은 외교, 안보, 경제, 기술 차원뿐만 아니라 군사 영역에서도 예외가 아니다. 군사적 측면에서 미중 패권경쟁은 군사혁신(RMA·Revolution in Military Affairs) 경쟁의 양상을 띤다. 군사혁신이란 기술무기 체계뿐 아니라 군사전략, 군 조직, 교육 체계 등 군사 분야 전반에서 혁명적인 변화가 일어나는 현상을 지칭한다. 군사혁신으로 인해 새로운 군사력 운영 또는 전쟁 수행 방식이 출현할 경우 그

것이 곧 미래전 양상이 되는 것이다.

중국의 군사적 부상은 단지 경제적 부상의 결과일 뿐 아니라 미국만이 보유하고 있던 첨단기술혁신적인 무기 체계와 군사력 운영 방식을 중국도 보유 구현하게 된 결과이다. 중국은 미국의 예방전쟁을 두려워하여 미국의 접근을 막는 '배타적 영향권'을 형성하고자 한다. 반면 미국의 패권질서는 미 군사력의 전 세계적 접근과 억제력의 행사, 이를 통한 동맹체제의 유지에 기초하기 때문에 미중 간 패권 경쟁은 기본적으로 '접근 대 거부'의 양상으로 전개되는 것이다. 중국의 군사전략이 반접근 지역거부 전략(A2AD·Anti-Access, Area-Denial)이라면 이에 맞서는 미 합동군의 전략은 '국제공역에 대한 접근 및 기동을 위한 합동 개념(JAM-GC·Joint Concept for Access and Maneuver in Global Commons)'이다. 미국은 중국에 대한 수적 열세 및 경쟁의 취약성하에서 군사혁신을 통해 새로운 질적 우위 창출을 시도하는 '제3차 상쇄전략(the Third Offset Strategy)'을 주진하고 있는 바, 상쇄전략이란 '질적 우위'로 '수적 열세'를 상쇄시킨다는 의미이다.[3]

미국의 군사혁신은 시대와 위협 내용에 따라 꾸준히 진화해 왔다. 군사혁신(RMA)과 변환(Transformation) 연구를 필두로 공지전

---

[2] Kurt Campbell and Rush Doshi, "How America Can Shore Up Asian Order," Foreign Affairs, January 12, 2021 (https://www.foreignaffairs.com/articles/united-states/2021-01-12/how-america-can-shore-asian-order).

[3] 설인효. 2019. "미중 군사혁신 경쟁의 구조적 맥락과 미래전." 외교부 주최 외교정책조정회의 전문가패널 발표 자료 (2019.10.08.).

(AirLand Battle), 공해전(AirSea Battle) 등 우리 귀에 익숙한 개념만 해도 상당수다. 최근에는 모자이크 전쟁 개념과 다영역 작전 등 다양한 교리의 발전 양상을 보여준다. 세계 최강의 군사력을 보유한 미국으로서는 절대 패권을 유지하는 것이 미국의 국익을 방어하고 미국에 유리한 국제질서를 유지하는 데 필수적인 요소로 간주한다. 제1, 2차 세계대전을 거치면서 미국이 세계 최강대국으로 부상한 것은 막강한 경제력과 기술력, 그리고 이를 토대로 한 군사적 혁신과 역량을 지속적으로 개발, 유지한 덕이 크다.

최근에 와서 미 육군의 작전 개념은 다영역작전(MDO·Multi-Domain Operations)이 중심이다. 다영역작전이 설정하는 목표는 작전의 전 영역에서 중국과 러시아 등 강력한 국가행위자들과의 전략경쟁이 본격화되는 초경쟁의 시대에 미국에 유리한 전략경쟁의 구도를 지속 및 창출하는 것이다.[4] 다영역작전은 제병합동(Combined Arms)을 지향하는 미 육군 차원의 작전 개념인 동시에 미래전 수행을 위한 합동군 차원의 작전 개념의 비전을 제시한 것이라 할 수 있다. 다영역작전은 지·해·공·우주·사이버 등 5대 전장 영역에다 인지심리, 정보영역, 전자기장(EMS) 등 작전 환경을 구성하는 제반 영역에서 전략적 경쟁국들과 초경쟁(Hypercompetition)이 불가피하다는 전제에서 출발한다. 이 작전 개념의 목표는 전략적 경쟁의 단계에서는 미국에 유리한 국면을 지속하고, 무력 충돌 상황이 불가피할 경우 적대국을 상대로 승리를 달성하면서 미국에 유리한 경쟁 구도로 회귀하도록 강제하는 것이다. 그리고 무력 충돌의 상황에서는 합동·연합 작전에 기반한 침투·파괴·전과 확대의 과정을 통해 적대국의 반접근·지역거부 시스템을 무력화하는 데 중점을 둔다. 이러한 개념 정의에 따라 다영역작전의 기본 교리는 네 가지로 구성되는데, 조정된 전력 태세, 다영역 부대, 능력의 융합, 그리고 다영역 지휘통제를 강조하고 있다.[5]

미국의 군사력 건설 추세와 다영역작전 교리는 한국의 군사력 건설과 관련해서도 몇 가지 중요한 함의를 지닌다. 무엇보다도 지·해·공·우주·사이버 5대 전장 영역과 전자기장, 정보환경 등을 포함한 전 영역에서의 능력의 융합을 지향하는 다영역작전의 논리는 우리의 미래군 건설에 있어서 지·해·공의 3차원에서 전 영역으로의 확장 필요성을 시사하고 있다.[6]

중국 또한 미중 전략경쟁 국면에서 군사력 현대화와 미래군 건설에 매진하는 것은 마찬가지다. 특히 시진핑(習近平) 시기 들어 중국의 군사굴기는 무서운 속도로 진행되고 있다. 두 개의 백년을 완수하는 시점에 세계 일류 강국을 목표로 하는 중국몽(中國夢)은 강한 군대, 즉 강군몽(强軍夢)을 핵심 요소로 하고 있다. 2017년 제19차 당대회에서 밝힌 중국의 강군몽 계획은 2020년까지 인민해방군이 기계화와 정보화로 군사력을 제고하는 한편, 2035년까지 인민해방군의 현대화를 완성하고, 2050년에는 세계 일류의 강한 군대를 만든다는 것

---

4 U.S. Army, The U.S. Army in Multi-Domain Operations, 2028, U.S. Army TRADOC Pamphlet 525-3-1
5 The U.S. Army in Multi-Domain Operations, 2028, pp. 17-26.
6 강석율, "미국의 다영역작전과 육군의 미래전," 2021 한국국제정치학회 하계학술대회(2021.07.01.) 발표자료집, pp. 23-24.

이다.⁷ 중국 강군몽에서 원동력은 첨단 기술력, 특히 AI, 5G, 드론, 양자컴퓨터 등 4차 산업혁명시대 핵심 기술들이다. 이러한 첨단 기술력을 반영한 강군몽 전략에서 중심 담론은 군사지능화(軍事智能化)이다. 중국은 현대전쟁의 양상이 정보화 전쟁에서 지능화 전쟁으로 전환하는 초기 단계에 있다고 인식한다. 현재 중국이 미국에 비해 우세한 분야는 빅데이터와 인공지능 분야라는 점을 감안한다면 중국은 미래 군사력 건설에서도 지능화의 중요성을 지속적으로 강조할 것으로 보인다. 미중 전략경쟁이 지속하는 한 미중 공히 상대방의 위협을 군사 혁신의 핵심 배경으로 설정할 것이고, 그런 의미에서 강대국 간 군사 혁신 경쟁의 가속화는 당분간 세계 각국의 군사 혁신과 협력에 중요한 도전이 될 전망이다.⁸

한국의 군사전략과 대응

한국의 입장에서는 미 육군의 다영역작전 등 미래군 건설 방향과 중국의 군사굴기가 한국의 군사력 건설과 전략 개발에 대해 갖는 중차대한 함의를 간과할 수 없다. 한미동맹과 한중 전략적 동반자 관계라는 현 상황으로 인해 한국의 군사전략은 불가피하게 미중 전략경쟁의 영향으로부터 자유로울 수 없다.

한반도 군사 균형의 현 상황은 북한 비핵화 협상이 완전 정체된 가운데 북한의 핵과 미사일 역량은 갈수록 커지고 있다는 사실이다. 가장 최근의 진전은 극초음속 미사일 문제다. 북한 매체들은 1월 5일 극초음속 미사일을 시험 발사해 700㎞ 표적에 명중했다고 확인했다. 조선중앙통신은 "국방과학원은 5일 극초음속 미사일 시험발사를 진행하였다"고 보도하면서, "미사일은 발사 후 분리되어 극초음속 활공비행전투부의 비행 구간에서 초기발사방위각으로부터 목표방위각에로 120㎞를 측면기동하여 700㎞에 설정된 표적을 오차 없이 명중하였다"고 보도했다. 2021년 9월 28일 첫 시험발사와 비교해 볼 때, 이번 발사에서 드러난 가장 큰 특징은 새로 도입된 '측면기동기술의 수행 능력을 평가'했다는 점이다. 북한의 주장이 사실이라면 이는 극초음속 미사일 기술도 갈수록 고도화되고 있다는 증거로 볼 수 있다.

북한은 코로나19로 인한 국가 봉쇄에도 불구하고 핵과 미사일 역량에 관한 한 '갈 길을 간다'는 연장선상에서 지속적인 무력 역량 강화를 추진하고 있는 것으로 보인다. 김정은은 지난해 1월 8차 당 대회에서 순항미사일, 전술핵무기, 핵추진잠수함, 극초음속 미사일, 다탄두·고체 연료 대륙간탄도미사일(ICBM), 정찰위성, 신형 부인기 등 신무기 개발을 공언했다. 이번 극초음속 미사일 발사에 대해서도 "당 제8차 대회가 제시한 국가전략무력의 현대화 과업을 다그치고 (국방과학발전 및 무기체계개발) 5개년 계획의 전략무기부문 최우선 5대 과업 중

---

7 Zhao Lei, "PLA to be world-class force by 2050," China Daily, October 27, 2017 (https://www.chinadaily.com.cn/china/2017-10/27/content_33756453.htm).
8 차정미, "4차산업혁명시대 중국의 군사강국화 전략과 육군의 혁신전략: 전략, 작전, 전력 혁신," 2021 한국국제정치학회 하계학술대회(2021.07.01.) 발표자료집, pp. 50-51.

가장 중요한 핵심과업을 완수한다는 전략적 의의"가 있다고 의미를 부여했다. 북한 입장을 대변하는 '조선신보'는 "극초음속 미사일 시험 발사를 성공적으로 진행한 사실은 국방 강화를 위한 계획이 착실히 수행되고 있음을 보여준다"며 "조선(북한)의 국방 강화 사업에는 정해진 계획과 노정도가 있다"고 했다. 다시 말해 김정은이 결정한 '무기체계 개발 5개년 계획'을 계속 진행한다는 것이다. 이러한 최근 북한의 행태로 미뤄볼 때 조만간 또다시 신형 미사일 시험 발사에 나설 가능성이 높다.

정부 관계자는 "핵추진잠수함, 다탄두·고체 연료 ICBM 등을 올해 추가로 공개할 가능성도 주시하고 있다"며 "북이 신기술로 도발할 때마다 한미가 방어하기 점점 더 까다로워지고 있다"고 했다.⁹ 더구나 문재인 대통령이 남북 관계 개선을 위한 동해북부선 강릉~제진 철도 연결 사업 착공식에 때맞춰 미사일을 발사한 것은 남북 관계의 일정에도 구애받지 않겠다는 의도를 표현한 것으로 추정된다.

앞에서 살펴본 바와 같이, 미중 전략경쟁 국면하에서 한국의 군사력 건설은 한편으로는 한미동맹이라는 기존 축을 중심으로 하면서도 다른 한편 미래의 불특정 잠재적 위협에 대해서도 대응할 수 있는 방향으로 건설되어야 한다. 우선, 핵을 앞세운 북한의 군사위협을 확고하게 억제하기 위해서는 굳건한 한미동맹의 유지·발전과 연합방위태세의 진화적 발전이 필수적이다. 미국의 확장억제를 통해 북핵을 대비하는 한편 4차 산업혁명의 신기술을 적용한 첨단 군사역량을 발전시켜 나갈 경우 북한은 결국 한미동맹을 상대로 한 도발이 무용지물이란 점을 수용하지 않을 수 없게 될 것이다.

다른 한편, 한국은 주변국의 잠재적 위협에도 대응할 수 있는 필수 억지력을 강화해 나가야 한다. 앞으로 인도태평양 지역에서 실제로 발생할 가능성이 높은 분쟁의 형태는 군사와 비군사 간 모호한 영역에서 발생하는 '회색지대(Grey Zone)' 분쟁, 혹은 하이브리드 위협이 될 가능성이 크다. 따라서 한국은 향후 북한의 군사 위협과 함께 주변국 군사 위협 억제를 위한 국방역량 강화를 추구하지 않을 수 없다.[10]

그런 가운데 미 국방부는 작년 11월 29일, 『해외주둔 미군 재배치 검토(GPR·Global Posture Review)』가 완료됐다고 발표했다. GPR는 미군의 글로벌 군사태세를 결정하고 해외주둔 군사력의 전략적 배치를 위한 기본 계획으로 활용된다. 미국의 해외주둔 군사태세는 한미동맹에도 직접 연관되는 사안으로서 우리의 군사 전략과 우선순위에 대한 중요한 함의를 지닌다. 이번 GPR의 가장 중요한 특징은 점증하는 중국의 도전을 겨냥하는 한편 북한의 위협에 대응해 인도태평양으로의 태세를 강화한다는 점에 있다. 또한 이행 전략에 있어서 두드러진 것은 지역 동맹과 우방의 역할 및 협력을 강조하고 있다는 점이다. 호주와 태평양 도서 국가들에 대한 인프라를 강화하고 호주에는 공군력의 주기적 순환배치를 언급했다. 한국에 관해서는 과거에 순환배치

---

9 "北 극초음속 미사일 성공땐… 지그재그로 날며 韓美 요격망 무력화," 『조선일보』, 2022-01-07 (https://www.chosun.com/politics/diplomacy-defense/2022/01/07/DZFU3MZKUVCBTJHBXVN64BS544/).
10 설인효, "한반도 안보환경 평가와 안보국방전략 방향," 『항공우주력연구』, 제9집(2021.11), pp. 45-48.

방식이었던 공격용 헬기부대와 포병부대를 상시배치로 전환한 점이 주목된다.[11]

이번 GPR는 인도태평양에 대한 관심과 집중 증가, 초점은 중국의 점증하는 도전에 대한 응전이라는 성격이 강하지만 전체적으로 보면 과거의 GPR에 비해 해외주둔 미군 태세의 근본적인 변화라기보다는 현재 진행 중인 글로벌 안보 상황에 부응하여 일부 조정하는 의미로 보는 것이 타당할 것이다. 다만 전체적으로 타 지역에 대한 부담은 줄이는 반면 중국을 겨냥해 인도태평양 지역으로 미군의 자원을 재배치한다는 성격이다.[12] 이를 위해 우선 호주에 추가적으로 전투기와 폭격기 역량을 배치하는 한편 괌, 호주, 북마리아나 제도 등 인도태평양 지역에 보급 시설, 연료저장소, 탄약저장소를 업그레이드하기 위해 투자를 확대한다는 방침이다.

미중 전략경쟁이 깊어갈수록 동맹과 우방의 기여 확대를 강조하는 미국의 의향은 여러 경로로 드러나고 있다. 한국으로서는 이러한 동맹의 희망을 마냥 무시할 수만은 없는 처지이다. 일례로, 토니 블링컨 국무장관은 최근 아세안 3개국의 첫 순방지인 인도네시아에서 한 강연에서 중국 견제 키워드로 동맹·군사·경제를 제시하면서 5대 의제를 제시했다. 이는 바이든 행정부 들어 전략적 경쟁자인 중국 대응 전략을 일목요연하게 내놓은 것이기도 하다. 블링컨 장관이 제시한 5대 핵심 요소는 ▲자유롭고 개방된 인도태평양 발전 ▲동맹과 강력한 네트워크 구축 ▲경제 분야의 번영 증진 ▲전염병 대유행과 기후변화 협력 ▲안보 강화 등이다. 이 중 가장 눈에 띄는 것은 안보 강화 부분이다.

남중국해 항행의 자유, 대만 문제 등을 놓고 미중 간 갈등이 커지는 와중에 미국이 인도태평양의 군사력 강화 필요성을 다시 한 번 확인한 셈이다. 특히 외교, 군사, 정보 등 모든 면에서 동맹 및 파트너들과 더 긴밀하게 결합하는 전략을 채택할 것이라며 동맹의 역할을 강조한 부분은 주목할 필요가 있다. 구체적으로 인도태평양 지역에서 더 강력한 관계 구축 필요성을 거론하면서 미국, 영국, 호주의 안보동맹인 오커스 출범, 미국·일본·인도·호주의 협의체인 쿼드 활동, 아세안과의 파트너십 강화를 예시했다. 아울러 최근 유럽연합(EU)이 인도태평양 전략을 공개하고 북대서양조약기구(NATO)가 이 지역의 중요성을 반영한 전략 개념을 갱신했다고 소개한 뒤 인도태평양 지역을 넘어선 유럽까지 동참하고 있다고 강조했다.

블링컨 장관은 동맹과 협력을 강조하며 곳곳에서 한국을 언급했다. 그는 바이든 대통령이 취임 후 백악관으로 처음 초대한 국가가 일본과 한국이고, 자신이 첫 순방지로 택한 곳도 일본과 한국이었다고 말했다. 또 동맹 네트워크 구축을 언급하면서 한국, 일본, 호주, 필리핀, 태국 등 조약을 맺은 동맹인 역내 5개국과의 결속 강화와 함께 한미일 3자 협력의 심화 필요성을 거론했다. 블링컨 장관은 공급망 병목현상

---

11 U.S. Department of Defense, "DoD Concludes 2021 Global Posture Review," November 29, 2021 (https://www.defense.gov/News/Releases/Release/Article/2855801/dod-concludes-2021-global-posture-review/).

12 Andrew Eversden, "Pentagon's Global Posture Review emphasizes China, but lacks major strategic changes," Breaking Defense, November 29, 2021 (https://breakingdefense.com/tag/pacific-mmr-2021/).

해결을 위한 협력 국가 중 하나로 한국을 꼽기도 했다. 미국이 한국을 향해 안보, 경제 등 전방위로 대중 견제 전선에 동참하고 협력을 강화하자는 태도를 좀 더 적극적으로 취할 가능성을 시사하는 대목이다.[13]

그렇다면 앞으로 한국은 어떤 원칙과 우선순위로 군사력 건설과 미래 군사전략을 수립할 것인가? 첫째 주안점은 우리의 군사력 건설 준거틀을 어떻게 설정할 것인지가 중요하다. 앞으로도 계속 북한의 위협과 한반도라는 좁은 범위를 상정하고 여기에 국방 프레임을 설정할 것인지, 아니면 점차로 미래 불특정 위협과 주변국 위협을 대비하는 방향으로 적절한 믹스를 추구할 것인가? 이 질문에 대한 해답은 이미 상당 부분 나와 있다. 장기적으로 북한의 위협은 핵·미사일 위협을 제외한다면 재래식 전력에 있어서는 한미 합동 전력이 북한을 압도하는 것으로 평가된다. 그렇다면 우선 핵, 재래식 및 미사일 방어 능력을 포함한 모든 범주의 군사 능력을 운용하여 대한민국에 확장억제를 제공한다는 미국의 굳건한 공약을 재확인하고 이행 방안을 구체화하는 것이 중요한 과제이다. 이 부분은 제53차 한미안보협의회(SCM)에서도 재확인된 바 있다.[14]

둘째, 한국이 스스로 자강력을 강화하기 위해 반드시 실천해야 할 약속과 과제가 있다. 우선 한미 간에 논란이 재개되는 전시작전통제권 전환 문제에 대해 합리적인 이행 일정을 합의할 필요가 있다. 전작권 전환은 순수히 조건부 전환이나 일정에 따른 기계적 전환은 현실적으로 어렵다. 한미 간에 조건으로 이미 합의한 사항을 문구 그대로 실현하기는 가능성이 없다. 따라서 대략적인 전환 일정의 범위를 설정한

후, 최대한 조건의 충족을 위해 협력하고 그 최종 판단은 정치적 결단으로 내리는 것이 옳은 방향으로 보인다. 물론 전작권 전환을 위해서는 한국 스스로 한국 방어의 한국 주도 책임이라는 원칙을 굳건히 견지해야 한다. 그러려면 한국이 당연히 국방개혁을 통한 미래지향적 군사력 건설이라는 일차적 책임과 의무를 다해야 한다.

미중 전략경쟁 국면이 깊어질수록 한국처럼 미중 사이에서 안보와 경제를 협력해야 하는 국가들은 다양한 도전에 봉착하게 될 것이다. 미국의 전격적인 아프간 철군에서 보듯이 동맹이 있더라도 스스로를 지키겠다는 국가와 국민의 의지가 없이는 생존을 보장할 수 없는 것이 21세기의 안보 현실이라는 사실을 유념해야 할 것이다.

---

13 "美, 중국 견제 키워드는 동맹·군사·경제… 5대 의제 제시," 『연합뉴스』, 2021-12-15 (https://www.yna.co.kr/view/AKR20211215002000071?input=fb&fbclid=IwAR1w8L5mUg9RN-Jn3FQJf0aHgsG1Yydze_eO6cfq-dqZeoYP1PWok64VMKE).

14 제53차 한미안보협의회(SCM) 공동성명 전문 참조, 『연합뉴스』, 2021-12-02 (https://www.yna.co.kr/view/AKR20211202108700504).

대중 견제,
한국경제의 고민과 전략

양평섭
KIEP 선임연구위원

미중 경쟁 최전선의 한국 경제

　미중 경쟁의 끝이 보이지 않는다. 오히려 전선이 더욱 확대되고 있다. 한국 경제에는 '회색 코뿔소'(예견할 수 있는데 간과하고 대비하지 않는 위험)지만 대응 방안과 전략을 도출해 내지 못하고 있다. 무슨 이유에서일까? 일시적으로 지나갈 소나기로 인식해서일까? 아니면 미중 경쟁을 우리가 통제하거나 대응할 수 없는 외생변수로 치부하고 수동적 태도(전략적 모호성)로 일관해 왔기 때문일까?

미중 경쟁이 지나가는 소나기가 아니라 상시화·장기화될 것이라는 것이 자명해졌다. 특히 2022년 미국의 중간선거와 중국의 제20차 공산당 전당대회라는 중요한 정치적 일정을 거치면서 더욱 증폭될 가능성은 커지고 있다. 전선도 무역과 기술을 넘어서 가치와 체제의 경쟁으로, 미국과 중국 양자 간 경쟁에서 '미국의 우방'과 중국 간 경쟁, 더 나아가 선진 자본주의 국가와 중러 연합의 경쟁으로 확전될 가능성도 배제할 수 없다.

그 최전선에 위치한 한국 경제에 주는 함의가 무엇일까? 그동안 우리가 미국과 중국 사이에서 견지해왔던 '안미경중(安美經中·안보는 미국, 경제는 중국)' 전략은 시효가 끝난 것일까? 이제는 미국과 중국 중에서 하나를 선택해야 하는 것일까? 우리의 새로운 길을 개척할 수는 없는 것일까? 미중 경쟁을 우리가 도약할 수 있는 기회로 삼을 수는 없는 것일까? 지난 2년여 동안 이러한 고민에 대한 해답을 찾으려는 많은 시도들이 있었지만 그 답을 찾지는 못했다. 이유는 무엇일까? 정답이 있는 문제가 아니기 때문일 것이다. 그렇다고 전략적 모호성이 답이 될 수 있을까? 이제는 우리가 새로운 길을 모색해야 할 때이다.

미국과 중국이라는 두 경제대국 사이에 '끼인 국가'가 아닌 세계 10위 경제대국, 7위 수출국, 세계 4위의 특허 출원 국가, 반도체 및 디지털 강국으로서 '우리의 힘'을 키우고, '우리의 목소리'를 내서 우리의 안전을 지키려는 노력을 해야 할 때이다. 경제안보를 보장하고, 시장을 지키고, 새로운 도약의 길을 찾고, 세계 속에서 한국의 위상을 높이려는 그러한 노력이다. 특히 미중 경쟁의 이슈뿐 아니라 글로벌 현안에 대해 우리의 대응 원칙과 자신의 목소리가 필요하다. 그것이 우리의 자존을 지키는 것이자 우리가 생존하는 길이다.

미중 경쟁 상시화·장기화 우려

미중 경쟁은 장기화될 것이다. 그것이 두 강대국의 경제적 패권을 차지하기 위한 경쟁이고, 기술 패권 경쟁이고, 시스템 경쟁인 동시에 가치관의 경쟁이기 때문이다.

1) 미국의 대중국 견제가 무역전쟁(관세전쟁)과 기술패권 전쟁을 넘어서 시스템 및 가치의 경쟁으로 확전되어 가고 있다. 트럼프 행정부 시절 미국은 경제적 실익을 앞세워 중국을 압박해 중국으로 하여금 미국 제품을 사도록 만들었다. 이에 머물지 않고 미국은 국가안보와 경제안보를 내세워 5G를 필두로 반도체, 인공지능(AI), 바이오에 이르기까지 중국의 기술적 부상의 뿌리를 흔들려는 기술전쟁으로 확전하고 있다. 나아가 바이든 행정부는 중국을 가치(인권, 민주주의)와 체제에 대한 가장 강력한 잠재적 도전자로 인식하고 중국에 대한 공세를 강화하고 있다. 이러한 움직임에 미 의회도 적극적으로 가세하고 있다. 쿼드(Quad), 오커스(AUKUS), 파이브 아이스(Five Eyes), 민주주의 정상회담, 신장 인권 문제를 이유로 하는 베이징(北京) 겨울 올림픽에 대한 외교적 보이콧으로 이어졌다. 미국의 중국에 대한 견제는 전면적이다.

2) 미국의 대중국 견제가 독자적 행동에서 동맹과 우방의 협력을 통한 것으로 전환해 가고 있다. 나아가 체제 경쟁으로 확산되면서 중국과 선진국의 경쟁으로 바뀌고 있다. 지난해 미중 정상회담 이후 미국 정부는 브리핑을 통해 미국은 혼자서 중국의 향후 전략을 완전히 바꿀 수 있다고는 기대하지 않으며 동맹국, 전략 파트너, 그리고 국제사회와 함께 전방위 경쟁을 추구하겠다는 견해를 밝혔다. 이미 영국 캐나다 호주 뉴질랜드 등은 인권과 자유민주주의 가치를 지키는 데 미국과 뜻을 같이하고 있다.

무역과 기술 패권 경쟁에서 경제시스템 경쟁으로 확전되면서 미국과 중국의 양자 대결에서 선진국과 중국의 대결로 전환되는 양상을 보이고 있다. 중국의 '비시장적 관행'과 '시장의 왜곡' 문제를 둘러싸고 유럽연합(EU) 등 서방 국가들이 미국과 뜻을 같이하고 있다. EU는 중국을 '협력 협상 파트너, 경제적 경쟁자, 시스템 라이벌'로 인식하고, 미중 경쟁에서 제3의 축(The Third Pillar)을 형성한다는 기본 전략 아래 미국의 대중국 무역과 기술 패권 전쟁에는 중립적 입장을 취해 왔다. 이제 중국의 국가자본주의와 시장 왜곡을 시정하는 문제에 대해서는 미국과 뜻을 같이하고 있다.

3) 서방의 움직임에 대해 중국은 자국 중심의 새로운 경제구조로 전환하는 동시에 국제사회에서 영향력을 지속(최소한 안정)시키려는 전략을 추구하고 있다. 중국이 내세우고 있는 '쌍순환(Dual Circulation)' 전략이 대표적인 예이다. 국내 경제의 개혁과 공급 사슬을 안정화시키는 '국내 대순환'을 달성하고, 이를 통해 세계 경제가 중국 경제와 자연

스럽게 연결되도록 한다(국내 대순환과 국제 순환의 쌍순환)는 것이다. 대대적으로는 소비와 투자의 선순환 구조 정착을 통한 내수 중심의 성장 전략 추구, 신산업 분야의 과학기술 자립자강, 전략적 신흥산업 육성, 탈탄소화를 통한 '그린 중국(綠色中國)' 건설, 디지털 중국 건설 등의 추진을 통해 공급 안전망을 확보한다는 것이다.

대외적으로는 포괄적·점진적 환태평양경제동반자협정(CPTPP) 가입, 디지털경제동반자협정(DEPA) 가입, 일대일로(一帶一路) 전략의 전개, 대외개방 확대를 통해 중국 경제의 흡인력과 영향력을 확대하는 것이다. 그러나 세계는 이러한 전략이 '제2의 개방'으로 이어지지 못하고 '자국 중심의 경제구조'로 회귀할 가능성을 우려하고 있다. 이 경우 세계 경제의 탈중국화를 촉발시킬 수도 있다.

4) 미국의 중국에 대한 견제가 경제 강국, 제조 강국, 기술 강국, 군사 강국 등 강국화 전략과 미국 우선주의가 충돌한 결과라는 점에서 볼 때 쉽게 끝나지 않을 것이다. 더욱이 2022년은 미국의 중간선거가 있고, 중국의 제20차 공산당 전당대회가 개최되는 해다. 누구도 양보할 수 없는 공방이 지속될 수밖에 없다. 그 이후에도 누군가의 '항복(최소한 양보)'이 이루어지지 않는다면 갈등은 지속될 수밖에 없을 것이다. 우리의 주요 경제협력 파트너인 미국과 중국의 경쟁이 장기화되는 경우 그 최전선에 있는 한국 경제는 어떠한 과제를 안게 될까? 미중 경쟁이 무역과 기술 패권 경쟁을 넘어서 경제 시스템의 경쟁으로 이어질 때 우리는 어떻게 대응해야 할까?

대응전략 하나: 미중 경쟁에서 자유로워져야

미중 경쟁을 바라보는 한국의 고민은 무엇인가? 한국 경제는 원천기술은 미국에 의존하고, 성장의 근간인 수출은 중국에 의존하는 구조적 문제를 가지고 있다. 미국은 기술을 무기로 우리 기업을 압박하고, 중국은 시장을 무기로 우리 기업에 직간접적 압박을 가하고 있다. 이러한 구조가 지속되는 한 우리는 미중 경쟁으로부터 영원히 자유로울 수 없게 될 것이다. 따라서 미중 경쟁 시대에 우리가 우선적으로 해결해야 할 당면 과제의 하나는 미중 경쟁 속에서 받게 될 압박으로부터 자유로워지는 것이다.

먼저, 미국의 선택 압박으로부터 자유로워지는 길을 찾아야 한다. 미국은 반도체의 원천기술을 기반으로 우리 반도체 기업의 중국 관련 비즈니스를 압박하고 있다. 화웨이(華爲) 등 일부 중국 기업에 대한 반도체 공급을 제한하는 것을 넘어서, 기업의 영업비밀에 해당하는 사료 제공을 요구하기도 한다. 중국에 진출한 우리 기업이 도입하려는 선진 제조장비 사용도 제한하고 있다. 나아가 미국은 반도체 분야의 글로벌 공급 체인에서 중국을 배제하는 움직임에 한국이 동참해 주기를 바라고 있다. 우리 기업들은 미국에 대한 투자 확대로 그 답을 찾고 있다. 기술에 기반을 둔 투자(협력)와 미국의 시장에 기반을 둔 투자(협력)가 결합된 전략인 것이다. 우리가 미국의 압박으로부터 탈피하는 길은 기술, 특히 원천기술이다. 세계 최고의 기술력을 가진 반도체 산업마저 미국의 압박으로부터 자유롭지 못한 우리의 현실을 벗어나기 위한 치열한 노력이 필요하다. 최소한 우리가 반도체에 버금가는 세계적인 기술을 더 많이 가지고 있어야 한다. 그것만이 우리가 기술을 무기로 하는 압박으로부터 벗어나는 유일한 길이다.

2) 다음으로 시장을 무기로 하는 중국의 압박으로부터 자유로워지는 길을 찾아야 한다. 한국 수출에서 중국이 차지하는 비중은 2009년 25%대에 진입한 이후 박스권(25% 내외)에서 변동이 지속되고 있다. 더 이상 올라가지도 내려가지도 않는 상황이다. 특히 대중국 수출의 80% 이상을 차지하고 있는 중간재(부품과 산업용 원자재) 수출에서 중국이 차지하는 비중은 28%에 달한다. 반도체 수출의 경우에는 중국 의존도가 47.8%에 달한다. 중국은 자체 공급망을 강화하는 전략(홍색 공급망)을 추구하고 있다. '반외국 제재법' 등을 통해 중국에 적대적인 국가나 기업을 규제할 수 있는 제도적 장치도 강화하고 있다. 고고도미사일방어체계(THAAD) 사태에서 중국이 시장을 무기로 우리를 압박했던 처절한 경험을 가지고 있으며 그 여파가 아직도 지속되고 있다.

중간재 조달에 있어 중국 의존 현상도 심화되고 있다. 우리가 수입하는 중간재의 28.3%가 중국으로부터 수입되고 있다. 최근에는 요소수와 와이어링 하네스 사태를 겪기도 했다. 중간재, 핵심 자원(희토류 등), 철강재, 화학원료를 과도하게 중국에 의존하는 것은 앞으로 우리 경제안보를 위협하는 핵심 리스크의 하나가 될 것이다. 더욱이 중국이 자원안보와 탈탄소화 전략을 추진하는 과정에서 이러한 리스크는 더 커질 것이다. 중국이 우리의 경제안보를 송두리째 뒤흔들 수 있는 구조에 대한 근본적 해결책이 없이는 시장을 무기로 한 중국의 압박으로부터 자유로워질 수 없다.

3) 단기적으로 이러한 구조를 뒤집는 것이 어렵다면 최소한 이 두 가지 고리가 우리에게 압박의 수단으로 사용되지 못하도록 해야 한다. 이러한 현상이 한국만의 문제는 아니다. 따라서 중국에 대한 높은 수출의존도 때문에 중국에 대해 소극적이고 패배주의적인 입장을 취하는 것은 바람직하지 않다. 수출의 40% 이상을 중국에 의존하면서도 중국의 인권 문제 등에 있어 중국과 대립적인 입장을 유지하고 있는 호주가 그 사례가 될 것이다. 기술과 시장이라는 핵심 단어에서 상대적으로 자유로워질 때 운신의 폭이 넓어질 것이다. 일본과 독일 등 기술력을 가진 국가와 그렇지 못한 국가가 미중 경쟁 시기에 취할 수 있는 전략은 달리 나타나고 있다. 우리는 세계화를 통해 협소한 국내 시장의 한계를 극복해 온 국가이다. 해외시장을 잃는다면 우리 경제의 성장동력도 급격히 추락할 것이다. '기술에 기반을 둔 시장'을 확보하는 것이 미중 경쟁에 따른 리스크에서 자유로워지는 길이다. 새로운 성장동력 산업에서 반도체 이상의 글로벌 기술력을 확보하는 데 국가의 명운을 걸어야 하는 이유이다.

대응전략 둘: 미중 경쟁에 대한 대응 원칙 정립

미중 경쟁에 대해 지나치게 우려할 필요는 없지만, 너무 경시하는 것도 경계해야 한다. 미중 경쟁이 야기할 리스크와 우리에게 가져다줄 기회가 무엇인지에 대한 객관적 판단이 필요하고, 이러한 판단에 근거한 대응 전략이 필요하다.

무엇보다도 먼저 미중 경쟁에 대한 우리의 기본 대응 원칙을 정립할 필요가 있다. 그 원칙은 ①국익 우선 및 피해 최소화 ②공정한 시장경제 ③보편적 가치 존중 ④다자주의 등이다. 특히 '미국과 중국의 주장 중 어느 주장이 공평하고 자유로운 무역질서에 기반하고 있는가?'라는 기준에서 판단해야 할 것이다. 미국과 중국 모두 공평하고 자유로운 다자무역 질서를 강조하고 있지만, 그 의미에 많은 차이가 있기 때문이다.

둘째, 정부가 할 일과 기타 경제 주체(기업, 소비자 등)가 할 일을 분명히 구분해야 한다. 예를 들어 화웨이에 대한 제재 조치에 대해 정부가 입장을 정립하기보다는 기업이 스스로 알아서 판단하고 결정하도록 하는 것이 더 바람직할 것이다. 미 상무부가 구체적 제재 조치를 만들면서 결국 삼성전자와 SK하이닉스를 포함해서 다수의 한국 기업들이 화웨이 제재에 동참했다는 사실이 대표적 사례라고 볼 수 있다. 정부가 불필요하게 나설 경우 중국의 보복을 자초할 수 있기 때문이다. 미국의 대중국 제재 참여에 대한 중국의 압박은 해당 기업을 '신뢰할 수 없는 리스트(중국판 Entity List)'로 지정하는 압박을 통해 중국과의 거래를 제한하는 방식이 될 수도 있다. 사드 사태에서 나타난 바와 같이 비공식적인 형태의 한국 기업과 한국에 대한 제재로 이어질 수도 있다.

셋째, 급변하는 미중 관계 속에서 중견 국가에 걸맞은 새로운 통상 전략이 필요해 보인다. 현재 우리는 안보는 한미동맹에 입각해 미국과의 협력을 중시하고, 경제적으로는 중국에 대해 높은 의존도를 유지하고 있는 '안미경중'의 구도를 가지고 있다. 그러나 미중 경쟁이 격화하면서 이러한 구도를 지속시켜 갈 수 있는지에 대한 의문이 일고 있다. 미중 경쟁이 치열해질수록 미국과의 관계 개선이 보다 중요하다는 목소리가 커지고 있다. 이러한 상황에서 현재의 안미경중 전략 이외에도 중국과의 거리두기를 통해 중국의 한국 경제에 대한 영향력을 축소하는 '극중전략(克中戰略)', 중국과의 협력 관계를 확대하는 '중국 편승전략(中國便乘戰略)', 미중 경쟁과 갈등 악화에 대비하여 유럽연합(EU) 등 '제3의 세력(지대)'을 형성하여 새로운 국제질서를 만들어가는 전략 등 다양한 전략이 제시되고 있다. 어떠한 전략이든 '미중 사이에 낀 한국'이 아니라 세계 10대 경제국가에 부합하는 전략을 통해 우리의 위상을 높이려는 노력이 필요하다.

넷째, 한국 경제에 대한 중국의 영향력 지속, 중국 시장의 미래 잠재성 등을 종합적으로 고려한 대중국 전략도 재정립해야 한다. 중국 위험론(또는 중국 위협론)에 함몰되면 중국의 경제적 가치를 홀시할 수 있다. 또한 중국 기회론(또는 중국 부상론) 등 중국을 핑크빛으로만 보아 과도한 편승전략에 함몰된다면 중국의 전략적 도전을 간과할 수 있다. 경제적으로는 우리 기업의 생산기지로서 중국의 가치를 재평가해 볼 필요가 있지만, 시장으로서 중국의 가치도 재평가되어야 한다. 과거 중국 경제가 고속 성장을 구가하던 시대에는 중국 시장의 가치가 확장성에 있었다면, 미중 경쟁시대의 시장으로서 중국의 가치는 경제의 개방성, 투명성, 그리고 우리의 경쟁력과 기술력 등 복합적 요인에 따라 달라질 것이다.

미중 경쟁에도 불구하고 시장으로서 중국의 중요성, 안보 동맹으로서 미국의 중요성에는 큰 변화가 없을 것이다. 다만 한중 경제 관계의 성격이 협력자 관계에서 경쟁자 관계로 빠르게 전환되어 가고 있다는 점에 주목해야 한다. 또한 한반도 상황의 변화에 따라 우리의 안보 측면에서 미국의 전략적 가치도 변화될 가능성도 있다. 미중 전략 경쟁이 한반도의 지정학적 역학 관계를 근본적으로 바꾸는 그런 단계까지 도달하려면 아마도 상당한 시간이 걸릴 것이다. 따라서 '안미경중'의 선택이 불가피하지만, 미중이 충돌하고 있는 다양한 문제에 대해서는 국익의 보호 차원에서 보다 적극적인 목소리를 낼 필요가 있다.

대응 전략 셋: 현안별 입장 정립

미중 경쟁에 대한 우리의 기본 입장을 정하는 것은 쉽지 않다. 그렇다고 전략적 모호성으로 일관하는 것도 바람직하지 않다. 전략적 모호성은 양측 모두로부터 공격받을 소지가 있기 때문이다. 따라서 미중 경쟁의 현안에 따라서는 앞서 언급된 기본 원칙에서 사안별로 대응 원칙과 방향을 정리할 필요가 있다. 그 후에는 우리의 원칙과 입장에 기반을 두고 경쟁의 당사자들인 미국과 중국을 설득하고, 우리의 입장을 관철하려는 외교적인 노력이 반드시 수반되어야 한다.

첫째, 자유무역이라는 기본 원칙에서 중국의 불공정 무역행위 시정과 시장 개방을 위한 현안에서는 미국과 공조할 필요가 있다. 지식재산권 보호, 강제기술 이전, 국유기업, 산업 보조금 문제, 자본시장 개방, 환율제도 개혁 문제 등에 있어서는 중국의 보다 투명하고 개방적인 조치가 이루어질 경우 우리의 대중국 교역과 투자 환경 개선에도 중요한 문제이기 때문이다. 이 외에 환경, 남중국해에서의 항해의 자유 보장에 대해서는 국제사회와의 공조가 필요하다.

둘째, 중국과의 첨단산업 및 기술 분야 협력에 대한 입장도 정립할 필요가 있다. 지금까지 한중 경제 관계는 보완적인 협력자 관계가 강했으나, 점차 경쟁자 관계로 발전해 가고 있다. 더욱이 중국은 우리와 협력적 관계에 있는 반도체 및 첨단 기술 분야에서 자립자강을 중요한 정책 목표로 설정하고 있다. 중국이 추진하고 있는 주요 전략과 정책에 대한 이해 제고와 함께 대응(또는 협력) 전략을 수립해야 한다. 대외경제정책연구원(KIEP)의 연구에 따르면 국내의 중국 전문가들은 신성장동력 산업에서 중국의 추격을 방지하기 위해 미국과의 공급망을 강화해야 한다는 입장을 보였나. 특히 중국이 역점을 두어 추진하고 있는 과학기술 자립자강 전략, 빅데이터 강국 전략, 중국제조 2025, 전략성 신흥산업 육성 전략은 우리가 경계하고 대비해야 하는 핵심 전략으로 평가하고 있다.

2021년 한미 정상회담에서도 "우리는 기후, 글로벌 보건, 5G 및 6G 기술과 반도체를 포함한 신흥기술, 공급망 회복력, 이주 및 개발, 우리의 인적교류에 있어서 새로운 유대를 형성할 것을 약속하였다"고 밝혔다. 글로벌 공급망 구축, 신흥기술 분야에서 미국과의 협력 필요성을 강조한 것으로 풀이된다. 다만 이러한 협력은 정부가 주도한다고 가능한 것은 아니다. 기술패권 경쟁, 네트워크 경쟁 등의 문제에 대해서는 시장의 원칙에 따라 기업 또는 소비자 등 시장 주체의 결정이 중시되어야 한다. 미국의 '청결네트워크'와 중국의 '글로벌 데이터 안전 이니셔티브'의 대응, 지역 영향력 확대 경쟁 현안에 있어서는 일방의 편에 서기보다는 미국 및 중국과의 협력을 동시에 추진해 갈 필요가 있다.

셋째, 중국에 대한 개도국 지위 부여 문제, 국유기업(SOE), 산업보조금 문제 등에 대한 기본 입장을 정립할 필요가 있다. 이러한 문제는 사실상 중국을 타깃으로 하고 있다. 정도의 차이는 있지만 중국의 국가자본주의화 경향에 대한 경계감에 있어서는 미국과 EU가 뜻을 같이 하고 있다. 개도국 지위, 국유기업, 산업보조금 등 선진국과 중국이 첨예하게 대립하고 있는 이슈에 대해 우리의 기본 입장을 정립할 필요가 있다. 미국과의 공조가 필요하며, 특히 세계의 중요한 무역국가의 하나로서 우리도 불공정 무역 관행, 시장 왜곡 등에 반대한다는 확고한 의지를 보일 필요가 있다.

넷째, 아시아태평양지역 내에서 우리의 전략적 가치와 위상을 높이기 위한 노력이 필요하다. 중국은 일대일로 이니셔티브를 통해, 미국은 인도태평양을 통해 지역 내 주도권을 차지하려 하고 있다. 중국의 일대일로 이니셔티브에 있어 한국은 협력 파트너 역할을 담당하고 있지만, 미국이 주도하려 하는 인도태평양 전략에서는 협력자인 동시에 수혜자가 될 수도 있다는 점에서 두 전략과의 협력에 대한 기본적 원칙과 협력 방향을 설정할 필요가 있다.

우리는 그동안 신남방정책을 통해 아태지역과의 협력을 강화해 왔으며, 부분적인 성과도 거둔 것으로 평가되고 있다. 아태지역에서 협력이 우리가 상대적으로 취약했던 인프라 협력의 단계를 넘어서 디지털, 환경, 사이버안보, 공중보건 등 새로운 분야로 확장되고 있다. 우리가 충분한 경쟁력을 갖춘 분야에서 새로운 협력이 이루어지고 있는 것이다. 중국과 미국의 두 전략 추진에 있어 파트너로서 한국의 전략적 가치를 높일 수 있는 기회가 될 것이다. 다만, 우리는 수동적 입장이 아니라 주동적 입장에서 독자적으로 신남방정책의 확장판으로서 새로운 아태지역 협력 전략을 정립할 필요가 있다. 이러한 노력을 통해 우리의 전략이 중국과 미국의 경쟁 속에서 그 빛을 잃지 않도록 해야 한다.

마지막으로 민주, 인권, 강제노동 문제 등 가치와 관련된 문제에 대해서도 입장을 정리할 필요가 있다. 홍콩 민주화, 타이완 문제, 남중국해의 자유 항행 문제, 신장의 강제노동과 인권 문제 등이 그것이다. 2021년 한미 정상회담에서는 "한국과 미국은 국내외에서 민주적 규범, 인권과 법치의 원칙이 지배하는 지역에 대한 비전을 공유하고 있다"고 천명한 바 있다. 또한 "한국과 미국은 규범에 기반한 국제질서를 저해, 불안정 또는 위협하는 모든 행위를 반대한다. 우리는 남중국해 및 여타 지역에서 평화와 안정, 합법적이고 방해받지 않는 항해와 상공 비행의 자유를 포함한 국제법 존중을 유지하기로 약속하였다. 대만해협에서의 평화와 안정 유지의 중요성도 강조하였다. 다원주의와 개인의 자유를 중시하는 민주주의 국가로서, 우리는 국내외에서 인권 및 법치를 증진할 의지를 공유하였다"라고 밝혔다. 기본적 가치에 관한 문제에서 다소 미국과 궤를 같이하는 것처럼 보인다. 그러나 중국은 국가 주권, 영토 주권, 내정 간섭, '하나의 중국' 원칙과 관련된 문제에서는 강력히 반발하고 있다. 따라서 미중이 양보 없이 대립하는 사안들에 대해서는 보다 객관적이고도 중립적 입장에서 한국의 내부적 입장 조율과 준비가 필요해 보인다.

한–대만 관계와
미중 갈등

강준영
한국외국어대 국제지역대학원 교수

한–대만 관계 무엇을 봐야 하나?

2022년은 한중 수교 30주년을 맞는 해이자 한–대만 간 단교도 30년을 맞는다. 한국은 사회주의 중국, 중화인민공화국이 수립 전까지는 쑨원(孫文) 선생이 건국한 중화민국(中華民國)과 한중 관계를 유지했었다. 중화민국 정부는 1919년 3·1운동이 발발하자 한국의 독립투사들이 그해 4월 13일 상하이에 대한민국 임시정부를 수립하는 데 지원을 했다.

상하이 임시정부 수립은 중국인들에게 항일(抗日)사상을 고취시켰고, 쑨원의 호법(護法)정부는 임시정부 승인을 약속하기도 했다. 1928년 국민당을 장악한 장제스(蔣介石) 정부는 재중 독립운동 세력과 항일 협력 관계 구축을 도모하게 되었다. 특히 1932년 일본이 만주국(滿洲國)을 세워 중국 침략을 본격화하자 대한민국 임시정부에 대한 지원을 강화했다. 무려 27년간 임시정부 요인들의 생활비는 물론 황포군관학교(黃浦軍官學校)에서 군사훈련까지 지원했음은 주지의 사실이다.

물론 장제스 정부는 사회주의 계열 세력의 조선혁명군 설립을 인정하지 않으면서 김구 선생이 주도한 한국광복군 수립을 지원하는 이중전략으로 공산당과의 세력 경쟁을 도모하기도 하였다. 끝내 임시정부를 정식으로 승인하지는 않았지만, 오늘날 대한민국의 법통을 잇는 대한민국 임시정부는 중화민국 정부의 지원하에 명맥을 유지했음을 부정할 수는 없다. 이 중화민국 국민당 정부는 결국 마오쩌둥(毛澤東) 공산당과의 투쟁에서 패해 대만으로 패퇴했고, 한국은 1992년 8월 중화인민공화국과 수교 전까지 자유중국, 즉 대만과 양자 관계를 설정하게 되었다.

중화민국, 즉 자유중국과 한국은 정부 수립 전인 1948년 8월 13일 수교를 맺고 상호 공관을 설치했으며, 1949년에는 장제스 대만 총통이 한국을 방문하고 1953년과 1966년에는 각각 이승만·박정희 전 대통령이 대만을 방문해 정상회담을 하는 등 긴밀한 관계를 유지했다.

그러나 중화인민공화국이 중화민국의 법통 지위를 계승해 1971년 유엔 안전보장이사회 상임이사국으로 복귀하고, 1973년 일본과, 1979년 미국과 수교하는 등 냉전 체제가 해체되는 주변 정세의 변화 속에서 한국도 중국과의 관계 개선을 희망하게 되었다. 냉엄한 국제관계의 현실에서 한국 역시 1992년 8월 23일 대만과 단교하면서 다음 날 중화인민공화국을 중국의 유일 합법정부로 승인했다. 국교가 단절된 한국과 대만은 이듬해인 1993년 7월, 호혜 평등 원칙하에 서울과 타이베이에 '주한국 타이베이대표부' 및 '주타이베이 한국대표부'를 설치해 영사 업무를 비롯하여 경제 및 홍보 문화 학술 분야의 협력 관계를 회복하게 되었다.

그러나 대만과 우리나라는 일본 식민 통치를 벗어난 후 짧은 기간 내에 민주주의와 경제 발전을 이룩했으며 동일한 유교문화권으로 가치 공유 면이 넓다는 공통점이 있다. 또 세계적 문화 아이콘으로 성장한 한류의 진원지이기도 하다. 인구 2300만 명에 6300억 달러가 넘는 교역량, 국민소득 3만2000달러, 세계적인 반도체 업체 TSMC와 애플의 전 품목을 위탁생산하는 팍스콘 등 세계적 기업을 보유한 국제경제 강자다. 이를 반영하듯 2021년 상반기 기준 한국과 대만은 상호 5위의 교역 상대국으로 호주와 전 아프리카 대륙을 합친 교역량보다노 높은 약 386.4억 달러의 교역량을 보이고 있다. 비록 작년과 올해, 코로나19에 따른 이동 제한으로 타격을 입었지만 2019년에는 250만 명이 서로 왕래하는 등 인적 교류도 활발하다.

중국과 수교하는 모든 국가는 중국을 유일한 합법정부로 승인하고 대만과 단교해야 한다. 때문에 각국은 중국과의 수교를 위해 대만과 단교하게 되었고, 국제적으로 대만을 인정하는 국가가 15개밖에 없을 만큼 국제사회의 미아(迷兒) 같은 존재가 되었다. 그럼에도 한-대만 관계는 부족하지만 실질적 관계를 유지해 왔으며, 이러한 교류와 발전은 단교 30년의 아픔을 극복하고 양자 관계의 새로운 시대를 여는 훌륭한 기초가 될 수 있다.

한-대만 관계의 새로운 변수-미중 갈등

한국과 대만이 새로운 관계를 정립하는 데는 복합적 요소가 작용한다. 한-대만 양자 관계도 있지만 중국과 대만 관계를 지칭하는 양안 관계의 추세, 그리고 대만의 후견인을 자처하는 미국과 대만이 분할할 수 없는 자국의 영토임을 주장하는 중국 간의 갈등이 자리 잡고 있다.

최근 미중 전략 경쟁 색채가 더 강해지면서 대만이 '핫스팟'이 되면서 양안 간 긴장이 증폭되는 중이다. 미국이 인도태평양 전략 안에서 의도적으로 대만에 역할을 부여해 중국을 자극하고 대만을 둘러싼 미중 간 힘 겨루기가 또 다른 불씨도 낳고 있기 때문이다. 특히 대중국 안보체인 오커스(AUKUS)를 주도하는 미국은 2021년 9월 미-호주 외교·국방장관 '2+2회담(AUSMIN)' 직후 공동회견에서 미국과 호주가 대만을 중요한 파트너(Critical Partner)라고 언급하며 관계 강화에 나설 의사가 있다고 밝히는 등 대만의 전략적 지위를 지속적으로 제고시키는 중이다.

이는 대만이 전략적으로 매우 중요하기 때문이다. 대만은 지리적으로 동북아와 동남아의 경계에 위치한 도서 지역으로, 역내 주요국들의 해상교통로(SLOC)의 일부다. 중국을 포함한 역내 국가뿐만 아니라 미국의 이익과도 연계돼 있고, '대만 유사(사태)'는 중국군 현대화의 추동 요인일 뿐만 아니라 '반(反)접근(Anti-Access) 전략'의 주요 대상이다. 미국의 역내 전진 기지 유지, 운용 및 자유로운 항해권 확보를 통해 역내 안정 및 미국의 우월적 지위를 보장할 방안이 필요하기 때문에 대만 해협은 미국의 중점 지역이다. 특히 트럼프 시기인 2019년 6월 발표한 〈인도태평양 전략보고서〉는 대만을 '중화민국'으로 표시하면서 동아시아의 안정과 안보에 대한 미국의 공약(Commitment)을 집행하는 시험대로 활용하려는 내용이 들어 있다. 중국 인민해방군은 대만을 무력으로 점령하려는 야욕을 버리지 않고 있다면서 미국은 대만이 충분한 자위력을 갖추기 위해 필요한 모든 군사적 지원을 다해야 한다고 명시했다.

바이든 행정부의 대만 중시는 트럼프 행정부 시대보다 대만에 대한 전략적 명료성(Clarity)이 강화되는 모양새를 보인다. 특히 대중 견제에 초점을 맞춘 '2021 전략경쟁 법안(Strategic Competition Act of 2021)'은 대만의 역할을 필수적으로 명시하고 있으며, 대만으로의 무기·방어 기술 이전을 권고하는 내용도 포함돼 있다. 이는 중국이 제시하는 도전을 선제적으로 제어하는 데 대한 대만의 중요성을 우선 고려하는 것이기도 하다. 게다가 조 바이든 대통령은 2021년 10월 27일 CNN과의 인터뷰에서 중국이 대만을 공격하면 방어할 것이냐는 질문에 '그렇게 해야 할 약속'이 있다면서 대만 방어를 기정사실화했다. 미국은 대만에 중국 견제에 중요한 역할을 담당시키기 위해 대만과의 관계 강화와 대만과 아태지역 동맹국들과 관계를 확대시키려 한다. 이는 양안 현상 유지가 미국의 이익에 부합하고, 대만과 공유하는 공동이익(Common Interest)이기 때문이다.

반면 중국의 대대만 정책의 근간은 '하나의 중국 원칙' 고수, 일국양제(一國兩制·한 국가 두 체제) 통일 방침, 그리고 미국을 지칭하는 외세 개입과 대만의 독립 선포나 이에 준하는 행위에 대한 '비평화적 수단' 사용 및 대만의 국제 활동 공간 제약 및 경제 교류 강화를 통한 대만의 중국 종속성 확대에 초점을 맞추고 있다. 중국에 대만은 '위대한 중화'를 완성하는 마지막 방점이며, 지도자의 역량이 시험받는 중요한 문제다. 2019년 6월 중국 국방백서는 대만에 대해 군사적 압박을 강화하는 것이 중국의 공식 정책임을 적시하면서 '하나의 중국' 원칙 고수는 시진핑 체제의 대대만 정책의 마지노선임을 재천명했다. 2021년 10월 9일, 신해혁명(辛亥革命) 110주년 기념식에서도 시진핑은 조국 통일 완수를 천명했다. 중국에 대만은 영토 문제가 아니라 '통일 문제'다. 중화인민공화국 건국 100주년이 되는 2049년에 세계 1위의 경제·군사 대국이 되겠다는 중국몽(中國夢)을 달성하려면 대만 통일은 필수적이기 때문이다.

중국은 미국이 약속을 깨고 '하나의 중국 원칙'을 인정하지 않고 있다고 비판한다. 2021년 11월 16일 화상으로 열린 미중 간 첫 번째 정상회담에서 바이든 대통령은 '하나의 중국' 원칙 인정을 다시 밝혔다. 그러나 이는 바이든 대통령이 미국은 어느 일방이 현 양안 관계 현상을 변화시키는 데 반대한다는 기존의 입장을 전제로 '하나의 중국' 원칙을 존중한다는 전통적인 미국의 양안 정책을 재확인한 것에 불과하다. 표면적으로는 대만 문제에 대한 중국의 입장을 지지하지만 실질적으로는 대만에 공간을 확보해 주면서 대만에 대한 무기 판매 등 경제적 실익도 확보하고 중국을 견제하는 이중적인 외교 전술이다. 트럼프 행정부 시기에 총 11건, 약 183억 달러 규모의 무기를 대만에 판매한 미국은 바이든 행정부가 들어선 2021년 8월에도 7.5억 달러에 달하는 무기를 판매했다. 이번에는 한술 더 떠 미 공화당 상원의원들이 11월 4일 2032년까지 매년 20억 달러의 보조금과 차관을 대만에 제공해 미국산 무기와 장비를 구매하도록 하는 내용을 담은 '대만 전쟁 억제법(Taiwan Deterrence Act)'을 발의했다. 대만이 방어역량 구축에 필요한 군사 조달 자금을 지원하는 방식인데 이는 미국의 이스라엘 접근 방식과 유사하다.

이러한 상황에서 탈중국화를 추진하고 있는 대만의 민진당 차이잉원(蔡英文) 정부는 미국의 대중 전략에 편승하는 전략을 펼치면서 내부 불안을 잠재우기 위해 미국에 강력한 구원의 손길을 요구하고 있다. 차이 총통은 10월 10일 중화민국 쌍십절(雙十節) 110주년 행사에서 대만은 중국에 종속되지 않았으며 대만의 미래는 대만인이 결정한다는 기존의 입장을 재확인했다. 포린 어페어스(Foreign Affairs) 기고문에서는 대만의 민주주의가 위협받는다면 스스로를 방어하기 위해 무슨 일이든 할 것이라는 강경 대응 기조를 밝혔다. 미국의 대만 방어 지원을 진심으로 믿고 있으며, 미군이 대만을 돕기 위해 대만에 주둔하고 있다는 사실을 이례적으로 확인하기도 하는 등 미국을 등에 업고 일단 중국과 강 대 강 대치를 하는 중이다.

현재는 미국의 지속적인 대만 우호 조치에 중국이 대만 방공식별구역 진입이나 해상 훈련 등 군사적 반발로 대만을 자극하고 다시 미국과 중국이 연쇄 맞대응하는 것이 뉴노멀이 된 상황이다. 때문에 당장은 아니더라도 양안 간 군사 충돌의 위험성이 급격히 대두되고 있으며, 급기야 중국의 대만 침공 가능성이라는 최후·최악의 결과를 상정시키기에 이르렀다.

양안의 무력 충돌은 가능한가?

대만 문제는 미중 관계와 긴밀하게 연동돼 있어 미중 관계의 향배가 대만 문제의 변화 범위와 내용을 규정한다고 해도 과언이 아니다. 미중 관계의 격화, 대만의 전략 가치를 이용해 중국을 압박하는 미국의 정책은 결국 중국이 타협할 수 없는 핵심 이익으로 주장하는 '하나의 중국'을 건드렸다. 이 때문에 대만 해협에서의 무력 충돌, 엄밀하게 말해 중국의 대만 침공 가능성이 제기되고 국제사회의 이목이 집중되면서 대만 해협이 갑자기 화약고(火藥庫)가 되었다. 사실 군사력 측면에서 대만은 중국에 비교가 되지 않으며 중국의 최근 군비 증강도 추격할 방법이 없는 절대 열세에 있다. 중국은 '육전 일체(六戰一體)', 화력 등을 활용하여 48시간 내에 대만의 중요 목표를 무력화하는 화력전, 점혈(點穴)전술, 정밀타격 위주의 목표전 및 입체전과 전자전, 사이버전, 특수전, 심리전을 결합해 3일 내에 대만을 점령할 수 있다고 주장한다. 중국의 대만 침공은 진먼다오(金門島)와 펑후(澎湖)제도, 대만 본토 순서로 진행될 가능성이 높다고 군사 전문가들은 예상하지만 전면전 가능성은 크지 않은 것으로 본다. 일단 전면 침공은 미국의 개입을 부를 수 있고, 지형적으로 대만은 대규모 상륙작전이 용이하지 않다. 또 대만에 경제적 압박을 가하기 위한 해상 봉쇄나 도서 침공 역시 오히려 대만 본섬 침공에 대한 대비 태세를 강화하게 만드는 역효과만 낳게 될 수 있기 때문이다.

물론 대만은 이러한 중국의 공세를 최적의 첨단 무기 및 체계를 구축해 중국에게도 결정적 타격을 입힐 수 있는 '고슴도치' 전략과 미국의 대중 압박에 국제적으로 동참하는 동맹전략을 통해 극복하려 한다. 중국의 3일 점령에 맞서 3일만 버티면 미국의 도움을 받을 수 있다는 주장도 있다. 대만 전문가들은 중국의 군사강국 부상, 정권의 보수화와 군부 세력의 대두, 민족주의 격화로 조국통일 대업 완성을 내세우거나, 중국 내부에 화평 연변(Peaceful Evolution) 조짐이 보일 경우에도 내부 시선 전환을 위해 무력 사용을 감행할 수도 있음을 경고한다.

과연 미국은 끝까지 대만을 도울 생각이 있는지 그 속내를 살펴볼 필요가 있다. 기본적으로 미국의 대만 정책에는 분명한 한계가 존재하기 때문이다. 미국이 애매한 태도를 취하는 '하나의 중국' 원칙은 중국의 유엔 복귀 시 결의사항이며, 국제사회에서 '하나의 중국' 원칙이 기본적으로 유지되는 한 대만의 국제적 지위 격상, 외교영역 확장은 한계에 직면할 수밖에 없다. 특히 미국처럼 '하나의 중국' 원칙을 자기중심적으로 해석할 수 있는 나라가 거의 없는 상황이며, 실제로 미국의 전폭적인 지원에도 불구하고 중국을 의식하는 국제기구나 각국의 입장이 달라 대만의 공적 외교활동(International Space) 확장이 여의치 않음이 여러 예에서 드러나고 있다. 현실적으로 대만의 외교 공간 확대는 미국은 물론 국제사회의 호응이 필요하다.

당연히 대만도 고민이다. 미국의 반중 전략에 계속 편승만 할 수 없는 특수한 현실이 있다. 2020년 대만의 대중국 수출은 1365.4억 달러로 총수출 중 43.8%를 차지했다. 대만 경제를 좌지우지하는 큰손인 중국만 한 교역 및 투자 대상을 찾는 건 불가능하기 때문이다. 대만 내부에서는 지나친 대미 경사가 중국의 대만 압박을 강화시켜 사회 불안과 경제 불안을 야기할 수 있음도 우려한다. 사실 경제적 측면에서 중국도 고민이 있다. 미국의 중국을 배제한 공급망 재편 시도에 시달리는 상황에서 중국이 필요한 고성능 집적회로와 반도체 등의 전자부품을 대만에서 가장 많이 수입하기 때문이다. 때문에 중국은 대미 의존 탈피에 대만 기업의 역할을 강조하기도 한다. 이 상황에서 중국이 조국 통일을 명분으로 대만에 대한 군사행동을 감행하는 것은 실효성이나 시의적 적실성에 부합하지 않는 것으로 보인다.

한국의 입장은?

양안 간의 충돌 등 유사 문제는 일견 우리와 특별한 관련이 없는 것으로 보이지만 직결되는 문제가 있다. 이는 미 의회의 주한 미군사령관 인준 청문회에서 '대만에 대한 중국의 군사 압박이 한국에 어떤 영향을 미칠 것으로 보는가', "중국이 대만 공격에 앞서 주한미군 기지를 공격할 가능성에 대비한 대책은 무엇인가' 등의 질문이 쏟아진 데서도 잘 나타난다. 이는 미군의 '전략적 유연성' 전략과 연관돼 있기 때문이다. 주한미군이 대만 사태로 한반도에서 일부가 이탈할 경우, 대북 경계에 공백이 생기고, 이는 북한의 한국에 대한 군사 공격이라는 오판을 불러일으킬 수도 있다. 과도한 비약이기는 하지만 혹시 미중 간 직접 충돌이 발생하면 한미 동맹에 따른 한국의 지원, 즉 주한미군의 군사작전이 아니더라도 적어도 최소한의 군수 지원이 불가피할 것이며, 이는 중국의 불만을 야기할 수도 있다. 중국과 북한 간의 '중조(中朝) 우호·협조 및 상호 원조에 관한 조약'에 따라 북한이 참전하는 최악의 경우도 전혀 배제할 수 없기 때문이다.

따라서 대만 해협에서의 양안 충돌이나 미중 충돌 등 유사 사태 발생은 한국에 큰 부담이 된다. 중국 역시 한국의 대만 해협 문제 거론에 매우 강경하다. 2021년 5월 21일 열린 한미 정상회담 공동성명에서 '대만 해협의 평화와 안정 유지 강조'라는 문구가 들어가자 중국은 내정 간섭이라며 반발했다. 사실 '대만 해협의 평화와 안전' 조항은 조금 앞선 3월 알래스카 중미 외교수장 회담에서 양제츠(楊潔篪) 공산당 외교 담당 정치국원도 언급한 것이며, 2021년 열린 미일 정상회담, 주요 7개국(G7) 외교·개발 장관회의, 미일 외교·국방장관(2+2) 회의 공동성명에 모두 포함된 문구다. 한국 외교부도 해당 지역의 평화와 안정이 중요하다는 일반론적인 문장이라며 직접 해명에 나섰지만 중국은 반발하고 있다. 한국이 최초로 대만 해협 문제를 언급했고 바이든 행정부와의 첫 한미 정상회담에서 '미사일 지침 해제'나 반도체 등 첨단산업 협력이 제기되면서 한미 동맹 강화 움직임이 보이자 반발하고 나선 것이다. 북한까지 대만 정세는 한반도 정세와 결코 무관하지 않다면서 미중 간 갈등에서 노골적으로 중국 편을 들고 나섰다.

양안 간 무력 충돌은 동아시아의 안전과 평화를 심각히 훼손할 것이며, 한국은 미중 사이에서 곤란한 선택을 강요받게 될 것이 자명하다. 그러나 일단 현실적으로 베이징 겨울 올림픽을 목전에 두고 있는 중국이 미중 관계에 대한 저항적 돌파와 국내적 위기 탈출을 이유로 군사 행동을 하는 것은 무모한 선택이 될 수밖에 없기 때문에 중국의 대만 침공은 쉽지 않을 것이다. 자칫 시진핑 3기 체제를 통해 '중국의 꿈'을 달성하려는 계획에도 차질이 생길 수 있다. 문제는 당장 무력 충돌이나 중국의 대만 침공이 없다고 긴장이 해소되는 게 아니라는 데 있다. 경제적으로도 대만 해협은 우리나라 원유 수송의 70%를 차지하는 중요 수송로이며, 장기적인 미중 갈등과 양안 갈등은 여러모로 한국에 심각한 안보 위기를 초래할 소지가 있다.

일단 한국은 동아시아의 평화와 안정을 지지하는 선언을 주도하면서 한반도 통일 외교의 장기적 관점에서 한중 수교 시 언급한 '하나의 중국' 원칙에 대한 인정은 국가 간의 약속이니 만큼 계속 유지해야 한다. 섣부른 미국 편들기로 스스로의 공간을 제약할 필요는 없다.

반면에 이를 상쇄할 수 있는 레버리지 확보에 있어 대만과의 정치 외적인 관계 강화나 교류 강화는 또 다른 방편이 될 수 있는 것이다. 이제 와서 양측이 단교 당시의 행위가 어찌했다는 것을 논하는 것은 미래지향적이지 않다. 이제는 한-대만 관계를 한 단계 업그레이드하기 위해 무엇을 할 것인가를 고민해야 할 시점이 되었다. 중요한 점은 이제 양안 관계에서 대만이 갖고 있는 상대적 왜소성과 미국의 대(對)대만 지원에 대한 진의 파악, 그리고 양안의 군사적 충돌 가능성까지 염두에 두면서 대만 문제를 바라봐야 한다는 점이다. 여기에 우리의 한미 동맹구조와 한중 협력 관계의 차이에 대한 정확한 이해가 바탕이 되어야 함은 불문가지다.

무엇을 할 것인가?

지난 30년의 한-대만 관계를 회고해 보면 그동안 한국은 지나친 대중국 의식 및 대만에 대한 관심 부족으로 대만의 가치를 제대로 활용하지 못했고, 대만 역시 감정적인 자세를 보임으로써 양자 관계는 많은 어려움을 겪은 것으로 보인다. 30년이 지난 오늘, 대만은 한국 사람들의 뇌리에서 잊혀진 존재가 됐다. 30년간의 아픔을 뒤로하는 새로운 시작이 정부의 의지나 정책 결정에 의해서만 이루어지는 것은 아니기 때문에 국민들의 현실 인식이 보다 중요하다.

최근 갑자기 한국과 대만 관계에 그동안 우리에게는 멀게 느껴졌던 양안 관계와 대만 해협의 평화 문제가 한중, 한미, 한-대만 관계까지 영향을 미치는 새로운 문제로 대두되었다. 그렇지 않아도 '실질적 핵 보유국' 북한 관리도 여의치 않은 상황에서 만약 미국이 동참을 요구하거나, 이에 대응하는 중국의 행동이 어디로 튈지 모르는 복잡한 형국이 예상되기 때문이다.

모든 국가는 자국 이익의 확보를 최우선 순위에 놓고 실천한다. 다자간 군사 안보 분야는 엄밀히 말해 우리 능력 밖에 있는 것도 사실이다. 그러나 이럴 때일수록 다시 한 번 한-대만 관계를 점검할 필요가 있다.

중국을 과도하게 의식해 우리 스스로 위축될 필요는 없다. '하나의 중국'을 인정하면서도 얼마든지 경제 사회문화 방면의 교류 확대를 추진할 수 있기 때문이다. 이는 지나치게 중국을 의식하는 한국의 분위기를 일정 부분 조율하는 의미도 있으며, 한류를 통한 중화권 문화외교 기지 구축의 의미도 크다. 특히 민주주의 증진과 인권 신장이라는 보편적 가치의 실현을 위한 가치 연대에는 우리도 충분한 지분이 있다.

 이와 관련해 좀 더 적극적인 인식 전환이 요구된다. 많은 국가가 최근 대만과의 관계 발전을 도모하는 것은 중국을 무시해서도 아니고 미국의 대중 압박에 동참하기 위한 것도 아닐 것이다. 때문에 우리도 냉정하게 한-대만 과거를 반추하면서 부족했던 부분을 보완할 필요가 있다. 가장 중요한 것은 국내의 대만에 대한 무관심 타파다. 대만 정부 및 언론계 등 사회적 여론 주도층에 대해 한국이 대만과의 관계를 중시한다는 '진정성'을 보여주는 외교도 필요하고, 정계와 기업계·학계·문화·예술·언론계 및 지자체들에 대만의 전략적 가치를 주지시키고 비정치적 분야에서 대만과의 협력 강화 인식을 제고시켜야 한다. 첨단 분야를 둘러싼 경쟁 관계도 있지만 협력 관계도 반드시 존재하게 돼 있는 기업 간 협력 분야도 적극적으로 발굴해야 한다.

 당연히 양측이 모두 노력해야 할 부분도 있다. 정부 차원이든 민간 차원이든 과거사를 가지고 미래의 발목을 잡는 어리석음을 범해서는 안 된다. 한국과 대만은 민주적 정권 교체 경험을 공유하고 있으며, 높은 민도를 지닌 지식계와 학계, 문화계를 보유하고 있다. 감정보다는 이성으로 미래를 공유하는 가치를 찾아내는 지혜를 발휘할 때다.

제4장

한중과 북한

'전략적 공생'으로 진화한 북중

신봉섭
광운대 초빙교수

한중 수교 이후 북중 관계의 변천

1992년 한중 수교 이후 중국은 '2개의 한반도 정책'에 의거해 남북한에 대해 개별적인 유대관계를 유지함으로써 한반도에서의 영향력을 증대하는 전략을 추구해 왔다. 이에 따라 수교 이후 한중 관계는 지속적으로 개선되었지만, 북중 관계는 냉각과 회복을 반복했다. 탈냉전 이후 북중 관계는 동맹이 무력화되고 북핵 문제를 둘러싼 갈등과 협력이 기본적인 동력으로 작용한다.

1) 냉각기(1991~1999년): 동맹의 형해화

중국은 한중 수교에 앞서 북한을 배려하려는 전략적 소통에 무진 애를 썼다. 리펑(李鵬) 총리, 양상쿤(楊尙昆) 국가주석, 첸치천(錢其琛) 외교부장, 양바이빙(楊白氷) 군 총정치부 주임 등이 수교 직전 연이어 방북했다. 하지만 북한의 외교적 고립과 중국에 대한 반감은 매우 컸고, 장기간 정례적인 고위급 교류가 거의 단절됐다. 1994년 7월 김일성 사망과 이어지는 경제난은 북한에 더욱 절박한 체제 생존의 위기로 다가왔다. 이에 따라 북한 대외관계의 중심은 중국에서 미국으로 이동했다. 북한은 체제 보장을 핵무기에 의지하려 했고, 미국과의 관계 개선을 통해 당면한 위기를 극복하고자 했다. 이로 인해 북중 관계는 오랜 냉각기에 빠져들었고 기존의 이데올로기 연대 및 동맹 관계가 사실상 해체되어 각자의 국익을 우선하는 관계로 바뀌었다. 이로써 북중 동맹은 조약의 유효성 여부에 관계없이 실질적 효력이 무력화되었다.

1993년 북한의 핵확산금지조약(NPT) 탈퇴로 시작된 제1차 북핵 위기에서 중국은 한반도 비핵화 원칙을 강조하면서도 북핵 문제 해결에는 방관자 입장을 견지했다. 그 이유는 개혁·개방 노선과 한중 수교 과정에서 허물어진 상호 신뢰 관계 때문에 섣불리 북한에 영향력을 행사했다가 자칫 역효과를 가져올 리스크를 우려했기 때문이다. 이후 중국은 1990년대 중반 잠시 대북한 관계 회복을 시도했다. 1996년 홍수 피해 지원을 요청하려 방중한 홍성남 부총리에게 중국은 식량과 구호물자 등 경제 지원과 함께 '중조 경제기술교류협정'을 체결하여 5년간 매년 식량 50만 t, 석유 120만 t, 코크스탄 150만 t을 공급하기로 했으며, 그중 절반은 무상원조였다. 같은 해 7월 '중조 우호조약' 35주년에는 뤄간(羅幹) 국무위원 겸 비서장을 단장으로 하는 친선대표단을 평양에 파견하여 양국 관계 회복을 시도했다. 이는 제네바 합의 등 한반도 정세 변화에 따른 영향력 약화를 우려하여 중국이 대북 관여를 강화하려는 움직임이다.

그러나 북한은 동맹 관계를 훼손한 중국에 대한 불신 태도를 거두지 않았다. 북한은 1994년 정전협정 폐기를 선언하고 군사정전위원회를 대체하는 '조선인민군 판문점 대표부'를 설치하면서 중국 인민지원군 대표단을 북한에서 완전히 철수시켰다. 1996년 한미가 제안한 4자회담에 대해서도 북한은 1년 이상 중국 대표의 참여 배제를 요구하며 중국을 견제하는 태도를 보였다. 결국 4자회담은 결렬되고 북중 관계는

북중 고위급 지도자 상호방문(한중 수교~1999년)

시기	북한 측 방중	시기	중국 측 방북
1994. 6.	최광 조선인민군 총참모장	1993. 7.	후진타오(胡錦濤) 정치국 상무위원
1994. 9.	리종옥 국가부주석	1994. 7.	딩관건(丁關根) 정치국원(조문사절)
1996. 5.	홍성남 정무원 부총리	1996. 7.	뤄간(羅幹) 국무위원 겸 비서장
1996. 7.	김윤혁 정무원 부총리	1999. 10.	탕자쉬안(唐家璇) 외교부장
1999. 6.	김영남 최고인민회의 상임위원장		

1999년 김영남 최고인민회의 상임위원장이 방중할 때까지 계속 냉각기를 벗어나지 못했다.

2) 협력관계 복원 시기(2000~2011년)

김정일은 1998년 9월 국방위원장 체제를 공식 출범시키면서 유훈통치를 끝내고 대외 행보를 시작했다. 광명성 1호 미사일 시험발사로 인해 제네바 합의가 좌초되면서 북한은 다시 중국으로 눈을 돌렸다. 중국도 미일 신안보협력 가이드라인과 미국의 TMD 추진에 자극을 받아 북한과의 관계 회복 필요성이 커졌다. 김정일 위원장은 2000년 5월 첫 방중에서 남북정상회담 계획을 설명하고 중국의 지지를 얻었다. 이듬해에는 중국을 재차 방문하여 상하이(上海) 발전상을 둘러본 이후 2002년 '7·1 경제관리개선조치'를 발표했다. 이에 대해 중국도 2001년 9월 장쩌민(江澤民) 국가주석이 북한을 답방하면서 "전통계승, 미래지향, 선린우호, 협력강화"라는 대북협력 '16자 방침'을 제시했다. 이로써 북중 관계는 동반자 협력관계로 회복되었다.

이러한 관계 회복은 중국과 북한의 상호 전략 이익과 필요성이 맞물린 결과라고 할 수 있다. 북한은 체제 안전과 경제위기 극복에 중국의 지원이 필요했고, 중국은 북한의 전략적, 지정학적 가치가 여전히 중요했기 때문이다. 하지만 이는 지난 10년간 냉각된 양국 관계를 정상화하여 동반자 관계로 회복했을 뿐, 과거 냉전 시기 순치(脣齒)의 이념 동맹이나 혈맹 관계로 복원된 것은 아니다. 다만 상호 필요에 따라 갈등을 관리하고 협력을 모색하는 방향으로 재정립되었을 뿐이다.

2002년 10월 제2차 북핵 위기가 발생하면서 중국의 북한에 대한 태도는 기존의 방관자에서 중재자로 바뀌었다. 중국은 한반도 비핵화 및 대화와 협상을 통한 평화적 해결을 주장하며 북핵 문제의 유엔 안보리 회부를 반대했고, 반면 북한은 체제 보장과 경제 지원 획득을 위한 카드로 북핵을 활용하면서 중국을 끌어들이는 효과를 거뒀다. 중국은 북핵 문제 해결을 위해 북한과 미국 사이에서 중재자 역할을 자처하며 6자회담을 성사시켰다. 6자회담이 진행되던 2003~2005년 기간 중 중국은 고위인사를 여러 차례 평양에 파견하고 실무 채널을 복원하여 접촉 면과 협력을 확대하기도 했다. 반대로 북한으로서도 중국의 외교적 지지와 함께 경제 지원을 획득함으로써 실익을 챙겼다. 2004년 4월 김정일 위원장의 제3차 방중은 당 대 당 관계를 복원시켰고, 2005년 10월 후진타오 주석의 방북과 이듬해 1월 김정일 위원장의 제4차 방중으로 "세대와 세기를 이어 발전하는 조중 친선" 관계가 구축되는 듯했다.

그러나 2006년 10월 북한의 핵실험 단행 이후 북중 관계는 새로운 갈등이 시작됐다. 중국은 북한의 모험적 행동을 저지하고자 유엔 대북제재결의안(1718호)에 찬성함으로써 북핵문제 대응 방식을 '대화 우선, 제재 반대'에서 '대화와 제재의 병행'으로 전환했다.[1] 이로 인해 북중 관계는 일시 경색되기도 했지만, 2007년 6자회담에서 '2·13 합의'가 이루어지면서 중국의 대북 투자 및 금융거래가 회복되었다. 2009년 제2차 북핵실험에도 불구하고 북중 양국은 수교 60주년 '우호 교류의 해' 교환방문 행사를 통해 상호 전략적 소통과 협력을 강화하기 시작했다. 이를 위해 중국은 같은 해 7월 내부적으로 당중앙 외사영도소

북중 고위급 지도자 상호방문(2000~2011년)

시기	북한 측 방중	시기	중국 측 방북
2000. 3.	백남순 외무상	2000. 10.	츠하오톈(遲浩田) 국방부장
2000. 5.	김정일 국방위원장	2001. 3.	쩡칭훙(曾慶紅) 당 조직부장
2001. 1.	김정일 국방위원장	2001. 7.	장춘윈(姜春雲) 전인대 부위원장
2001. 7.	김윤혁 최고인민회의 서기장	2001. 9.	장쩌민(江澤民) 국가주석
2002. 10.	양형섭 최고인민회의 부위원장	2002. 5.	자칭린(賈慶林) 베이징 당 서기
2003. 4.	조명록 군 총정치국장	2003. 8.	쉬차이허우(徐才厚) 총정치부 주임
2004. 4.	김정일 국방위원장	2003. 10.	오방궈(吳邦國) 전인대 상무위원장
2004. 7.	김일철 인민무력부장	2004. 3.	리자오싱(李肇星) 외교부장
2004. 10.	김영남 최고인민회의 상임위원장	2004. 9.	리창춘(李長春) 정치국 상무위원
2005. 3.	박봉주 내각총리	2005. 7.	후진타오(胡錦濤) 국가주석
2005. 10.	로두철 내각 부총리	2005. 10.	우이(吳儀) 국무원 부총리
2006. 1.	김정일 국방위원장	2006. 4.	차오강촨(曹剛川) 국방부장
2009. 3.	김영일 내각총리	2006. 10.	탕자쉬안(唐家璇) 국무위원
2010. 5.	김정일 국방위원장	2008. 6.	시진핑(習近平) 국가부주석
2010. 8.	김정일 국방위원장	2009. 10.	원자바오(溫家寶) 국무원 총리
2011. 5.	김정일 국방위원장		

---

1 이기현 외 3인(2016), 「한중 수교 이후 북중 관계의 발전: 추세 분석과 평가」, KINU 연구 총서 16-16, p. 29.

조 회의를 개최하여 북핵 이슈와 북한 문제를 분리 대응하는 '이중 접근(Dual-Track Approach)' 원칙을 결정함으로써 대북정책에 중대한 전환을 맞았다. 중국은 경제협력을 강화하여 북한을 관리하려 했다. 양국이 나선 경제무역지대와 황금평 경제특구 공동 개발에 착수한 것은 그러한 경협 강화의 실질적인 진전이다. 중국은 한반도의 중립과 안정을 위해 북핵 문제에 적극 관여하고, 북한 체제 유지를 위한 경제 지원과 영향력 확대에 주력하는 태도를 보였다.

중국은 2010년 천안함 피격과 연평도 포격에도 불구하고 오히려 북한을 비호하는 한편, 그해 5월에는 김정일 위원장을 방중 초청하여 고위층 교류 지속, 전략적 소통 강화, 경제무역협력 심화, 인문 교류 확대, 국제·지역 협력 강화의 5개항에 합의했다. 또한 2011년 김정일의 마지막 방중에서는 정치적 경험 교류와 전략 대화에 합의함으로써 양국 관계의 전략적 협력 수준을 한중 수교 이후 최고 단계까지 끌어올렸다. 하지만 그럼에도 이 단계의 북중 관계는 이념적 공감대나 당 대 당의 전통을 강조하는 사회주의 특수 관계보다는 각자의 국익에 기반을 둔 전략적 협력 관계라는 평가[2]가 타당해 보인다.

3) 신형전략관계 재조정 시기(2012~2021년)

2011년 12월 김정일 사망으로 권력을 승계한 김정은 체제는 2012년 말까지는 과도기로서 잠정적으로 대중국 유화 정책을 구사했다. 이 시기는 북중 교역이 활성화되고 경제원조와 대북 투자가 가장 활발하여 양국 간 정치·안보 유대가 원활하게 이어지는 듯했다. 그러나 2012년

11월 시진핑이 중국의 최고 지도자로 등극한 지 얼마 되지 않아 북한이 장거리 탄도미사일 시험발사 및 이듬해 2월 제3차 핵실험을 강행하면서 우호 관계는 파행을 맞기 시작했다. 또한 2013년 12월 양국 고위층 간 연결고리 역할을 했던 장성택까지 처형되면서 양국 간 신뢰 관계가 크게 손상되었다.

2012년 말부터 2018년 3월 김정은 위원장의 전격 방중에 이르기까지 북중 관계는 갈등과 냉각의 연속이었다. 2012년 12월 장거리 탄도미사일 발사에 대한 유엔 제재 결의안 제2087호를 시작으로 3차 핵실험에 따른 결의안 2094호가 연이어 채택됐다. 시진핑 주석의 노기는 매우 컸다. 2013년 5월 김정은의 친서를 들고 중국을 방문한 최룡해 총정치국장은 귀국 항공편 출발시간을 연기해 가면서 군복을 인민복으로 갈아입은 후에야 시진핑과의 면담이 성사되는 수모를 당했다. 이어서 2014년 7월 시진핑 주석은 북한보다 먼저 한국을 방문하는 파격으로 불편한 심기를 드러냈다. 2016년 세4차 핵실험 이후에는 '맞춤형 제재'에서 '포괄적 제재'로 강화되고,[3] 연이은 핵과 미사일 실험에 대해 총 6회의 추가 대북제재 결의안이 채택됐다. 중국은 유엔 제재 결의에 찬성과 함께 대북제재 이행을 위한 구체적인 조치의 강도를 높여 나갔다. 이에 대해 북한은 강하게 반발했다. 중국의 유엔 결의안 동참에 대

---

[2] 이기현 외 3인(2016), p. 32.
[3] 서보혁 외 4인(2018), 「대북 제재 현황과 완화 전망」, KINU 정책연구시리즈 18-03, pp. 29-30.

해 "비열한 처사, 용기와 책임감 없는 겁쟁이"라고 비난을 했고, 9·19 공동성명 폐기와 정전협정 백지화 선언, 그리고 6자회담 체제 완전 중단에 이르렀다. 이 시기는 북중 양국이 각자의 전략적 이해관계 상충에 따른 갈등 속에서 상호 협력의 수준을 재조정하는 단계라고 할 수 있다.

그런데 이러한 대중국 긴장 관계는 북한이 핵무기 보유국이라는 목표 달성을 위해 의도적으로 조성했다고 할 수 있다. 김정은의 핵개발 목적은 과거 김정일 시기의 '핵-안보 교환'을 위한 위기 조성이 아니라, 실질적인 핵 억지력을 강화하는 방향으로 전면 수정되었기 때문이다. 다시 말해 김정은 시기에 와서 안보 전략이 '핵-경제 병진'으로 전환되면서 핵무기는 더 이상 체제 안전 보장을 위한 교환의 대상이 아니라 보유 그 자체가 목표로 바뀌었다. 또한 독자 방위 능력을 바탕으로 경제 발전도 꾀하겠다는 의지를 보였다. 그래서 김정은의 외교정책은 김정일 시기 경제난 극복과 체제 생존이라는 방어적인 대외정책에서 벗어나, 당당한 핵보유국으로서 미국과 관계 정상화를 목표로 하는 큰 그림을 겨냥하고 있었다. 이와 같은 북중 간 전략적 이해 상충 구조 속에서 북한의 핵실험 강행과 미사일 도발은 중국에 대해 대북정책 조정을 압박했고, 중국은 경제제재 압박의 단계적인 강화로 응수했다. 이에 따라 2011년 김정일 시기에 회복한 북중 전략적 소통은 무력화되고, 6년간 양국 정상회담이 단 한 차례도 없었다. 북중 관계의 변화 측면에서 보면, 한중 수교 이후 8년의 냉각기에 버금가는 제2의 냉각기였다고 할 수 있다.

북중 고위급 지도자 상호방문(2012~2021년)

시기	북한 측 방중	시기	중국 측 방북
2012. 7.	리명수 인민보안부장	2012. 8.	왕자루이(王家瑞) 대외연락부장
2012. 8.	장성택 당 행정부장	2012. 11.	리젠궈(李建國) 전국인대 부위원장
2013. 5.	최룡해 군 총정치국장	2013. 7.	리위안차오(李源潮) 국가부주석
2015. 9.	최룡해 당 비서 (전승절 행사 참가)	2015. 10.	류윈산(劉雲山) 정치국 상무위원
2016. 5.	리수용 당중앙위 부위원장	2017. 11.	쑹타오(宋濤) 대외연락부장(특사)
2018. 3.	김정은 국무위원장	2018. 4.	쑹타오 대외연락부장
2018. 5.	김정은 국무위원장(大連)	2018. 5.	왕이(王毅) 외교부장
2018. 5.	박태성 당중앙위 부위원장	2018. 9.	리잔수(栗戰書) 전국인대 상무위원장
2019. 1.	김정은 국무위원장	2019. 6.	시진핑(習近平) 국가주석
2019. 8.	김수길 군 총정치국장	2019. 9.	왕이(王毅) 외교부장
		2019. 10.	먀오화(苗華) 군 정치공작부 주임

그 후 2018년 김정은 국무위원장이 전격적으로 남북 및 북미 회담에 나서면서 이듬해까지 네 차례 방중을 결행했다. 김정은은 그동안 대미 편승과 대중국 거부를 통해 현상타파를 시도했지만, 결국 트럼프 외교의 벽을 넘지 못하고 중국과의 관계를 재정립하는 쪽으로 방향을 바꾼

것이다. 결국, 김정은의 방중은 새로운 한반도 질서 구축의 협상무대에서 다층적 힘겨루기를 앞두고 지렛대 점검과 보강을 위한 행보다. 이 같은 방향 전환은 그동안 추구해 왔던 핵과 미사일 개발에서 소기의 목표를 이미 달성했다는 자신감의 표출인 셈이다. 그리고 급박한 한반도 안보 환경의 변화에 따라 21세기 책임 강국을 지향하는 시진핑 정권과 핵보유 기정사실화를 추구하는 김정은 정권 사이에 상호 전략적 이익 균형의 재조정 필요성이 부각된 때문이다.

2020년 1월 이후 코로나19 팬데믹에 따른 북중 국경 봉쇄 속에서 양국 간 인적교류가 전면 중단되고 있음에도 현재 북중 관계는 외견상 밀착된 협력 관계를 유지하는 모습을 보이고 있다. 최근에도 북한은 미중 갈등에서 노골적인 '중국 편들기'에 나서고 있고, 주요 계기 때마다 김정은-시진핑 간 친서와 축전을 교환하며 밀착 행보를 과시한다. 하지만 실질적인 관계 강화 측면에서는 가시적인 실적이 보이지 않는다. 김정은으로서는 미국과의 비핵화 협상을 지렛대로 삼아 중국을 견인하는 성동격서(聲東擊西)식 양동작전을 전개함으로써 중국으로부터 큰 선물보따리를 기대했으나, 실질적으로 얻은 경제 지원은 기대에 미치지 못했다. 북중 관계는 그 많은 화려한 수사(Rhetoric)에도 불구하고 실제적으로는 '전략적 협력 관계' 정도의 수준을 넘지 못한다고 할 수 있다.[4]

북중 관계의 성격 변화와 전략적 공생

중국이 북한과의 외교 관계를 지칭하는 공식 호칭인 '전통적 우호협력 관계'는 1991년 9월 북한 정권 창건 기념일 축전에 처음 등장했다. 그 이전까지 중국 정부는 '공동의 투쟁 속에서 맺어진 중-조 친선'이라는 표현을 주로 사용했으며, 각종 축전에서도 '순치(脣齒) 관계'를 강조했었다. 이후 중국 외교부 공식 홈페이지에서는 북중 관계에 더 이상 동맹이란 표현을 사용하지 않고 있다.

이와 같은 호칭 변경의 배경에는 중국 내부적으로 북중 관계의 성격을 재조정하는 정책적 검토가 있었을 것으로 보인다. 1991년 5월 리펑 총리가 남북한 유엔 동시 가입을 권유하기 위해 방북했을 때 중국은 북한과의 무역결제 방식을 사회주의 국가 간 우대교역에서 경화 결제 방식으로 변경하겠다는 방침을 북한 측에 정식 통보했다. 그리고 이듬해 1월 경화 결제로 전환하는 '중조 경제무역협정'을 성식 체결했다. 이는 단순히 교역 방식의 국제기준 적용이라는 차원을 넘어 북중 동맹의 특혜를 취소한다는 것을 의미한다. 다시 말해 이 시점을 전후하여 중국은 북한과의 동맹관계 재조정을 시도했던 것이다. 그 대안으로 과거의 전통적 우의를 이어간다는 추상적인 '전통적 우호협력' 개념으로 새롭게 성격을 규정하고 있지만, 사실상 북중 동맹의 구속력은 이로부터 무력화되었다고 할 수 있다.

---

4 김흥규(2013), "중국의 동반자외교와 한중 관계," 『중국 신외교전략과 당면한 이슈들』 서울: 오름, pp. 35-37.

북중 관계 성격의 역사적 변천 개념도

단계	기간	주요 내용
이데올로기 전략 동맹	1949~1960	• 1950. 10. 한국전쟁 참전(抗美援朝) • 1953. 11. '경제문화협력 협정' 체결 • 1957. 抗美 이데올로기 기대 공조
국가 동맹	1961~1990	• 1961. 7. '중조 우호협력 상호원조약' 체결 • 1966~69 문혁시기 갈등 강화 • 1977 이후, 동맹관계 퇴색(동상이몽의 공조)
냉각기 (동맹 형해화)	1991~1999	• 1991. 5. 중북 유대 단절: 무역, 경화 결제로 변경 통보 • 1991. 9. 中, 남·북한 유엔 동시 가입 찬성 • 1992. 8. 한중 수교
동반자 관계	2000~2008	• 1999. 6. 北, 김영남 방중 • 2000. 5. 北, 김정일 방중: 관계 복원 공식화 • 2005. 10. 후진타오 방북, 고위층 왕래와 소통 강조
전략적 관계	2009~2017	• 2009. 3. 후진타오, 김영일 총리에게 '전략적 소통' 첫 거론 • 2010~2011 김정일 3차례 방중 시 전략적 관계 전환 • 2013~2017 전략적 갈등(핵실험 강행↔대북제재 강화)
신형 북중 관계	2018~현재	• 2018. 3. 김정은 첫 방중 및 이후 3차례 추가 방중 • 2019. 6. 시진핑 방북, '전략적 협력과 소통' 강조 • 특별한 전략적 협력 관계 수립

    그런 점에서 북중 관계의 성격은 1950년대 이데올로기 동맹으로 시작하여 1961년 정식 국가 동맹 관계를 공식화했지만, 1970년대 미중 데탕트에서 균열이 시작되어 80년대 중국의 개혁·개방과 시장경제 도입으로 발전 노선의 차이를 드러내다가 1990년대 이르러 동맹이 무력화된 셈이다. 이후 1999년 양국 관계를 회복하여 동반자 관계로 다시 시작했고, 2010년 이후 김정일 위원장의 3차례 집중 방중을 계기로 상호 '정치 소통과 전략대화 개설'에 합의함으로써 양국 관계는 '전략적

관계'로 격상되었다고 평가된다.[5] 그리고 시진핑 정권 시기에 이르러 전략 대화는 중단되고 북핵 실험 강행에 따른 대북제재 갈등을 반복하다가, 2018년 이후 대전환을 통해 현재는 신형 국제 관계의 주변국 외교 원칙에 맞추어 특별한 전략적 협력 관계로 재조정이 이루어진 상황이다. 이처럼 한중 수교 이후 기복이 무쌍했던 북중 관계의 성격을 분석하면 아래 5가지 측면에서 그 특징을 살펴볼 수 있다.

첫째, 북중 관계의 전면적 재조정과 탈동조화(Decoupling) 현상

탈냉전으로 기존의 사회주의 진영 외교 명분이 없어졌기 때문에 양국은 생존이라는 측면에서 정체성의 차이를 드러냈다. 중국은 개혁·개방 노선에 따라 국가 이익의 기준과 국제질서 수용에 중대한 변화가 생겼지만, 북한은 여전히 전통적인 방침을 고수하려 했다. 중국이 사회주의 체제에 시장경제를 접목하는 '중국 특색의 사회주의' 모델을 창출하면서 북한과의 이념적 연대는 무너졌고, 양국 간 신뢰에 균열을 가져왔다. 이에 따라 중국과 북한 사이에는 기존의 동맹 관계기 무색할 만큼 전략적 이해 관계에서 '탈동조화' 현상이 부각되기 시작했다. 동맹 관계의 형해화, 국제 규범에 대한 인식의 차이, 발전 노선의 차별화, 경제원조 방식의 변화, 중국의 대남북한 정책의 균형 추구, 북핵 문제에 대한 입장 대립 등 양국 관계는 전면적인 변화와 재조정을 겪게 되었다.

---

5 신봉섭(2021), 『갈등과 협력의 동반자: 북한과 중국의 전략적 공생』, 파주: 21세기북스, p. 408.

둘째, 양국 관계는 이념적 유대가 아닌 국익 위주의 전략적 선택에 의해 결정

중국은 경제 발전에 유리한 주변 환경 조성을 우선으로 하여 동아시아 지역구도 속에서 대북정책을 결정했지만, 북한은 여전히 안보 우선의 '선군정치' 또는 '핵-경제 병행' 노선을 견지했다. 이러한 전략적 선택의 차이가 새로운 단계로 북중 관계의 전환을 가져왔다. 중국이 사회주의 경제권 붕괴 이후 발 빠르게 북중 교역을 경화 결제 방식으로 전환한 것이 대표적인 국익 중심의 실리적 선택에 해당된다. 또한 과거 양국 최고지도자 사이의 인간적 유대와 공동체 의식이 북중 관계를 묶어주던 시대도 한중 수교와 함께 역사 속으로 사라졌다. 나름대로 북한을 배려하고 김일성을 설득하려 애썼던 덩샤오핑(鄧小平)이 혁명 1세대의 마지막 보루였다. 이후 중국 최고지도자가 북한에 대해 각별한 애정을 보인 흔적은 찾기 어렵다. 자유분방한 장쩌민 주석의 경우는 오히려 북한에 대해 동맹 관계 또는 '자동 개입'을 부정하는 발언도 서슴지 않았다.

셋째, 고위급 정치대화 회복 노력은 전략적 협력과 소통의 부재를 방증

북한은 2000년 5월 김정일 위원장의 첫 방중 시 중국의 강력한 요구로 '통보제도' 부활에 동의했지만,[6] 깊어진 불신 때문에 예전으로 돌아갈 수는 없었다. 중국은 북한의 계속되는 핵실험을 직전에야 일방적인 통보를 받거나 혹은 '패싱'을 당하곤 했다. '우호조약' 제4항에는 '중대 문제 사전 협의, 의사소통' 의무가 규정되어 있지만, 북한은 핵실험을

하면서도 이를 무시했다. 동맹 조약에 구속을 받지 않는다는 의미다. 2011년 김정일 방중 시 후진타오 주석과 '전략적 소통' 기제에 재차 합의를 했고, 이에 의거하여 2011~2012년 당 대 당 전략대화를 베이징과 평양에서 번갈아 개최했지만, 2013년 김계관 제1부상과 장예쑤이(張業遂) 부부장 간 외교부 실무급 전략대화로 격하된 이후 그나마 중단된 바 있다.[7] 제3차 북핵실험과 장성택의 처형이 결정적으로 상호 불신을 가중시켰다. 2018년 3월 김정은 위원장 첫 방중에서도 시진핑 주석은 전략적 의사소통을 또다시 강조했다. 이와 같이 중국 지도부는 북한 고위 인사를 접촉할 때마다 '중대문제 통보, 정치적 소통'을 거론하는데, 이는 역설적으로 북중 사이에 전략적 소통이 제대로 이루어지지 않고 있다는 의미가 된다.

넷째, 중국의 대북정책 16자 방침은 주변국 외교 원칙의 연장선

2001년 9월 평양을 방문한 장쩌민 주석이 처음 제시한 대북정책 '16자 방침'은 기본적으로 전통적 우호 관계를 재개하자는 제안이다. "전통을 계승하고 미래를 지향하며 선린우호 관계 속에 협력을 강화하자(繼承傳統, 面向未來, 睦隣友好, 加強合作)"는 내용에는 동맹관계 회

---

[6] 북중 관계에서 '통보제도'란 국내와 국제 및 지역문제의 공동 관심사를 긴밀히 협의하고 상호 통보하는 제도적 장치를 말한다. 1958년 2월 저우언라이(周恩來) 총리의 방북을 계기로 구축된 양국 지도자 간 의사소통 기제로서, 북한에 주둔하던 중국 인민지원군의 완전 철수를 보완할 핫라인 차원에서 시작됐다. 그 후 1961년 '북중 우호조약' 제4조에 "중요 국제문제 협의" 규정을 명시하고 독자 행동을 통제하는 동맹관리 수단으로 활용했지만, 한중 수교 이후에 '통보 제도'가 무력화되었다.

[7] 신봉섭, 「중국과 북한의 상호 전략적 선택과 대응에 관한 연구」, 한양대 국제학대학원 박사논문(2021.2), p. 203.

복을 위한 어떠한 메시지도 포함되어 있지 않다. 전통적인 우의를 살려서 미래 지향적으로 나가되 이웃국가 차원에서 협력을 강화해 나가자는 취지이다. 다시 말해 붕괴된 북중 관계를 재구축하는 것은 맞지만, 북한을 동맹이 아닌 '주변국 외교'의 대상으로 간주한다는 뜻이다. 중국의 주변국 외교 원칙은 '3린'(睦隣, 安隣, 富隣)과 친(親)·성(誠)·혜(惠)·용(容)으로 치장하고 있지만, 그 실질적인 내용은 상호주의에 의거한 선린·우호와 공영 관계 구축이다.

2005년 10월 후진타오 주석의 방북에서도 중국은 고위층 왕래 지속과 상호 소통 강화 등 4개항 건의를 제시했지만, 여기에도 동맹 회복의 의미는 찾아볼 수 없다. 2018년 이후 다섯 차례 이어진 북중 정상회담에도 '피(血)로 굳어진 우의' 등 냉전을 상징하던 수사법이 동원되고 있지만 이는 레토릭(수사)일 뿐이고, 강조하고자 하는 핵심 키워드는 '지역 안보'와 '평화 안정'이다. 중국이 현재 북중 관계에서 얻고자 하는 목표는 전통적인 동맹관계의 복원이 아니라 현상 유지를 통해 지역안보를 챙기는 데 있다. 이는 곧 주변국과의 안정적인 관계를 관리하려는 전형적인 '주변국 외교'에 다름 아니다.

다섯째, 중국의 대북 정책은 투–트랙 이중적 접근으로 리모델링(재설계) 된 것

2018년 이후 중국의 대북 태도 변화는 한반도 신질서가 태동하려는 움직임을 보였기 때문이다. 다시 말해 '북핵'이 아닌 '북한 문제'가 부각되면서 중국이 적극적인 관여로 태도 변화를 보인 것으로, 이는 지극히 당연하고 예측 가능한 대응이다. 중국은 2009년 당중앙 외사영도

소조회의에서 북핵 이슈와 북한 문제의 분리 대응 방침을 결정한 이 래, 북한 문제 그 자체에 대한 안정적 관리에 집중해 왔다. 중국의 대 북정책 변화는 위기의식 때문이 아니라 필요에 의한 능동적인 행보다. 이러한 전향적인 태도 전환은 미중 전략경쟁에 대비하여 지정전략적 가치가 높은 북한과의 협력을 강화함으로써 향후 전개될 한반도 내 영 향력 경쟁에 대비하기 위한 포석이라고 할 수 있다.[8]

이렇게 회복된 양자 관계는 새로운 북중 관계의 뉴노멀(新常態)로 자리를 잡았다. 이처럼 리모델링을 통해 정착된 북중 관계를 지배하는 내재 논리는 바로 '전략적 공생'이라고 할 수 있다. 중국은 북핵 폐기를 통한 한반도의 안정이 아니라, 한반도 안정을 통한 비핵화에 방점을 두고 있다.[9] 왜냐하면 북핵보다 미국의 한반도 개입을 더 큰 위협으로 간주하기 때문이다. 반면 북한은 항상 중국의 압박에 굴복하지 않고 독자 행보를 견지하면서 불리할 때면 대중국 편승을 모색하는 대응 방 식을 보였다. 그래서 북중 관계는 끊임없는 갈등과 협력의 반복이라는 구조적 특성을 갖는다. 이는 중국의 북한에 대한 위기관리와 북한의 체제 안전 확보 필요성이라는 상호 공동의 이익구조에서 비롯되는 현 상이다. 이처럼 중국과 북한은 핵심 이익이 상호 교차되는 부분을 공 유하고 있고, 그 중첩 공간을 공유하는 방식이 바로 '전략적 공생'이다. 중국은 북한의 핵 및 미사일 개발이 레드라인을 넘지 않는 범위에서

---

8 신봉섭(2021), pp. 145-146.
9 이석·전병곤(2016), 『대북경제재재의 영향력 추정과 실효성 증진방안』, KDI 정책연구시리즈 2016-06, p. 107.

인내와 잠정 묵인으로 대처하고 있다. 북한은 체제 안전을 일정부분 보장받으면서 중국에 한반도 및 동북아의 평화와 안정이라는 안보이익을 제공해 주는 공생 구조가 되는 것이다.

북중 관계 리모델링과 미래 전망

시진핑 주석은 2019년 6월 방북하여 김정은 국무위원장과의 정상회담에서 북중 관계의 '3불변(三不變)' 방침을 재차 강조했다. 북중 우호협력 관계를 공고히 발전시키겠다는 견고한 입장은 불변이고, 양국 인민의 친선과 우의가 불변이며, 사회주의 북한에 대한 지지도 변하지 않을 것이라고 약속했다. 이에 대해 북한도 대중국 접근으로 호응했다. 핵개발을 반대하는 중국에 대해 자주성을 강조하며 '버티기'를 해왔던 북한이 미국과의 하노이 협상에서 실패한 이후 다시 중국에 편승하는 방향으로 리모델링(재설계)을 진행한 것이다. 이에 대해 미국 학자 에번스 리비어(Evans J.R. Revere)도 중국이 북한을 핵보유국으로 전제하고 양국 관계를 재설정했으며, 그 결과로 북중 관계가 다시 정상화(Renormalization)되었다고 평가한다.[10] 이로써 북한은 대중국 관계를 조정→악화→재설계를 거치면서 전통적 우의를 어느 정도 회복했다. 중국의 입장에서는 이를 한반도 신질서에서 배제되는 '주변화'의 위험을 해소하고 대북한 영향력을 회복하는 기회로 활용함으로써 뉴노멀의 '신형 북중 관계'로 정착시킨 셈이다.

따라서 이렇게 회복된 북중 관계를 '밀월' 또는 동맹관계 복귀로 평가하는 것은 맞지 않다. 상호 뿌리 깊은 불신과 대립의 역사적 경험으로 인해 양국 간 잠재적 갈등 기제는 해소되기 어렵다. 리모델링을 거친 북중 관계의 기본은 오히려 전략적 선택에 근거한 이익의 교환이라고 할 수 있다. 본질적으로 양국은 이해관계가 맞아떨어질 때 밀착했을 뿐이며, 재(再)계산된 전략 이익에 따라 움직인다. 최근의 양국 관계는 잠복된 불만과 갈등의 표출을 자제하는 가운데 각자의 국가 이익을 위해 전략적으로 협력하는 행태를 보일 뿐이다. 선택은 필요할 때 하는 것이고, 전략은 선택의 결과이다. 중국과 북한은 국제사회로부터 상대적 고립이라는 동병상련(同病相憐)의 입장에 처해 있기 때문에 이러한 전략적 밀착은 당분간 이어질 것으로 전망된다. 그러나 분명한 것은 전략적 선택이 필요의 산물로서 영원 불변이 아니라는 점이다. 다시 말해 외적 환경이 바뀌면 다시 이익의 균형점을 찾아 재(再)계산이 이루어지고 새로운 전략적 선택을 하게 된다. 이에 따라 북중 간 전통적 우호협력 관계의 변용도 계속될 것이다. 북중 관계에 대한 공식적인 표방은 변함이 없을지라도 현실적인 적용에는 전략적 변화가 뒤따를 것이라는 의미다. 따라서 중국과 북한은 상호 대미 전략 경쟁과 한반도 정세 변화에 대처할 레버리지로서 상대방을 특별한 관리 대상으로 지속 관리를 해 나갈 것이다.

---

10 Evans J.R. Revere, "Lips and teeth: Repairing China-North Korea relations," Brookings Report, November 2019. https://www.brookings.edu/research/lips-and-teeth-repairing-china-north-korea-relations/

2021년은 '중조 우호조약' 60주년이라는 점에서 북중 관계가 새삼 주목을 받기도 했다. 하지만 60주년 기념행사는 기대에 미치지 못했고, 양국 관계의 획기적인 변화나 개선의 흔적을 남기지 못한 채 지나갔다. 시진핑 주석과 김정은 총비서가 7월 11일 상호 축전을 교환하고, 7월 9일 평양에서 최룡해 국무위원회 제1부위원장이 주재하는 기념 연회가 개최되었을 뿐이다. 김정은이 반미 공조 주장이 강한 데 비해 시진핑은 대미 비난보다는 전략적 의사소통과 친선 협조를 강조했다. 양측이 모두 미국과의 대립 갈등에 직면하여 상호 밀착을 과시하면서도 중국은 안정적인 한반도 상황 관리에 방점을 두고 있다는 점에서 서로 전략적 입장 차이를 드러낸다. 다시 말해 중국과 북한이 미국에 대한 대응이라는 협력의 동기를 공유하고 있지만, 현실적으로 '미국 요인'의 구체 활용법은 여전히 동상이몽(同床異夢)이다. 동맹 조약 60주년의 역사적 의미를 감안해 볼 때, 이는 과거 '꺾어지는 해'의 기념행사에 훨씬 못 미치는 수준이다. 물론 코로나19로 인해 상호 고위급 교류가 전면 중단된 탓이지만, 그럼에도 최근 중국이 격화되는 미중 적대적 전략 경쟁 속에서 북한과 동맹 복원을 통한 이념적 재결합을 꾀하고 있다는 일각의 평가는 과도한 해석이며, 근거가 부족하다는 점을 보여준다.

　최근 북중 밀착 추세는 미중 전략 경쟁의 격화와 북미 협상의 장기 교착, 남북관계의 경색 등의 요인이 작용한 전략적 필요성에 따른 결과라고 할 수 있다. 이러한 흐름은 일시적인 현상으로서, 체제 안정을 유지하려는 북한과 한반도 안보이익을 추구하는 중국 사이의 전략적 공생에서 비롯된 것이다. 그런데 전략적인 밀착은 영구적인 것이 아니다. 북한은 당장은 정권의 생존을 위해서 대중국 접근과 의존을 강화할 수 있겠지만, 장기적으로는 전략적 편승과 거부를 선택적으로 병행하는 방향에서 일정한 거리를 유지하며 양국 관계의 수위를 조절해 나갈 것이다.

북한은 재설정될 신(新)안보전략 노선이 정착될 경우, 중국 측 전략적 의도에 부응하여 신형 북중 관계에 동참을 하고 미중 전략 경쟁에서 기본적으로 중국 편을 들겠지만, 중국 경제의 영향권에 완전 편입되거나 정치적으로 종속되지는 않을 것이다. 또한 자율성을 확보할 최소한의 보장 장치로서 핵무장은 절대 내려놓지 않겠다는 의지도 확고해 보인다. 따라서 북중 관계는 앞으로도 갈등과 협력을 반복하면서 전략적 공생 관계를 이어갈 것으로 전망된다. 갈등으로 인한 손실보다 더 큰 공동의 이익이 존재하는 한, 양국 관계는 밀월도 파탄도 아닌 이익의 균형과 공존을 향해 나아갈 것이다.

김정은, 자주와 의존 사이 딜레마[1]

이상만
경남대 극동문제연구소 교수

적대적 북중 관계: '혈맹'과 '불신'

북중 관계의 구조를 이해하는 데 매우 중요한 기본 인식은 중국에 있어서 북한은 어떤 지정학적 가치와 지경학적 가치를 지니는가의 지전략적(Geo-Strategical) 가치문제이다. 다시 말하면 북중 관계에서 표출되는 다양한 이해관계를 '보상과 제재' 그리고 '자주'와 '의존'이라는 시각에서 이해하는 것이 바람직하다. 전자의 시각에서 보면 북한도 대화와 협력의 대상이며 전략적 가치가 있으므로 북한 체제의 존속과 북중 관계 복원은 필요하다는 것이다. 반면 후자의 시각은 북한은 중국에 전략적 부담이며 북중 관계의 한계도 존재하므로 대북제재를 제한적으로 묵인하거나 체제 붕괴를 용인할 수도 있다는 의미이다(이상만·김동찬, 2017).

지난 70년 동안 북중 관계는 위기의 순간마다 굳건한 사회주의 형제라는 동지적 혈맹 관계를 이어왔다. 북중 관계가 보여준 굴곡과 전환의 역사를 토대로 양국 관계를 보는 시각과 인식 그리고 접근법이 보다 냉철하고 객관적이어야 한다. 김일성과 김정일 시기에 북한은 중국을 크게 믿을 수는 없는 우방으로 인식하였으며, 중국의 국익에 따라 자신들을 배신할 수도 있다는 인식이 지배적이었다. 이러한 인식은 북한 정권 탄생 과정, 사회주의 건설 시기 북중 간 견해차, 그리고 한중수교 과정에서 중국이 보여준 이중적 태도 등에 기인한 것이며, 이로 인해 북한은 중국에 대해 비판적 인식하에 독자적인 '자주'와 '주체'의 길을 모색하게 되었다.

반면 중국의 입장에서 보면 북한은 주체사상에 의한 모험적인 행동을 종종 하기 때문에 이러한 행동으로 인해 중국의 국가이익에 부담으로 작용할 것이라는 인식을 하게 되었다. 즉 김정은 집권 후 2017년까지 북한은 중국에 대해 매우 적대적 인식을 가지고 있었다. 따라서 북

---

1   본 글은 한중수교 30주년 위원회의 요청에 의해 필자가 중국 공산당 제19차 당 대회 이후 2017~2021년 국내외에 발표했던 북중 관계 관련 논문과 저서, 보고서 등을 참고하여 독자들의 이해를 제고하기 위해 재구성하여 작성한 것임을 밝혀둔다.

미 정상회담을 시작했던 2018년 이전 북중 관계는 매우 비정상적인 특수한 관계로 북중 양국의 국익이라는 전략적 이해관계에 따라 매우 가변적인 상황이 전개되었다(이상만·이상숙·문대근, 2021).

선즈화(沈志華)는 과거 중국의 대북 기본 입장은 양보와 인내였으며, 특히 '북한은 내 자식'이라는 생각에서 북한이 원하는 것을 제공하려 했던 마오쩌둥(毛澤東)의 태도는 과거 중앙 왕조가 주변 종속국을 대하는 자세와 같은 발상이라고 분석했다. 특수한 북중 관계는 김일성과 마오쩌둥이 만든 것으로 이들 사이에 외교는 없고 내교(內交)만 있었고, 그런 북중 관계는 덩샤오핑(鄧小平) 시대에 사라졌다고 분석한다(沈志华, 2016). 북중 양국이 한국전쟁에서 공통의 이익을 갖고 미국과 대립했을 때는 북중 관계가 좋았지만, 중국이 구소련과 대립하고 미중 관계를 호전시키려 하자 문제가 발생했다. 게다가 한중 수교를 계기로 양국 간의 특수성은 점차 없어졌다.

문제는 최근 북중 관계가 변했다는 것이 객관적 사실이지만 중국이 여전히 과거의 사고방식을 갖고 북한 문제에 대처하고 있다는 것이다. 물론 중국과 북한은 사회주의적 정치 시스템을 운용하는 유사성이 있고, 두 국가 간에는 상당한 동류의식과 연대의식이 깊이 자리 잡고 있는 것도 사실이다. 하지만 이데올로기적 동질성을 상호 인정한다고 하더라도 북중 간에는 지난 수십 년간 두 사회주의 국가 사이에 생각의 차이, 접근법의 차이, 방법론의 차이, 국민에 대한 인식 차이, 국제사회에 대한 인식의 차이 등을 중심으로 점차 간극이 벌어지고 있다. 특히 한국전쟁 당시 '중조사령부의 철도 운영권', '종파 사건에 대한 중국의 개입', '반우파 투쟁과 문화대혁명 당시 김일성 비판', '한중 수교' 등은 북중 양국이 충돌했던 대표적 사례라 할 수 있다.

물론 북중 관계는 표면적이고 일회적인 사건만 가지고 판단할 수 없다. 특히 북한 입장에서는 체제와 정권의 안정, 대미 안전보장, 사회주의 이데올로기 결속, 최소한의 경제적 생명선 확보가 필요하다. 이와 같은 몇 가지 중요한 문제의식으로 인해 북중 관계의 역사는 북한의 '8월 종파사건'이나 중국의 '문화대혁명' 등 각자의 내부적 상황이 궁극적으로 양국 관계에 깊은 영향을 미치기도 하였다(박창희, 2007; 李成日, 2012;2012; 王俊生, 2016).

북한과 중국이 공유하는 특수성의 또 다른 역사적 배경은 일본 제국주의에 대한 공동 항일투쟁과 국공내전에 이르기까지 공산세력의 공동 연대와 공동 투쟁 정신이다. 이는 오늘날 북한과 중국의 국제주의적 연대를 이해하는 데 매우 중요한 역사적 사실이 되었다. 국공내전 시기 북한의 중국 공산당에 대한 지원은 북한에 대해 중국이 일방적인 지원을 해왔다는 인식에 익숙한 우리의 편견과는 아주 다르다(이상만·이상숙·문대근, 2021).

북중 관계 변화: '특수 관계'에서 '정상 관계'로

북중 관계의 특수성과 일반성은 양국 정부가 수립되기 이전부터 시작되었다. 양국 관계는 점차 특수 관계에서 일반 관계로 진화하고 있지만, 북중 관계의 역사적 특수성은 한반도에서 전개되는 북중 간의 전략적 접근에 여전히 중요한 분석 도구로 작용된다. 특수성이란 과거 중국과 북한이 처한 정치·경제적 상황하에서 맺어진 혈맹 또는 형제국의 관계를 말한다. 일반성이란 국가이익을 추구하는 정상 국가 간에 맺어진 국가 관계를 의미하는데 최근에는 북중 관계의 특수성을 언급하기보다는 '정상적 국가 관계'로 양국의 관계를 표현하는 것이 일반화되었다(이태환, 2007).

최근 북중 관계는 혈맹 관계 혹은 전통적 우호 관계라는 과거의 틀에서 점차 벗어나 주권 국가 대 주권 국가 관계로 변화하고 있다. 이러한 변화에는 두 가지 원인이 있다. 하나는 1992년 한중 국교 수립으로 북중 우호 관계가 회복할 수 없는 결정적인 타격을 입었다는 것이다. 다른 하나는 2006년 7월 북한의 미사일 발사 실험과 동년 10월 북한의 핵실험을 기점으로 양국 간에 동맹 관계는 물론 일반적인 우호 관계마저도 사라졌었다(조영남, 2009).

과거 북중 간 전통적 유대 관계를 유지했던 중요한 매개체는 양국 지도자 간의 인적 유대와 이데올로기적 연대였으나 탈냉전기의 도래는 이데올로기적 유대감을 급속히 약화시키는 결정적 계기가 되었다. 이러한 상황에서 1990년 한소 수교에 이은 1992년 한중 수교는 북한에 엄청난 충격이었다. 한중 수교는 중국에 있어서 개혁·개방의 추진을 위해 반드시 거쳐 가야 할 중대한 전환점이었지만 북한 입장에서는 사회주의 형제국을 배신하는 선택이었다. 이는 북한이 상당 기간 동안 선대로부터 내려오는 중국에 대한 불신을 재확인하는 계기가 되었다.

이러한 긴장과 갈등 속에서도 북중 관계는 지난 70년 동안 위기의 순간마다 굳건한 동지적 유대를 이어오고 있다. 지금까지 중국의 북중 관계에 대한 입장을 분류해 보면 혈맹 관계(순망치한), 전통적 선린 우호 관계(중국의 공식적 표현), 전략적 협력 관계, 정상적 국가 관계(최근 중국 정부가 강조) 등으로 나눌 수 있다. 혈맹 관계는 북중 간의 특수한 유대와 지정학적 중요성이 탈냉전 시기에도 절대 변하지 않는다는 사고에 기초한 것이다.

전통적 선린 우호 관계는 탈냉전 시기 중국이 1990년대 중반부터 북중 관계를 지칭할 때 새롭게 사용한 개념이다. 여기서 '전통적'이란 표현은 북한에 대한 특수 표현이라기보다는 과거 사회주의 우방국에 적용되는 개념으로 쿠바, 알바니아, 베트남 등에도 사용하고 있다. 전략적 협력 관계는 북한과 중국이 서로 신뢰하지 않더라도 동북아에서 유지되고 있는 냉전적 구도 속에서 결국 전략적으로 협력해야 한다는 주장이다. 정상적 국가 관계는 국가 이익에 따라 관계를 형성한다는 것이다. 이는 후진타오(胡錦濤) 시기에 제기되었으나, 시진핑(習近平) 시기에 들어서도 2017년 말까지는 이러한 입장이 강조되었고 북한은 이러한 중국의 태도에 크게 반발했었다.

중국의 입장에서 북한은 전략적 부담인가 아니면 전략적 가치인가에 대한 논의는 여전히 진행 중이다. 전략적 부담을 주장하는 논자들은 중국이 신형대국으로 가는 길목에서 북한은 중국에 전략적 문제였다고 인식한다. 반대로 북한의 전략적 가치를 주장하는 학자들은 북한이 한반도에서 강대국 간의 경쟁 관계에서 완충지대 역할을 하고 있으므로 북한 정권은 중국에 대해 전략적인 가치가 있다고 인식한다. 후진타오-김정일 북중 정상회담(2010. 5. 베이징)에서는 북중 관계 발전의 4원칙 즉, ▲고위층 상호 방문 전통 지속 ▲협력 내용이 담긴 교류 영역 확대 ▲경제무역 협력을 통한 공동 발전 모색 ▲적극 협력을 통한 공동 이익 추구 등이 발표됐다. 이 같은 4원칙 발표의 배경에는 북한의 전략적 완충지대로서의 역할 감소로 중국은 북한에 대한 전략적 수정이 필요하며 북중 관계도 정상화되어야 한다는 시각과 중국에 대한 북한의 전략적 가치는 대체 불가이므로 중국은 북한을 포기할 수 없다는 시각을 동시에 포함하고 있다.

시진핑 시기 중국에게 북한의 전략적 가치 평가는 다음과 같이 5가지 유형으로 정리할 수 있다. 첫째, 무조건적인 북한 지지론자들은 북한의 핵무기 개발은 모두 미국의 위협 때문이므로 북한의 핵무기 개발에 대한 권리와 핵무기로 미국에 대항하는 것을 중국은 무조건 지지해야 한다고 주장한다. 둘째, 현실주의적 현상유지론자들은 중국과 국제사회가 북한의 핵 보유를 근본적으로 막을 수 없는 것이 현실이므로, 핵을 보유한 북한이 중국에 적군이 되는 것이 유리할지, 아군이 되는 것이 유리할지를 고려해야 한다고 주장한다. 셋째, 대북 제재론자들은 국제 규범을 위반하는 북한에 대해 어느 정도 압박을 가하는 것은 북한 정권을 관리하기 위해 필요한 조치라고 주장한다. 넷째, 북한 포기론자들은 북한은 중국과 국제사회에 도움을 주지 못하는 불량국가라고 주장한다. 다섯째, 일대일로를 추진하는 자유주의자들은 북한을 무시해야 한다고 주장한다(김흥규, 2016).

이들의 견해들을 종합해보면 어떠한 형태로든지 여전히 중국에서는 북한에 대한 다양한 전략적 가치를 평가하는 경향이 잔존하고 있다. 역사상 중국은 북한을 특별히 중시하고 관리해 왔으며, 지정학적인 전략 가치와 동일한 사회주의 이데올로기를 통해 북한과 특수한 유대 즉, 형제적 혈맹의 관계를 지속해 왔다(沈志华, 2013). 특히 중국은 전통적 특수 관계하에서 항미원조(抗美援朝)를 명분으로 한국전쟁 당시 북한을 지원했는데, 북한이 이러한 특수한 대우와 신뢰 관계를 저버리고 중국과 상의도 않은 채 독자적으로 자국의 이익(핵개발)에 따라 모든 일을 처리했다고 불만을 토로해 왔다.

이러한 상황으로 인해 중국의 북한에 대한 영향력이 감소하고 북중 관계는 역사적 특수 관계에서 정상국가 관계로 변화했었다. 그 결과 북중 관계는 '독립적인 정상국가 관계'이므로 중국이 북한에 대해 그리 커다란 영향력을 발휘할 수 없다는 주장도 등장했다(金灿荣·李昌衡, 2016). 게다가 소련 해체로 인한 냉전 종식과 중국의 개혁·개방 정책 추진으로 90년대 이후 북한은 외부의 지원 없이 생존의 기로에서 벼랑 끝 전술을 구사할 수밖에 없었다. 또한 북한이 대외지원과 자주성을 동시에 확보하려는 목표를 실현하기 위해 채택한 핵개발과 실험, 미사일 발사 등 정권 생존 및 체제 수호 전략은 주변 국가들의 전략적 인내심을 시험하는 위험한 도발이 되었다. 이와 같은 북한의 극단적인 생존 방식은 국제사회의 보편적인 반대에 직면했을 뿐 아니라 중국의 지지조차도 얻어내지 못했다. 더욱이 북한은 중국의 의도대로 개혁·개방을 하지 않고 체제 생존을 위한 독자적인 군사력 증강과 주체경제의 길을 모색했다. 결과적으로 북한의 '핵보유를 통한 안전보장'과 중국의 '한반도 비핵화' 주장은 서로 배치되는 결과를 가져왔다.

중국은 이에 북한과의 관계를 전통적인 우호 관계가 아니라 정상적 국가 관계로 재정립했었다. 북중 관계 중 원래 존재했던 이데올로기적 요소가 명백히 약화되면서, 북중 관계는 정상적 국가 관계로 변화했었다. 중국은 과거와 달리 북한에 대한 불만을 공개적으로 표출할 뿐만 아니라 국제사회의 대북제재에 동참하는 등 강압적인 방법도 동원했다. 북한이 5번(2006, 2009, 2013, 2016년에는 2회)에 걸친 핵실험을 하자 중국은 이를 공개적으로 비난하며 대북 제재를 위한 유엔 안보리 결의안에 찬성했다. 이는 중국이 동맹조약을 맺고 있는 북한에 대해 국제사회에서 공개적으로 강압적 조치에 편승한 사례이다.

실제로 2013년 2월 북한의 3차 핵실험 이후 중국이 바라보는 북한과의 관계는 '일반적 국가 관계'라는 표현을 사용할 정도로 냉각되었다. 북중 관계의 특수성은 지정학적인 환경과 더불어 북한 내 정치 상황 및 역사적 배경을 고려해야 한다. 북중 관계의 모습은 표면적인 우호협력과는 달리 사실상 다양하고 복잡한 긴장과 갈등 속에서 양국 관계는 하나의 모습이 아닌 겉과 속이 다른 이중성을 표출하고 있다. 이와 같은 북중 관계의 이중성은 한국전쟁 이후 '혈맹'이라는 외피의 이면에 북한과 중국 지도부 간의 강한 불신감에서 기인한다고 볼 수 있다.

현재 북중 관계는 정치적 측면에서는 당제 관계에서 국가 간 관계로, 군사적 측면에서는 혈맹에서 우호 협력 관계로, 경제적 측면에서는 비대칭적 상호 의존 관계로 변모하였다(이태환, 2007). 중국은 현재 및 미래 한반도 상황의 불확실성을 통제하는 균형자의 역할을 통해 북한에 대한 전략적 입지를 강화하려고 하며, 한반도 문제의 궁극적 해결보다는 상황의 안정적 관리에 중점을 두고 있다. 북한의 계속되는 도발로 국제사회에서 중국의 운신 폭이 좁아지는 악순환을 피하고, 북중 양자관계에서 북한과의 관계가 최소 예측 가능한 범주에서 통제 가능하도록 하며, 적어도 북한을 정상 국가화하는 것이 중국에는 더욱 중요한 문제이다.

한중 수교 이후 북중: '자주'와 '의존' 투 트랙

김일성 시기 항일전쟁, 국공내전, 한국전쟁 등을 거치면서 공동의 투쟁과 혁명이라는 '신화'로 북중 관계가 태동했다. 중국 대륙이 공산화되고 한국전쟁을 분수령으로 북중 관계는 재소성되었는데 중국은 1953년 7월 정전협정, 1961년 7월 동맹조약을 근거로 한반도 문제에서의 영향력 유지를 지속적으로 시도하고 있다.

1992년 한중 수교를 즈음해 발표된 랴오닝(遼寧)성 보고서는 한중 수교 이후 북중 관계는 국가이익을 두고 대립할 것이므로 '긴장' 상태가 지속될 것으로 분석한 바 있다. 그리고 이 시기 김정일은 덩샤오핑을 수정주의자라고 비난했다. 이처럼 1992년 한중 수교로 북중 관계는 정치적 냉각기(1992~2000년)가 도래해 최악의 상태에 직면했었다.

하지만 중국은 북한의 고난의 행군 시기 물자 지원을 하였고, 6자회담(2000~2006년)을 통해 북중 관계 개선이 가능했다. 북한의 제1차 핵실험(2006년) 후 후진타오 국가주석이 미국과 공조를 통해 대북 제재를 감행하자 중국의 대북한 영향력은 감소하였다. 중국은 이런 불편한 북중 관계를 해소하기 위해 김정은 후계 구도를 지원하고 대북 인프라 투자를 실시하는 등 북한과의 관계 개선(2009~2013년)에 심혈을 기울였다.

그 결과 북한의 2차 핵실험에도 불구하고, 후진타오-시진핑 시기 대북 유화정책은 지속되었다. 2011년 북중 수교 60주년에 원자바오(溫家寶) 총리의 평양 방문, 2012년 8월 왕자루이(王家瑞) 당 대외연락부장의 방북, 동년 11월 리젠궈(李建國) 전국인대 상무위 부위원장의 방북(시진핑 친서 전달), 2013년 5월 최룡해 총정치국장의 방중(김정은 친서 전달), 2015년 류윈산(劉雲山) 정치국 상무위원의 방북 등은 중국이 잠시 북한과 관계 회복의 길을 열겠다는 의지를 보여준 사례들이다. 제3차 북핵실험, 장성택 숙청, 제6차 핵실험, 화성 15호형 발사실험과 역대 최강의 유엔 안보리 대북제재 결의안 채택, 고위급 회담 중단(2013~2017년) 등 사건이 있었지만, 시진핑 정부는 김정은 정권에 대한 경제 지원을 함으로써 북한 체제의 생명선을 연장시켜 주고 반대급부로 대북 영향력을 확대할 수 있었다.

미중 간 전략적 경쟁이 고조되는 상황에서 중국은 확실한 우방이 필요해졌다. 또 중국은 미중 대립에 따른 북한의 전략적 중요성에 의해 역사상 최상의 북중 협력 관계(2018년~현재)를 유지하고 있다. 김정은의 4차례 방중은 북미 정상회담에 앞서 정권 보험 차원에서 이루어졌으나 이는 김정일 사후 북중 관계의 '재정상화'와 '전략적 의사소통'을 극대화하는 계기를 만들었고, 김정은 정권으로서는 대중국 관계를 조정→악화→재설계를 거치면서 전통적 우의를 어느 정도 회복하는 계기가 되었다.

2019년 2월 하노이 합의 불발 이후 비록 미중 간 장기전이 지속되는 상황에서 북중 관계는 더욱 밀착하였고, 북중 간 고위급 및 다양한 인적 교류가 활발히 진행되었다. 시진핑 주석은 2019년 6월 방북하여 북중 관계의 '3불변(三不變)' 방침을 재차 강조했다. 3불변이란 ▲중북 우호 협력 관계를 공고히 발전시키겠다는 견고한 입장은 불변이고 ▲양국 인민의 친선과 우의가 불변이며 ▲사회주의 북한에 대한 지지도 변하지 않을 것 등이다. 북한도 이에 대해 공동의 인식을 가지고 중국에 호응하면서 북중 관계 재정상화(Re-Normalization)를 추진하였다. 김정은의 4차에 걸친 중국 방문의 결과는 북한에 대한 중국의 체제 보장 암시와 경제적 지원이었고, 시진핑 정부는 한반도 문제(평화협정 체결 과정)에서 장기적 영향력을 행사할 수 있는 성과를 얻었다.

전망과 시사점: 북중 전략적 공진화(共進化)

북중 관계는 서로의 이익을 극대화하는 데 맞추어져 있다. 중국은 북한이 중국의 방패막이와 전략적 완충지대가 되는 것이 필요했다. 북한은 중국이 자신의 후견국이 되어 주는 것이 필요해서 북중 간에는 특수한 동맹이 가능했던 것이다(선즈화, 2017). 중국은 북한을 여전히 전략적 완충지(strategic buffer)로서 그 가치를 지니고 있다고 인식한다.

여기서 우리가 주목해야 할 점은 중국이 북한을 동맹국이라서 지원해 왔던 것이 아니라 자신의 국가 이익, 즉 북한이 붕괴하면 자국 안보를 위한 완충지대가 없어지는 것을 우려하기 때문에 지원해 왔다는 점이다. 중국은 북한의 핵실험에 대해서는 징벌적 의미가 있는 제재로 대응하여 불만을 명확히 표시하되, 북한 체제가 불안해질 우려가 있거나 한미일 삼각 협력으로 인한 부담을 약화시키는 차원에서 북한을 지원하는 양방향 대북전략으로 상황을 조절하면서 관리하고 있다.

중국은 현재 및 미래 한반도 상황의 불확실성을 통제하는 균형자의 역할을 통해 북한에 대한 전략적 입지를 강화하고 문제의 궁극적 해결보다는 상황의 안정적 관리에 방점을 찍었다. 비록 북중 관계가 완벽하지는 않지만 북중 관계의 지속 가능한 발전은 미중 패권 경쟁 속에서 중국에게 지정학적 전략자산으로 작용한다. 동북아 지역에서 긴장을 완화하고, 미국에 의한 중국 봉쇄를 돌파하며, 중국의 성장을 담보하는 긍정적 계기도 된다(趙立新, 2017). 중국이 원하는 것은 한반도에서 평화와 안정을 유지함으로써 미중 전략적 경쟁 시기 중국의 경제발전과 현대화 그리고 신형 국제관계의 순조로운 연착륙에 집중을 하는 것이다. 중국의 대한반도 정책 목표가 북한 정권의 유지만을 주장하는 것은 아니다.

김정은 집권 시기에 안보와 경제를 동시에 중국에 의존하게 되면서 북한이 중시하는 가치인 '자주성'이 구조적으로 훼손되었다. 이에 자주와 의존의 딜레마는 더욱 심화될 것이다. 하지만 현실적으로 북한은 정치·외교적으로 중국의 이해와 지지를 확보해야 한다. 안보적으로 중국이라는 안정된 후방이 필요하고, 경제적으로 중국으로부터 더 많은 도움을 얻어내야 한다. 이러한 북한의 총체적인 전략적 이익 때문에 북한은 대외전략에서 중국을 계속 중시하고 있다.

결론적으로 중국이 바라보는 북한은 전략적 이익을 공유하는 공생 관계이며 공진화(共進化)할 가능성의 대상이다. 즉 북한이 중국의 안보이익에 얼마나 많은 공헌을 할 것인가에 대한 평가에 따라 중국이 북한을 관리하는 수위를 결정할 것이다. 중국이 가장 두려워하는 것은 북한 지역에 예기치 않은 사태가 발생하여 동북지역이 곤란에 처하는 것과 이러한 위기를 다른 국가들이 이용하여 중국의 안전에 영향을 주는 것이다(이상만·김동찬, 2017; 王帆, 2020). 이런 이유로 북중 관계는 시기마다 정도의 차이가 있을 뿐, 기본적으로 협력과 갈등의 측면이 병존하며, 양자 관계는 상대국에 대한 전략적 가치 인식에 의해 좌우되고 결정된다.

북한은 '체제 생존'과 '전략적 이익'을 위해 중국과의 공존이 필요하지만 김정은은 중국에 대한 근본적인 불신과 불만을 거둬들인 것은 아니다. 따라서 협력의 틀을 유지하며 적절하게 중국을 관리하려고 한다. 북한은 체제 생존을 위해 미국과 관계 정상화는 물론 중국과의 전략적 협력이 꼭 필요하기 때문에 북중 관계 지향점은 '북한의 체제 안정 유지 및 체제 보장의 후견인 역할'과 '중국의 한반도 지역 영향력 확대를 통한 안보 이익' 간 간극을 조율하고 공유하는 '전략적 공존'의 절충점을 찾아 국가이익의 균형을 유지하는 방향으로 전개될 것이다.

참고문헌

김흥규, '4차 북한 핵실험과 사드의 국제정치', 『통일정책연구』, 제25권 1호, 통일연구원, 2016. 6., p.27.

박창희, '지정학적 이익의 변화와 북중동맹관계: 기원, 발전, 그리고 전망,' 『중소연구』, 제31권 1호, 한양대학교 아태지역연구센터, 2007, pp. 27–55.

이상만·김동찬, '地戰略적 視角에서 본 北·中關係의 持續과 變容에 대한 批判的 研究—金正恩 時期를 中心으로–,' 『한중사회과학연구』, 제15권 제4호, 한중사회과학학회, 2017, p.2., p.14.

이상만(외), 『북중관계: 1945–2020』, 경남대학교 극동문제연구소, 2021,p.34.

이태환, '북중관계,' 세종연구소 북한연구센터 편, 『북한의 대외관계』, 서울: 한울아카데미, 2007, pp. 243–297.

션쯔화, 『최후의 천조: 마오쩌둥 김일성 시대의 중국과 북한』, 도서출판: 선인, 2017, p.39.

조영남, '21세기 중국의 동맹정책,' 『EAI 국가안보패널 연구보고서』, 제32권, 동아시아연구원, 2009, pp. 19–20.

李成日, '中韩建交后中国对朝鲜影响力变化之分析,' 『한국시민윤리학회보』, 제25집 2호, 한국시민윤리학회, 2012, pp.71–76.

王俊生, '中朝 "特殊关系" 的逻辑:复杂战略平衡的产物', 『东北亚论坛』, 2016年01期, pp. 54–59.

沈志华, '中国人在朝鲜流血却未凝成深厚友谊,' 『北京大学国际战略研究简报』, 2013年5月31日.

沈志华, '中朝关系惊天内幕', http://wenku.baidu.com (검색일: 2021. 12. 1.).

王帆, '中国视角:朝核问题现状及解决途径', 『和平与发展』 2020年 第1期, p.10.

金灿荣, 李昌衡, '中朝美韩关系驱动朝核与萨德问题转向', http://www.chinathinktanks.org.cn/content/detail?id=3002195 (검색일: 2021.12.3.)

赵立新, '构建东北亚和平安全机制需要什么样的中朝关系', 『世界知识』, 2015年12期, p.19

중국, 북핵은
대미 전략경쟁의 지렛대

김흥규
아주대 정치외교학과 교수

북중 관계 변화와 북핵

냉전 시기 전통적인 북중 관계 인식은 '동맹'이라는 것이었다. 많은 전문가들조차 북중 관계를 규정하는 '전통적 선린우호' 관계에서 '전통적'이란 표현은 동맹을 의미하는 고유명사로 이해했다. 그러나 실제 중국은 과거 사회주의를 공유했던 국가들과의 일반적인 관계를 '전통적'이라 규정하고 있다. 냉전 시기 북중 특수 관계에 대한 믿음은 한국의 보수 일각에서 여전히 유지되고 있다. 이들 입장에서는 동맹 관계에 있는 중국이 북한의 핵무장을 억제하는 데 소극적이며, 심지어는 암묵적으로 지지할 것이라는 생각을 갖고 있다.

이러한 인식은 냉전 시기 북중 관계가 내재된 불신에도 불구하고 외양적으로는 양측의 전략적인 이해에 따라 혈맹을 강조하였다는 사실과 부합한다. 그러나 21세기 들어 중국의 대외정책을 연구하는 많은 이들은 북중 관계가 동맹으로 치환하기에는 그리 간단치 않다는 것을 발견했다. 김일성이 1956년 소련 유학파와 중국 연안파를 차례로 제거하려 했던 북한의 종파사건 당시 중국은 소련과 연합하여 김일성을 겁박하고, 북한 내정에 간섭한 바 있다. 당시의 경험은 김일성이 추후 주체사상을 추진하는 중요한 계기가 되었다.

북한은 경험적으로 주변 어느 강대국도 신뢰하지 않는다. 동구권 민주화 운동에 소련이 연이어 개입한 것은 이러한 북한의 확신을 강화하였다. 1990년대 사회주의권이 붕괴되던 당시 소련과 중국이 북한의 간청에도 불구하고 한국과 수교를 단행하자 북한은 고립무원이 되었다. 당시 북한은 굴복 대신 핵무장을 본격화해 국제적 고립과 중소의 배신을 극복하려 하였다.

중국의 국가정체성 변화도 북중 관계를 규정하는 데 대단히 중요한 영향을 미쳤다. 중국 내 전략사고의 분화를 보면, 장쩌민(江澤民) 시기까지 중국은 '전통적인 사회주의 대국'이라는 인식이 강했다. 북한은 동일 진영국가로서 중국이 보호해야 한다는 인식이 주류를 형성했다. 후진타오(胡錦濤) 시기 중국은 '발전 중인 대국'이라는 인식으로 국가정체성이 변화했다. 경제 발전을 위해 미국과의 관계를 잘 관리해야 했고, 북한과의 관계도 점차 정상적인 국가 관계로 전환하려 하였다. 다만, 북중 간의 전통적인 진영 인식이 여전히 강하게 남아 있었다. 북핵 문제는 미중 전략적 협력의 주요 사안으로 인식하였다. 지역적인 이해상관자로 규정된 중국은 미국의 위임을 받아 북한 핵문제 해소 노력에도 동참했다. 북핵 해결을 위한 6자회담을 본격적으로 주선하였다. 그러나 북핵 문제는 본질적으로 중국이 주도해 해결할 문제로 치부하지 않았다. 이는 북한의 안보 문제를 해소하기 위한 북미 간의 사안으로 치부되었다.

후진타오 시기 중국이 채택한 실용주의적인 외교 정책은 북중 관계를 정상적인 국가 관계로 전환하려는 노력이 시작되었음을 의미하였다. 이에 따라 중국 내 북한과 북핵에 대한 인식도 크게 다양화되기 시작했다. 북핵 문제의 원인으로 '북한 자체의 전략 이익', '지정학적 원인', '국력 열세', '정전 체제의 문제', '냉전적 인식의 문제' 등 다양한 설들이 제기되었고, 처방도 다양해졌다. 당시 중국의 주류 사고는 북핵 문제를 여전히 냉전의 구조적인 유산으로 판단하고, 냉전 체제의 해소 과정 속에서 해결한다는 원칙을 유지하는 것으로 보인다. 북핵 자체를 중국에 대한 위협으로 인식하지는 않았고, 북한의 핵 보유에 대해서도 그다지 확신을 갖지 못했다. 북한 문제는 주한미군의 역할 약화, 한미동맹의 이완, 유엔사의 해체와 동북아 미군 역량의 축소 등 중국의 전략적 이해에 부합되게 해소되어야 한다는 입장을 유지하였다. 북한 입장에서는 중국에 대한 불신은 변화하지 않았다. 오히려 강화되었다고 할 수 있다. 따라서 북한 핵개발 노력은 더욱 배가되었다.

시진핑 1기의 북핵

　시진핑(習近平) 시기 들어 중국의 국가 정체성의 주류 인식은 '신흥 강대국'이라는 것이다. 적어도 지역 강대국으로서 중국의 국가 이익에 입각하여 국가 관계를 재조정하려는 의지가 크게 강화되었다. 중국 외교는 과거의 피동성에서 벗어나 보다 적극적으로 자신의 국가 의지를 실현하려는 노력을 강화하였다. 2016, 17년 북한이 중국의 자제 요청에도 불구하고 연이어 핵과 미사일 실험을 단행해 북한의 핵위협에 대한 인식도 크게 높아졌다. 중국의 의사에 반한 북한의 핵 도발에 대해서는 상응하는 대가를 치르게 하겠다는 입장을 분명히 하였다. 중국은 2016, 17년 북한의 핵미사일 실험에 대해 전례 없는 강도의 대북한 유엔 제재에 찬성하고, 군사 훈련 등의 명목으로 직접적인 대북 압박을 강화하였다. 이러한 중국의 대북 입장 변화는 2018년 남북, 북미 간 대화와 일시적인 한반도 해빙의 시기를 여는 데 일조하였다고 생각한다. 그러나 시진핑 1기 중국의 국가 정체성과 대외정책의 변화는 북한에 커다란 위협이 되었다. 북한은 오히려 서둘러서 핵무장 역량을 강화하려 노력하였고, 2017년 말 드디어 핵보유국이 되었음을 선언하였다.

　중국은 여러 경로로 북한의 핵 프로그램 및 핵실험은 중국에 대한 위협임을 분명히 하였다. 북한과 북한의 핵문제는 중국의 핵심 이익 사안은 아니지만, 핵심 이익에 영향을 줄 수 있는 중대 이익 사안으로 해석하고 있다. 그러한 해석의 배경에는 다음과 같은 우려를 들 수 있다.

첫째, 북한의 핵·미사일은 중국의 주요 도시와 동부경제발달 지역을 그 사정권에 넣고 있고, 북중 간의 신뢰 수준은 그리 높지 않다. 둘째, 중국 내 분리주의자에게로의 핵 확산 가능성은 중국의 핵심 이익에 막대한 타격을 주는 사안이다. 셋째, 미국과 그 동맹국들이 동북아 내 군사 배치 조정을 강화하는 빌미를 준다. 한미 및 미일 연합 군사훈련을 확대하게 하고 미국의 탄도미사일 방어체계를 확대하게 한다. 넷째, 역내 군사 균형 및 미중 간 전략적 안정성 체계를 파괴하고 있으며, 한반도에 점증하는 군사 분쟁 가능성은 중국에 연루 문제를 야기하면서 안보와 경제에 큰 위협이 된다. 마지막으로 한반도 유사 사태는 수많은 난민 문제를 야기하여 중국 동북지역의 불안정성을 크게 강화시킬 것이다.

2017년 6월 21일자 중국 외교부 정례 브리핑 내용을 보면 중국은 한반도 핵문제의 본질은 안보 문제라고 정의했다. 중국은 북한 핵문제는 본질적으로 북한의 안보위기에서 출발한 것이고, 이는 북미 간에 우선적으로 해결해야 할 문제라고 주장해왔다. 중국의 단기 목표는 북한을 협상장으로 이끌어 한반도 문제를 안정화시키는 것이다. 그리고 중장기적으로는 중국의 대한반도 영향력을 강화하려 노력할 것이다. 적어도 한반도에 중국에 반하는 국가가 주도하거나 그런 상황이 발생하는 것을 방지하고자 한다.

중국의 입장에서 해석하면, 북한 비핵화의 달성 문제는 중국의 국가 이익에 영향을 미치는 한반도 평화 체제의 구성과 연관이 있다. 이는 변수가 많아서, 중국 스스로 구체적인 로드맵을 제시한 바는 없다. 중국은 시진핑 시기 한반도 관련 3대 원칙으로 비핵화, 안정과 평화 추구, 대화를 통한 문제 해결을 이미 제시한 바 있다.[1] 중국은 스스로 정한 원칙을 견지하려 하면서도, 구체적인 로드맵에 따라 정책을 집행하기보다는 가변적인 상황에 따라 유연성을 가지고 대응한다는 실용적 태도를 지니고 있다.

시진핑 시기에 제시된 중국의 대북핵 해법은 '두 개의 잠정 중단(雙暫停·북한의 핵 미사일 개발과 한미 연합훈련 동시 중단)'과 '쌍궤병행(雙軌竝行·한반도 비핵화 협상과 북미 평화협정 체결을 병행 추진)'이다. 중국은 북한이 보다 적극적으로 핵과 미사일 실험과 개발에 박차를 가하기 시작하자, 그간의 소극적인 태도에서 벗어나 2016년부터 보다 적극적으로 '한반도 비핵화와 평화 체제에 대한 방안'을 제시하기 시작했다. 2016년 국가안전위원회 내에 전 중국 외교부 부부장이자 당시 전국인민대표대회 외사위원회 위원장인 푸잉(傅瑩)을 팀장으로 하는 "한반도 태스크포스"를 구성하여 본격적인 대한반도 정책에 대한 리뷰에 들어간 것으로 알려졌다. 2016년에 중국은 비핵화와 평화 체제 구축을 동시에 병행하여 협상한다는 "쌍궤병행"안을 제시하였다. 2017년에는 한반도 안정과 신뢰 구축, 핵협상의 분위기를 조성하기 위해 북한의 핵미사일 도발, 한미 연합군의 합동 군사연습을 동시에 잠정 중단하자는 "두 개의 모라토리엄"안을 제시하였다. 아울러 '핵의 비확산 노력'과 '화해 권고 및 대화 촉진'을 강화하자는 "두 개의 강화(雙加强)"안을 제시하였다. 중국은 이 두 개의 안을 한국과 북한, 미국이 받아들이도록 노력하였다.

중국 측은 이제 2017년을 북한의 핵실험을 계기로 북핵 문제가 남북한 혹은 북미만의 문제가 아닌 동북아와 세계적 차원의 국제질서 안정성에 영향을 주는 사안으로 국제화되었다는 것을 인식하게 되었다. 유엔을 포함한 국제기구, 세계 주요 강대국들이 행위자로서 참여하여 복잡하게 되었고, 단숨에 해결하기 어려운 장기적인 이슈가 되었다고 판단한다. 미중 전략경쟁의 시기 북핵과 관련된 한반도 문제는 오판과 갈등으로 인해 언제든지 위기화할 수 있는 사안이라는 인식도 분명하다.

한반도 문제 해결을 위해서는 보다 종합적인 접근이 필요하며 근본적인 문제와 지엽적인 문제를 함께 해결하여야 한다는 입장이다(標本兼治). 그러기 위해서는 이해당사자 각 측의 합리적인 우려를 균형적으로 해결해야 한다고 주장한다. 정전협정이나 평화체제 구성은 미·중·남·북 4자가 당사자이며 이들의 이해를 반영한 해결책이 나와야 한다는 것이다.

중국은 자신을 배제한 어떠한 한반도 현상 변경도 받아들일 수 없다는 입장이다. 2018년 4월 27일 제1차 남북정상회담 결과 합의된 '한반도의 평화와 번영, 통일을 위한 판문점 선언' 제3항 3절의 '정전협정을 평화협정으로 전환하며 항구적이고 공고한 평화체제 구축을 위한 남·북·미 3자 혹은 남·북·미·중 4자 회담의 개최를 적극 추진해 나가기

---

1 후진타오 시기에는 "안정과 평화추구, 비핵화, 대화를 통한 문제 해결"의 수순이었음.

로 하였다'라는 내용에 대해 한국 측이 중국을 배제하려는 의도로 보고 강하게 반발하였다.

미중 전략경쟁과 북핵

중국의 북핵에 대한 태도 변화에 가장 중대한 영향을 미치는 변수는 미중 관계의 진화이다. 2017년은 미중 관계에 있어 주요한 전환점이 되었다. 시진핑 주석은 2017년 10월 개최된 제19차 당대회에서 '시진핑 신시대 중국 특색의 사회주의 사상'으로 명명된 자신의 전략 구상을 밝히고 2050년까지 기존과는 전혀 다른 강대국의 건설을 선언하였다. 중국은 지역 수준의 강대국에서 점차 세계적 수준의 강대국으로 변모하고, 더 나아가 미국을 넘어 초강대국의 지위를 추진하겠다는 국가 목표를 공공연히 밝힌 것으로 해석할 수 있다.

새로이 등장한 미국의 도널드 트럼프 대통령도 2017년 12월 발간된 '국가안보전략(National Security Strategy) 보고서'에서는 중국을 미국의 힘과 지위에 도전하는 국가로 지목하였다. 미중 관계는 더 이상 전략적 협력 관계가 아니라 전략적 경쟁 관계라고 규정하였다. 바이든 정부 들어서도 이러한 기조는 유지되었다.

중국은 이제 미국과의 중장기적인 전략 경쟁을 염두에 두면서 주변국에 대한 외교 강화 조치를 취하기 시작하였다. 강대국으로서 중국은 한반도에서 자신의 위상과 권위를 증명하고자 하였다. 그간 북핵 문제에 대해서는 미중 관계의 협력 사안으로 다루었지만, 미중 간 전략 경쟁이 노골화되는 새로운 상황에서 한반도 관련 정책을 근본적으로 재검토하고 있다. 미중 전략 경쟁이 강화되면서 북중 관계는 적어도 외양적으로는 급속히 강화되었다. 북중 간 정상회담이 2018, 19년 사이에 5차례나 개최되었다.

중국은 미중 전략 경쟁의 상황에서 다음과 같은 대외정책 시나리오와 선호도를 가질 것이다. 가장 선호하는 시나리오는 동아시아를 중국의 영향권으로 확보하는 것이다. 이를 위해서는 북한을 영향권 내에 두면서, 북한의 핵 역량을 관리하려 할 것이다. 북한은 물론 이러한 중국의 의도에 강하게 반발할 것이다. 차선은 동아시아 영향권 분할 방안이다. 북한의 대중 종속화와 친미화 가능성 배제, 한국의 중립화, 일본의 복합 균형외교 수립을 추동하는 것이다. 즉, 미중이 나름의 영향권을 안정적으로 행사하는 구도이다. 이 구도에서 중국은 한국을 완충지대화하고 적어도 친미화하지 않도록 유도하려 할 것이다. 차차선이자 현실적인 방안은 현상 유지로, 미중 전략 경쟁에 다른 변수가 작동하지 않게 하는 것이다. 북한의 핵 도발에는 여전히 부정적인 태도를 취할 것이다. 최악의 시나리오는 미중 간의 군사적 충돌로, 동아시아·서태평양 지역에서의 대중 동맹 결속을 강화시켜 주는 것이다. 북핵 위기를 빌미로 미국이 북미 간의 갈등을 확대하는 상황을 우려한다.

현 시점에서 중국의 대한반도 정책은 현상 유지를 선호할 것이다. 무력충돌 방지, 전쟁 반대, 통일 반대라는 전통적인 대한반도 정책이 여전히 유효하다. 중국은 아직 한반도에서 현상을 변경할 만한 역량을 지니고 있지 않기 때문이다. 그러나 중국은 점차 더 개입을 강화하고,

중국의 이해에 부합하도록 한반도 상황을 변화시키려 노력할 것이다. 미중 전략 경쟁 시기 북한의 지정학적 전략적 위상은 더 높아질 것이다. 전통적인 영향권이라 간주된 북한에 대한 영향력 약화는 시진핑의 권위 손상과 정당성 위기를 가져올 수도 있다. 북한은 한미일 협력에 대한 잠재적인 대응 카드이자, 지정학적 완충지대로서 재부각되고 있다. 북핵 문제의 해결은 현재로서는 우선순위가 크게 밀려나게 된다.

북핵 문제에 대한 중국 내 입장은 여전히 다양하다. 그간 각종 회의에서 나온 중국 측 전문가들의 입장을 정리해 보면, 다음과 같이 추론할 수 있을 것이다.

첫째, 북핵 문제는 비핵화가 점차 어려워지는 상황에 봉착하고 있다. 둘째, 북한의 핵무기 제조 기술은 플루토늄에서 우라늄탄으로 그리고 수소폭탄 제조가 가능한 단계로 진전되었다. 북한 핵무기의 실전 배치 역량은 점차 증대되고 있다. 셋째, 북한은 그 공개적인 언명에도 불구하고 핵 선제 불사용 입장에서 선제 사용(先發制人) 가능의 입장으로 전환이 가능하다. 넷째, 미국이 북한에 대한 군사적 공격 가능성을 여전히 가지고 있으며, 중국은 북핵 문제 해결의 참여자 입장에서 점차 한반도 문제로 인한 비용이 증가하면서 주체로서의 행동을 요청받고 있는 상황이다. 다섯째, 북핵 관련 6자회담 중심구조에서 점차 양자, 3자, 4자 혹은 5자 협력 등이 요청되는 다변협력의 필요성이 증대하고 있다. 여섯째, 각 측은 한반도 안정 유지에 집중하던 정책을 넘어 이미 한반도 위기 상황에 대한 대비책 마련에 노력할 필요가 있다.

미중 전략 경쟁 시기 중국의 대외 정책에 있어서 북한 비핵화 문제는 단기적으로는 목표라기보다는 수단에 가까우며, 단기적인 정책 목표라기보다는 대단히 장기적인 정책 목표이다. 중국은 이미 핵을 보유한 북한에 대해 비핵화를 강제하기보다는 중국이 통제 가능한 제한된 수준의 핵능력을 북한이 보유하는 것에 대해서 어느 정도 묵인할 개연성도 크다. 북한의 비핵화보다는 미중 전략 경쟁이 중국의 대외 정책에 있어서 더 상위의 개념이고, 북한의 전략적 유용성이 더 중요해졌기 때문이다. 북한에 대한 비핵화 압박을 지속하면 할수록 중국의 국익에는 불리한 결과를 가져 올 개연성도 크다고 인식한다. 물론 이 경우에도 중국은 한반도 비핵화의 원칙과 북한의 '핵 보유 국가' 불인정의 원칙을 유지할 것이다. 이는 중국이 현 유엔 안보리 상임이사국으로서 세계 핵비확산 체제에 책임이 있고, 이는 국가 이익에 결부되어 있으며, 또 유엔에서 합의한 결정을 스스로 폐기할 수는 없기 때문이다. 더구나 중국은 시진핑 시기 현존하는 미국 중심의 '세계질서'의 정당성을 인정하지 않으면서도, 유엔을 중심으로 한 '국제질서와 체계'의 유지에는 대단히 긍정적이다. 따라서 북한 비핵화의 원칙과 유엔 대북 제재는 스스로 깨지 않고 유지할 것이다.

미중 전략경쟁 시기 지정학적·전략적으로 북한 카드의 유용성이 존재하기는 하지만, 북핵 문제로 인해 미중의 전략적 경쟁이 한반도에서의 군사적 갈등으로 연루되는 상황도 우려한다. 북한이 노동 계열의 단·중거리 미사일에 핵탄두를 장착할 경우, 한국 및 주한미군뿐만 아니라 이것이 일단 유사시 주요한 중국 영토에 대한 위협으로 악용될 수 있다는 의구심도 존재한다. 중국이 북미 대화 결과에 크게 신경 쓰는 이유이기도 하다.

전망과 제언

북한 비핵화 과정과 평화체제 수립의 과정은 많은 변수를 잉태하고 있다. 이 과정을 어떻게 조화롭게 조절할 것인가 하는 문제는 요원한 숙제이다. 그리고 설사 북미 간에 교섭이 성공한다고 해서 한국에 반드시 유리한 결과로 귀결되리라는 보장도 결코 없다. 상식적으로 평화체제 수립 과정은 한미 동맹의 약화를 초래할 개연성이 크고, 주한미군의 주둔 문제도 불확실하다. 그리고 소위 말하는 불가역적인 북한의 비핵화란 신화에 가깝다. 미중 간에 한반도 문제를 놓고 벌어지는 현 경쟁이 어떻게 귀결될지도 불확실하다. 이러한 상황은 한국이 더 이상 중재자의 입장에 머무를 수 없다는 것이며, 실제 바람직하지도 않다. 북한의 비핵화와 평화협정 문제를 체결하는 문제 역시 남북한 혹은 남북미 간에 합의로 해결될 수 있는 단계를 넘어서고 있다. 보다 광범위한 국제질서의 재편과도 연결될 개연성을 안은 새로운 단계로 넘어가고 있다는 점을 직시할 필요가 있다. 미중은 단순한 무역 분쟁이 아닌, 세계 질서의 주도권을 놓고 본격적인 결전을 시작하였다. 이데올로기적인 전쟁의 형태로까지 진화하고 있다. 북핵 문제의 해결은 이 귀결과 결부되어 있다.

중국의 대북 정책은 여전히 진화 중이다. 미중 관계, 북미 관계, 한국의 대중 정책, 북한의 핵미사일 도발, 중국의 대내 정치경제 사정에 의해 영향을 주고받으면서 전략적인 판단을 하려 할 것이다. 이런 차원에서 보면, 중국의 대북 정책이나 북한 비핵화 원칙이 전략적이냐 전술적이냐 구분하면서 논쟁하는 것은 별 의미가 없어 보인다. 이 둘은 상호작용을 하면서 진행되어 가고 있다고 보는 것이 더 실제에 부합한다. 우리는 중국의 대북 및 북핵 문제에 대해 영향을 미치는 변수들에 대한 면밀한 관찰을 바탕으로 능동적으로 대응하는 자세가 필요하다. 우리 일각에서 한때 우려했던 미중 간에 남중국해와 한반도를 놓고 빅딜을 할 가능성은 현재로서는 희박해 보인다. 미중 간의 신뢰가 그리 깊지 않기 때문이다.

한국(미국 역시) 입장에서 볼 때, 중국의 도움을 바탕으로 북한을 비핵화하려는 정책은 실패했다고 할 수 있다. 북한은 이미 핵 무력을 보유하게 되었다. 중국은 북한 비핵화에는 국가이익이나 원칙상 지지하지만, 북한 비핵화 추진은 국가의 정책 우선순위가 되지는 못했다. 과거에도 미국과의 관계 속에서 그 위상이 결정되었다. 중국에 의지하여 북한의 비핵화를 추진하려는 정책은 이제 가능하지 않다. 다만, 북한 비핵화 원칙을 유지하면서 북한의 과도한 도발을 억제하는 외부 역량으로서 중국의 역할은 여전히 작동한다. 현 상황에 대한 냉정한 평가가 필요하다. 북한 비핵화 관련 중국에 대한 과도한 기대는 과감히 낮추어야 한다. 이는 미국에 대해서도 마찬가지이다. 미중 전략경쟁이라는 구조적 요인이 커다란 제약으로 다가온다. 결국은 우리 스스로의 역량을 바탕으로 대북핵 억제 전략을 수립해야 할 시점에 다다랐다.

북한의 높아진
대중국 무역의존도 독해법

조동호
이화여대 북한학과 교수

　북한의 중국에 대한 무역의존도가 90%를 넘는다고 많은 사람들이 우려한다. 그만큼 남북경협의 기회가 사라질 것이라고 생각한다. 이러다가 북한이 중국의 속국이 될 수도 있을 것이라고 걱정한다. 그래서 최근 국책 연구기관의 보고서도 "우리 정부는 북한의 대중의존도 심화를 견제"해야 한다고 주문한다.[1]
　북한의 대중국 무역의존도가 높은 것은 사실이다. 그러나 언제부터 그렇게 되었는지, 왜 그렇게 되었는지에 대한 논의는 부족하다. 우리의 걱정이 근거가 있는 것인지도 모호하다. 사실 북한 경제의 '중국예

속론', '동북 4성론'은 북한의 대중국 무역의존도가 30~40%이던 2000년대 초부터 제기됐다. 지난 20여 년 동안 북한 내부 및 남북 관계는 물론 한반도를 둘러싼 국제환경이 엄청나게 변했음에도 불구하고 우리는 계속 같은 걱정을 하고 있는 것이다.

냉전 시기: 대중국 경제의존도 감소

한국전쟁이 끝나고 전후 복구와 사회주의 계획경제 체제의 토대 구축에 착수한 북한에 최대의 지원국은 소련이었다. 1970년대 초 북한의 대소련 무역의존도는 일시적으로 감소하였으나, 이후 급격히 상승하여 1990년 무렵에는 60%가량을 차지할 정도로 냉전 시기 소련은 북한 무역에서 절대적인 위치를 차지했다.

중국 역시 중요한 경제 파트너였지만, 소련만큼의 위상을 가지지는 못했다. 북한의 대중국 무역의존도는 대소련 무역의존도보다 항상 낮았을 뿐만 아니라[2] 지속적으로 감소하였다. 그 결과 1990년에는 불과 11.4%에 지나지 않았다. 1980년대에는 대일본 무역의존도와 큰 차이를 보이지 않았다.

---

1 김다울·이정균, "2020-21년 북한의 대외 동향과 시사점", KIEP 세계경제 포커스, 2021.12.9, p.19.
2 북한의 대중국 및 대소련 무역의존도는 1960년 각각 40.3% 및 38.9%, 1966년 각각 41.0% 및 37.0%로서 대중국 무역의존도가 대소련 무역의존도를 상회한 것은 전체 기간 중 1960년과 1966년뿐이다.

〈그림 1〉 냉전 시기 북한의 주요국 무역의존도

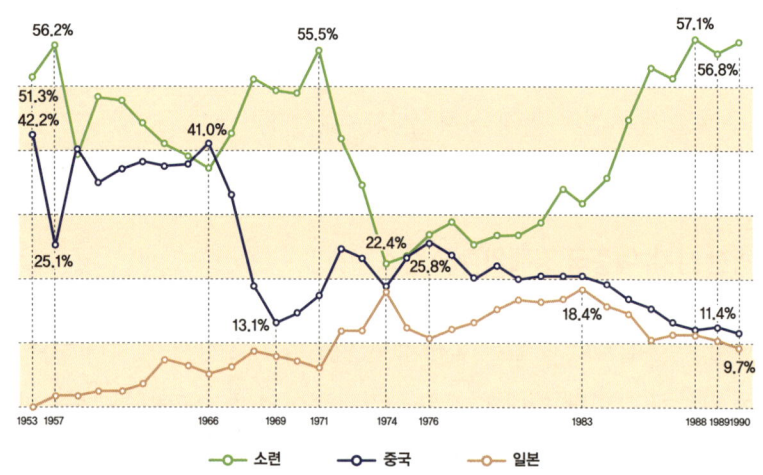

자료: 민족통일연구원, 『남북한 국력추세 비교연구』, 1992, pp.330-347의 통계로부터 저자 계산.

〈표 1〉 북한의 계획기간별 무상원조 및 차관 규모 (단위: 만 달러)

기간	국가	무상원조 및 차관	비중
1954~60년	소련	57,000	41.1%
	중국	38,850	28.0%
	동구권	42,769	30.9%
	합계	138,619	100.0%
1961~70년	소련	19,668	58.4%
	중국	10,500	31.2%
	동구권	3,500	10.4%
	합계	33,668	100.0%

자료: 연하청, 『북한의 경제정책과 운용』, 한국개발연구원, 1986, p.70.

〈표 2〉 1990년대 북한의 주요국별 무역의존도

	러시아	중국	일본	남한
1991년	13.5%	22.6%	18.8%	4.1%
1992년	12.5%	25.5%	17.6%	6.4%
1993년	8.0%	31.8%	16.7%	6.6%
1994년	6.1%	27.2%	21.5%	8.5%
1995년	3.6%	23.6%	25.6%	11.9%
1996년	2.9%	25.6%	23.4%	10.7%
1997년	3.5%	27.0%	20.1%	10.3%
1998년	4.1%	26.0%	24.9%	9.1%
1999년	3.0%	22.2%	21.0%	11.3%

자료: 대한무역투자진흥공사, 『북한의 대외무역동향』, 각년도; 국가통계포털.

무역뿐만 아니라 무상원조 및 지원에 있어서도 마찬가지였다. 전후 복구 3개년 계획 기간이었던 1954~56년 및 제1차 5개년 계획이었던 1957~60년 기간 중 북한에 대한 무상원조 및 차관에서 소련이 차지하는 비중은 41.1%였다. 중국의 비중은 28.0%로서 동구권 국가들에도 미치지 못했다. 7개년 계획 및 연장기였던 1961~70년에는 전체 규모가 크게 줄어 중국의 비중은 다소 증가하였지만, 역시 소련과는 커다란 차이를 보였다.

1990년대: 중국의 정체와 남한의 부상

한국전쟁 이후 중단되었던 남북 간의 경제 관계는 1988년 '7·7 선언'으로 합법화되면서 재개의 기회를 맞이하게 되었다. 1989년 최초의 남북교역이 이루어졌고, 1996년 투자도 성사되었다. 남북경협이 진전되면서 북한 무역에서 남한이 차지하는 비중도 점차 증가했다.

남북경협의 초기 모색 단계를 지나고 1991년 위탁가공 교역이 시작되면서 남북교역은 빠르게 성장했다. 1989~90년 북한무역의 1%에도 못 미치던 남북교역은 1991년 4%를 넘어섰고, 지속적으로 증가하여 1995년 이후로는 10% 수준을 유지하게 되었다.[3]

반면 북한의 대중국 무역의존도는 거의 정체 상태를 보였다. 1993년 30%를 일시적으로 넘었을 뿐이다. 1991년과 1999년의 무역의존도는 각각 22.6%, 22.2%로서 거의 같은 수준이다. 북한과 러시아와의 무역은 1990년대 초반 급격히 감소한 이후 미미한 수준에 머무르고 있다. 일본의 경우는 1990년대 초반에는 10%대 후반을 보이다가 1994년부터는 20%대 초반을 안정적으로 기록하고 있다.

이처럼 냉전의 종식과 함께 소련이 해체되면서 북한의 무역에서 러시아의 비중은 무의미한 수준으로 전락하였고 중국의 비중은 정체 상태에 돌입했다. 남한의 비중은 1991년 대비 2000년 비중이 2.5배로 늘어날 정도로 급성장하였다. 1998년 남한의 IMF 외환위기로 남북교역이 급감하지 않았더라면, 남한이 북한의 무역에서 차지하는 비중은 더욱 커졌을 것이다.[4]

2000년대 이후: '강요된' 북한의 대중국 의존

2000년대 이후 북한의 대외 경제 관계는 점차 축소되었다. 우선 1990년대 급감했던 대러시아 무역의존도는 2000년 2월 조러 신우호 선린협력조약 체결, 2000년 7월 푸틴의 평양 방문, 2001년과 2002년 연이은 김정일의 러시아 방문 등으로 2000년대 초반에는 잠시 증가 추세를 보였으나, 다시 감소하여 2010년대에는 1% 수준에 머물고 있다.

일본과의 경제 관계는 2002년 북일 정상회담 이후 불거져 나온 일본인 납치 문제로 축소되다가 2006년 북한의 핵실험에 따른 북한 선박의 입항 금지, 북한으로부터의 수입 금지 등의 경제 제재로 인해 급속히 악화되었다. 그 결과 북한의 대일본 무역은 2006년 1억2200만 달러에서 2007년 900만 달러로 무려 93% 감소하였고 2010년부터는 영(零)을 기록하고 있다.

남북교역은 남한 정부가 대북 포용정책을 추진하면서 2000년대에 급속히 증가하였다. 2007년 북한의 대남한 무역의존도는 2000년 10.8%에서 2배가량 증가한 21.2%를 기록해 남북교역 역사상 처음으

---

3 우리 정부는 내국 간 거래라는 입장에서 남북교역을 북한의 무역 통계에서 제외한다. '무역, 수출, 수입' 대신에 '교역, 반출, 반입'이란 단어를 사용하는 것도 제3국과의 '무역'과 차별시하기 위한 목적이다. 따라서 북한의 대남한 무역의존도는 해당 연도 '남북교역 규모/(북한무역 규모 + 남북교역 규모)'로 계산된다. 여기에서 남북교역은 일반교역과 위탁가공교역으로 구성된 '거래성 교역'으로 정의하며, 경수로사업, 금강산 관광사업, 개성공단 사업 등의 협력사업용 물자 교역과 인도적 지원, 식량차관 제공, 남북 철도 및 도로 연결공사 자재·장비 제공 등의 '비거래성 교역'은 제외한다. 한편 엄밀한 의미에서는 북한의 대남한 '교역'의존도라고 표현해야 할 것이나, 다른 국가와의 비교를 위해 편의상 남한의 경우도 무역의존도라는 용어를 사용한다.

4 IMF 외환위기로 인해 1998년 남북교역 규모는 전년 대비 약 28% 감소하였다.

<표 3> 2000년대 이후 북한의 주요국별 무역의존도

	러시아	중국	일본	남한
2000년	2.2%	22.1%	21.0%	10.8%
2001년	2.7%	29.4%	18.9%	9.4%
2002년	3.1%	28.3%	14.2%	13.2%
2003년	4.2%	36.5%	9.5%	14.6%
2004년	6.7%	43.2%	7.9%	10.8%
2005년	6.8%	46.2%	5.7%	12.3%
2006년	5.9%	47.8%	3.4%	15.7%
2007년	4.3%	52.9%	0.2%	21.2%
2008년	2.4%	60.3%	0.2%	17.5%
2009년	1.5%	65.7%	0.1%	16.3%
2010년	2.4%	75.2%	0.0%	9.4%
2011년	1.8%	88.5%	0.0%	0.1%
2012년	1.1%	88.3%	0.0%	0.0%
2013년	1.4%	89.1%	0.0%	0.0%
2014년	1.2%	90.2%	0.0%	0.0%
2015년	1.3%	91.3%	0.0%	0.0%
2016년	1.2%	92.7%	0.0%	0.0%
2017년	1.4%	94.8%	0.0%	0.0%
2018년	1.2%	95.8%	0.0%	0.0%
2019년	1.5%	95.4%	0.0%	0.0%
2020년	4.9%	88.2%	0.0%	0.0%

자료: 국가통계포털

로 20%를 돌파하였다. 그러나 보수적 성향의 정부가 출범함에 따라 남북교역은 점차 감소하다가 2010년 천안함 사건에 따른 '5·30 조치'로 남북교역은 전면 중단되었다.

결국 북한으로서는 무역상대국으로 중국만 남은 상황이 되었다. 즉 2000년대 초반 20% 수준이던 북한의 대중국 무역의존도는 일본의 경제 제재에 따른 북일 무역의 중단으로 2000년대 중반 50~60%로 증가하였다가, 2010년 남한의 경제 제재인 '5·24 조치'로 인해 남북교역이 중단되고 2010년대 중반 국제사회의 경제 제재가 본격화되면서 90%대로 올라선 것이다.[5]

평가: 대중 무역의존도와 종속의 상관성

한 경제의 대외 의존 정도를 무역만으로 살피는 데에는 한계가 있기 마련이다. 그러나 북한의 경우는 폐쇄적 경제 체제를 운영하고 있는데다가 열악한 투자 환경과 경제 제재로 외국인 직접투자가 미미한 수준이므로 대외 경제의존도는 무역의존도와 거의 동의어라고 할 수 있다.[6] 위에서 논의한 바와 같이 냉전 시절 북한 무역에서 소련이 차지하던

---

[5] 2000년 이후 상승 추세를 이어오던 대중국 무역의존도는 2020년 88.2%로 크게 감소하였는데, 이는 북한의 코로나19 바이러스 유입을 막기 위한 국경 봉쇄에 따라 북중 무역이 2001년 이래 최저치를 기록한 데에 기인하는 것으로 분석된다.

[6] 예를 들어 북한에 대한 외국인직접투자의 대부분을 차지하는 중국 투자의 경우 중국 상무부 통계에 의하면 2003-14년 연평균 3450만 달러에 불과하며, 이는 같은 기간 북한 무역액의 0.7%에 지나지 않는다.

위상은 절대적이었다. 중국이 2위의 무역상대국이었지만, 무역의존도는 소련에 비할 바가 못 되었을 뿐만 아니라 지속적으로 감소하는 추세였다. 1990년대 들어 중국이 최대 무역상대국이 되었지만, 북중 무역 자체의 증가보다는 소련이 해체되면서 러시아의 경화 및 국제시장 가격 요구에 따라 북러 무역이 급감한 결과였다. 실제로 1990년 북중 무역은 4억 8300만 달러였으나 1999년에는 오히려 3억 7000만 달러로 감소하였다. 게다가 북한 무역 규모가 줄어들면서 1990년대 북한의 대중국 무역의존도는 거의 정체 수준을 보인다.

2000년대에 접어들면서 북러 무역은 여전히 미진한 가운데 2000년대 중반 일본의 경제 제재, 2010년 남한의 경제 제재, 2010년대 중반 국제사회의 경제 제재로 인해 북한의 대중국 무역의존도는 90% 수준으로 증가하게 되었다.

이상의 논의로부터 다음과 같은 평가를 도출할 수 있다. 첫째, 1950년대 이후 1990년대에 이르기까지 감소와 정체 상태를 보이던 대중국 무역의존도가 2000년대에 접어들면서 급격히 증가하게 된 것은 북중 경제 관계의 심화에 기인하는 것이 아니다. 오히려 근본적인 원인은 북한의 핵·미사일 개발, 일본인 납치, 천안함 사건 등 정치적·외교적 요인에 기인한 외부의 경제 제재라고 보는 것이 타당하다. 북한으로서는 좋든 싫든 어쩔 수 없이 그런 상황에 내몰린 셈이다. 물론 이러한 평가가 남한을 포함한 국제사회의 대북 경제 제재가 잘못된 것이라는 뜻은 아니며, 현재의 높은 대중국 무역의존도는 경제 제재가 초래한 결과임을 지적하는 것이다.

둘째, 남한도 북한 경제의 중국 편중 현상에 커다란 기여를 하였다. 남한은 2003년부터 북한의 제2위 무역상대국으로 확고한 위치를 차지하였으나, 2008년 보수 성향 정부의 출범과 2010년 '5·24 조치'의 시행으로 '북한 무역의 중국 독식'이라는 결과를 만든 것이다. 실제로 〈그림 2〉를 보면, 중국 및 남한 무역의존도는 대칭적인 모습을 보인다.

셋째, 물론 북한 역시 '합리적 선택(Rational Choice)'을 통해 대중국 무역을 확대해 왔다. 사실 1990년대 이후 북한의 무역에서 중국이 대부분을 차지해 온 것은 자연스러운 현상이라고 평가할 수 있다. 북한은 지속되는 경제난으로 인해 원자재, 설비는 물론 소비재조차 자체 조달할 수 있는 능력은 제한적이어서 수입에 의존할 수밖에 없었다.

〈그림 2〉 2000년 이후 북한의 대중국 및 대남한 무역의존도

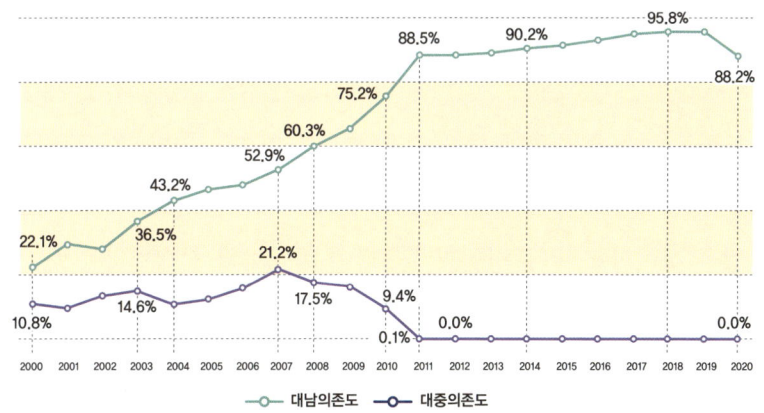

자료: 국가통계포털

그런데 경제 제재는 차치하고라도 일본, 미국, 유럽연합(EU), 남한 등의 제품은 비싸서 수입이 쉽지 않았다. 결국 질보다는 양을 따질 수밖에 없는 북한 경제의 입장에서 중국보다 가격경쟁력이 높은 국가를 찾을 수 없었다. 물류비 측면에서도 국경을 접하고 있는 중국은 그 어느 국가보다 유리했다. 마찬가지 맥락에서 2010년 이후 남북 교역 중단의 타격을 중국과의 무역 확대로 타개하고자 했던 것은 북한의 입장에서는 지극히 합리적인 것이었다.

넷째, 북한의 중국에 대한 불만과 불신을 고려하면 무역의존도가 90% 수준이라고 해서 북한 경제가 중국에 종속될 가능성은 높아 보이지 않는다. 북한은 1956년 종파사건 이후 중국 영향력에서 벗어나고자 했으며, 1960년대 문화대혁명 당시 홍위병들의 '위대한 수령' 김일성 비판을 잊지 못한다. 1992년 한중 수교 이후 북한 공무원들은 해외출장 시 중간 경유지로 베이징 대신 모스크바를 거치는 먼 일정을 선택했다. 1990년대 중반 중국은 '고난의 행군'에도 지원을 하지 않았다. "외양은 뜨거웠으나 이면은 싸늘"했던 것이다.[7] 최근에도 마찬가지다. 그래서 윤영관 전 외교부 장관은 "최고지도자 김정은을 포함한 대부분의 북한 주민들은 중국에 대해 깊은 분노를 가지고 있다. 김정은은 중국에 대한 경제적 의존도가 높은 것에 대해 마음속 깊이 매우 걱정하고 있을 것이다"라고 주장한다.[8] 북한이 미국과의 전쟁보다는 오히려 중국의 내부 침투를 더 걱정하고 있다는 분석도 제기된다.[9] 따라서 북한의 대외환경이 개선되면 북한은 다른 국가와의 경제협력 역시 추진할 것이고, 자연스레 대중국 무역의존도는 낮아지게 될 것이다.

다섯째, 북한의 높은 대중국 무역의존도는 단점과 장점을 동시에 가지고 있다. 설령 북한이 중국의 속국이 되지는 않는다고 하더라도 특정 국가에 대한 경제적 의존도가 지나치게 높아지는 것은 당연히 바람직하지 않다. 더욱이 4차 산업혁명 시대에 각종 중국식 기술표준이 일반화되는 경우 남북 경협은 물론 통일경제에도 부정적으로 작용할 것이다. 그러나 북중 경제 관계의 진전은 북한 경제의 개혁·개방을 촉진하는 효과를 가지고 있다. 실제로 중국은 나선 경제무역지대법과 황금평·위화도 경제지대법 제·개정 시 투자 기업의 입장을 고려하고 투자자산 보장, 기업경영 자율성 등 시장경제 요소를 도입하도록 촉구했다. 또한 지나치게 높아진 대중국 의존은 역설적으로 남북경협의 필요성을 북한 당국에 일깨워주고 있을 것이다.

여섯째, 높아지는 북한 경제의 대중국 의존이 우리가 중국에 '저자세'를 가지게 하는 요인으로 작용해서는 안 된다. 보수 성향이든 진보 성향이든, 남한 정부는 방법론의 차이가 있을 뿐 남북 관계의 발전을 희망한다. 따라서 북한 경제에 커다란 영향력을 가지게 된 중국에 북한 변화, 남북 관계 진전 등을 위한 역할을 요청하고픈 유인을 가진다. 그러나 이는 우리가 북한의 중국 종속을 걱정하면서도 우리 스스로 종속을 인정하는 셈이고, 종속을 확대하라고 주문하는 셈이다. 설령 중

---

7 최명해, "중국 내 대북정책 논쟁, 핵심은 무엇인가?" 「기로에선 북중관계」, p.136.
8 "In defense of a bold U.S. approach toward North Korea," The National Interest, 2021.10.22.
9 "North Korea looks across the border for its biggest threat," Financial Times, 2021.12.12.

국이 그런 영향력을 가지고 있고 우리의 요청대로 영향력을 행사한다면, 그것은 공짜가 아닐 것이다. 한중 관계에서 우리가 포기·양보해야 하는 대가가 있을 수밖에 없을 것이다.

제5장

미·중·일 전문가의 권고

'강한 외교 전략', 한국에 주는 조언

수미 테리
미국 우드로윌슨센터 '현대차·국제교류재단 한국 역사 및 공공정책센터' 국장

서문

한국과 세계의 미래에 미중 관계보다 더 중요한 것이 없다. 중국은 스스로 '굴욕의 세기'라고 부르는 시기를 지나 강대국으로 부상했다. 중국은 급속한 경제 발전, 커지는 군사력, 세계적 영향력 등으로 미국 외교에는 수십 년 만에 큰 전략적 도전이 됐다. 한국에는 미중 강대국 간 경쟁의 틈바구니를 헤쳐 나가는 것이 21세기에 당면한 가장 직접적이고 복잡하며 벅찬 외교 정책 과제다. 어쩌면 북한의 위협에 대응하

는 것보다 더 큰 과제일 수 있다.

바이든 행정부의 '임시 국가안보 지침(Interim National Security Guidance)'은 중국이 경제적 외교적 군사적 기술적 힘을 결합할 수 있는 잠재력을 가져 안정적이고 개방된 국제 시스템에 지속적인 도전을 할 수 있는 유일한 경쟁자라고 규정한다. 이 지침은 '부상하는 중국'과 씨름하면서 최선의 방법을 찾기 위해 많은 자원을 쏟아부었던 앞선 두 행정부와 궤를 같이한다. 오바마 행정부의 '아시아 재균형'과 트럼프 행정부의 '자유롭고 개방된 인도태평양(FOIP)' 등이 전임 정부들의 대응이었다.

요즘 미중 관계는 '전략적 경쟁'으로 규정된다. 한때 중국의 수출 주도 개발과 미국의 소비 주도 경제를 묶어 '차이메리카(Chimerica)'라고 묘사하기도 했으나 지금은 빠르게 해체되고 있다. 두 초강대국은 아무도 예측할 수 없는 경제적, 안보적 무기로 서로를 겨냥하고 있다. 중국은 세계 경제 성장의 가장 큰 엔진, 가장 큰 무역 국가, 가장 큰 외국인 투자 대상국이 되었다. 중국은 아시아와 유럽에서 주요 무역 및 투자 그리고 21세기 최대 개발 프로젝트인 일대일로(一帶一路) 이니셔티브를 통해 전 세계에서 더 큰 영향력을 확보하고 있다. 아시아는 중국 중심의 무역지대로 긴밀하게 통합되고 있고 서방 산업 국가들은 중국의 수입품에 의존하고 있다. 동시에 중국은 감시 장비를 수출하고 5G 통신 네트워크에 장비를 내장해 민감한 정보를 훔치고 있다.

미국이 아시아에서 가지고 있던 권력 투사 능력은 중국에 비해 약해지고 있다. 중국은 커지는 물적 파워와 영향력으로 보다 공세적으로 변하고 있다. 중국은 남중국해, 홍콩, 신장, 대만 등에서 정책 목표를 추구하는 데 자신의 힘을 과시하고 있다. 이 중 가장 중요하고 잠재적으로 불안정을 초래할 징후 중의 하나는 대만에 대해 점차 강압적인 자세를 보이는 것이다. 우리는 권력 이동이 일어나는 것을 보고 있다. 하버드대 그레이엄 앨리슨 교수가 지적했듯이 이런 국제적 권력 균형의 변화는 역사적으로 무력 충돌을 동반했다. 현재 미중은 핵보유국으로서 노골적인 충돌은 억제되고 있다. 당장은 직접적인 적대감을 표출하지는 않는 경쟁이지만 미군 지도자들은 중국과의 전쟁, 특히 대만을 둘러싼 전쟁 위험이 커지고 있다고 경고한다.

미중 경쟁이 격화하면서 한국은 주요 안보 동맹국(미국)과 최대 교역 상대국(중국) 사이의 '무인(無人) 지역'에 빠졌다. 한국은 북한의 실존적 위협에 대응하기 위해 미국과의 안보동맹에 의존하고 있지만, 미국과 일본을 합친 것보다 더 큰 규모의 교역을 중국과 하고 있다. 한국은 2020년 중국에 1300억 달러 이상의 상품을 수출했다. 이는 전체 수출의 4분의 1에 해당한다. 한국의 대미 수출액은 약 750억 달러, 대일 수출액은 250억 달러였다. 한중 관계에는 북한도 있다. 중국은 북한의 최대 교역 파트너이자 동맹국이자 유일한 후원국이다.

미중 무역전쟁이 아직 한국에 직접적인 피해를 입히지 않았지만 어느 한쪽을 선택한다는 압력은 한국에는 골치 아픈 문제다. 지금까지 한국 정부는 중국과 미국에 대한 입장을 '균형 외교'(혹은 '전략적 모호성')로 맞추고 있다. '헤징 정책'을 통해 한국은 일본이나 호주 등 아시아의 다른 동맹국에 비해 중국을 겨냥한 목소리가 크지 않다. 미국의 압력은 높지만 중국과 적대시하는 것을 피하기 위한 것이다. 일례로 한국은 홍콩 시위대에 대한 지지를 표명하지 않은 소수의 민주주의 국가 중 하나다. 남중국해 분쟁과 신장자치구의 인권 침해에 대해서도 한발 옆으로 물러나 있다. 2021년 2월 캐나다가 중국에 억류된 캐나다 연구원 2명을 석방하기 위한 계획에 57개국이 지지했는데 한국은 포함되지 않았다.

한국 지도자들의 이런 '균형 전략'이 얼마나 오래 지속 가능할지 아니면 미국과 중국 중 어느 한쪽을 선택하도록 강요될 것인지가 문제다. 올해 대선을 치르는 한국에서 외교 안보 정책이 선거의 핵심은 아니다. 다만 미국이나 북한보다 중국이 후보들의 주요 외교 주제이자 논쟁의 주제이다. 한국이 중국과 경제 관계가 긴밀하지만 대중들은 여러 현안에 대해서는 중국에 양면적인 감정을 갖고 있다. 역사 및 영토 분쟁, 위협적인 행동, 황사 등 오염 물질 유입, 문화적 침해(김치 한복 원조 논쟁-역자 주) 등에 불만을 나타낸다. 특히 중국에 대한 대중 인식은 2016년 사드(THAAD·고고도미사일방어체계) 배치와 중국의 보복 이후 악화되어 한국에 약 75억 달러의 경제적 손실을 입혔다.

미국과 중국을 어떻게 다룰 것인지에 대한 한국의 결정은 앞으로 수년간 한국의 국력 상승과 번영이 계속될지 쇠퇴를 겪을지 결정할 수 있다. 3월 누가 대통령이 되든 한국은 중국의 부상과 미중 경쟁 양상을 명확히 인식해야 한다. 중국 대신 미국을 선택하는 것은 아니라도 한국은 중국 정책에서 '전략적 명확성'이 필요하다. 중국은 무역, 문화, 인적 교류, 기후변화, 공중보건, 핵 비확산 등 여러 분야에서 한국이 협력해야 하는 파트너다. 지정학적 환경의 복잡성을 고려할 때 한국은 높아지는 미중 경쟁에서 사안별로 접근할 필요가 있다. 한국이 '강한 외교' 방식으로 접근할 만한 몇 가지 핵심 권고를 제시해 보고자 한다.

한국에 주는 권고

가능한 한 빨리 CPTPP(포괄적·점진적 환태평양경제동반자협정)에 가입하라. 최근 몇 년간 미중은 다자 자유무역협정을 포함한 여러 현안에서 한국을 궁지에 몰아넣었다. 한국은 처음에는 '환태평양경제동반자협정'의 후신인 CPTPP에 가입하지 않았다. 대신 중국 주도의 '역내포괄적경제동반자협정(RCEP)'과 '아시아인프라투자은행(AIIB)'에는 가입했다. '환태평양경제동반자협정'은 버락 오바마 전 대통령이 중국의 경제적, 정치적 영향력을 제한하기 위해 설계한 것이었다. 미국 영국 호주가 중국의 군사력 확장에 대응하기 위해 새로운 군사 협력 관계를 구축하겠다고 선언한 지 하루 뒤 중국은 CPTPP에 참여 제안서를 들이밀었다. 이제 한국이 CPTPP에 참여해도 중국이 화를 낼 것이라는 우려는 작아졌다. 한국이 신청 절차를 시작할 것이라고 발표했는데 의미가 있다. 사실 중국의 대응을 걱정하기보다 벌써 참가했어야 했다. 경제학자 피터 페트리와 마이클 플럼버는 한국이 CPTPP에 가입하면 연간 860억 달러를 얻고, 협정의 바깥에 있으면 2030년까지 연간 30억 달러의 손실을 입을 것으로 추정한다. CPTPP는 일본 말레이시아 멕시코 베트남 등과의 관세 및 비관세 장벽을 낮추어 한국이 아시아 및 북미 공급망에서 중심 역할을 하도록 할 것이다. 새로운 회원국이 가입하면 한국의 이득도 더욱 커질 것이라는 것이 두 학자의 평가다. 결론적으로 동아시아의 생산 네트워크를 심화하고 생산성을 높여 임금과 고용 증가에도 기여할 RCEP나 CPTPP에 한국이 가입하면 미중 무역전쟁의 부정적인 영향을 크게 상쇄할 수 있다.

쿼드(Quad)에 더 깊이 관여하라. 바이든 행정부에서 중국 전략의 특징은 동맹 및 우방국과의 관계 강화, 민주국가들과의 협력 강조다. 바이든 정부는 COVID-19 백신 제공, 기후변화 대응, 핵심 및 신흥 기술에 대한 조정 등을 위해 쿼드 국가들과 협력을 강화하고 있다. 2021년 9월 미국 영국 호주는 인도태평양 지역의 안보와 안정을 위한 3국 안보 협정인 AUKUS의 창설을 발표했다. 문재인 정부의 태도는 애매하고 신중하다. 문 정부는 중국의 경제적 대응을 우려해 트럼프 대통령의 쿼드 협력 제안을 거절했다. 하지만 한국은 완전한 회원국 가입은 아니어도 좀 더 깊은 참여를 고려해야 한다. 한국이 미중 사이에서 '균형 외교'를 취하는 것을 고려하더라도 백신 개발 및 유통, 보건, 신흥 기술, 기후변화 같은 비안보 분야에서 쿼드와 연계하는 것은 다자간 협력 관계 발전에 의미 있는 첫걸음이 될 수 있다. 쿼드 참여는 정기적인 막후의 실무 차원 협의에서 시작해 적절한 시기가 되면 고위 관리가 참여하는 공식적인 모임으로 이어질 수 있다. 2021년 3월 나온 쿼드의 첫 공동성명에 중국은 한 번도 언급되지 않았다. 바이든 행정부는 한국이 중국을 공개적으로 적대시하지 않으면서 쿼드에 참여할 수 있는 여지를 남겼다. 한국은 먼저 백신 배분, 기후변화, 신기술 등 분야에서 쿼드 워킹그룹에 참가한 뒤에 정식 회원 가입을 고려해야 한다.

미국 및 비슷한 생각을 가진 국가와의 신기술 동맹 및 공급망 협력을 심화하라. 미중 간 기술 분야 경쟁은 계속 심화되고 전 세계적 범위로 확대될 것이다. 미국은 중국의 기술 확장을 제한하는 데 법적인 수단들을 강화하고 한국 등 동맹국들에는 첨단기술 분야에서 중국의 영향력을 제한하는 데 함께하도록 압력을 강화할 것이다. 한미는 과학기술 분야에서 오랜 협력 관계를 구축해 왔기 때문에 앞으로 이 분야로 동맹을 확장할 수 있는 기회가 많을 것이다. 2021년 5월 바이든 대통령과 문 대통령의 첫 번째 정상회담에서도 군사, 외교 정책 및 경제 파트너십보다 새로운 기술 협력 플랫폼 구축 합의가 우선 순위였다. 문 대통령의 후임자는 국방 기술에 중점을 둔 바이든-문 정상회담에서 합의된 사항을 실행하기 위한 조치를 취해야 할 것이다. 전 세계적으로 군사력은 극초음속, 인공지능, 양자컴퓨팅, 무인시스템, 사이버무기, 우주무기와 같은 기술에 의해 새롭게 변하고 있다. 기술 협력 확대는 양국 모두에 이익이 되고 한미동맹도 더욱 공고히 할 것이다. 과학과 기술을 보다 광범위하게 통합하기로 한 결정은 양국의 민간 및 군사 분야 모두에게 큰 이익이 될 것이다.

중국의 경제적 위협에 대해 조율된 계획을 세우라. 경제적 위협은 앞으로도 중국의 주요 레퍼토리가 될 것이다. 중국은 한국 등 전 세계 80여

개국의 최대 교역 대상국이다. 중국의 경제적 영향력의 범위는 더욱 확대돼 권력 수단으로서 양국 관계에서 경제적 위협 조치의 중요성은 더욱 커질 것이다. 중국은 지금까지 몇몇 국가에 경제적 압력을 행사했다. 한국은 2016년 사드 배치에 대한 보복으로 관광객 축소와 특정 품목 수입 제한 등을 경험했다. 중국은 일본과 호주에도 위협적인 행동을 했다. 이럴 때 미국은 아무런 도움을 주지 못하고 한국 등 동맹국이 중국의 거친 신경질에 홀로 맞서게 했다.

한국은 앞으로는 경제적 위협을 당할 때 어떻게 유대를 강화할 수 있는지 보여주기 위해 미국 및 다른 지역 강국들과 긴밀히 협력해야 한다. 미국은 중국의 타깃이 된 국가들로부터 교훈을 얻어 어떤 일을 해야 하는지에 대한 압박감을 가져야 한다. 여기에는 미국과 중국의 압박을 받는 국가 간에 공식적인 조정기구를 구성하는 것이 도움이 되는지 봐야 한다. 또는 일시적인 관세 인하, 영향받는 품목 구매, 타깃이 된 업종이나 기업에 대한 지원 등이 중국의 위협에 의한 충격을 줄일 수 있는지 살펴볼 수도 있다. 어떤 국제적 틀도 한국을 미중 경쟁의 압박으로부터 완전히 차단시켜 줄 수는 없다. 다만 중견국들의 연대가 지렛대 역할은 할 수 있다. 세계무역기구(WTO)는 중국의 무역 상대국들이 함께 뭉쳐 중국의 경제 위협에 공동 전선을 펴는 좋은 무대가 될 수 있다. 중국이 강압적인 전술을 펴면 한국은 비슷한 생각을 가진 국가들과 협력하는 기회를 그곳에서 찾을 수 있다.

중국의 감시 기술, 사이버 공격 및 상업 스파이 위험에 적극 대응하라. 최근 몇 년간 중국 기업들이 다양한 감시 장비와 치안 기술을 수출하고 있는 것에 대한 높은 수준의 조사가 이뤄졌다. 감시 장비 최대 공급업체 화웨이(華爲)는 미중 무역 및 기술 경쟁의 핵심 대상이었고 중국 기술 확장의 위험을 경고했던 트럼프 행정부의 집중 타깃이었다. 2019년 말 현재 중국은 치안 및 공공 안전에 사용하는 감시 기술 플랫폼을 80개국 이상에 수출했다. 이는 개인 정보 보안, 인권, 민주적 자유 및 기술 경쟁에 어떤 영향을 미칠지 우려를 낳고 있다. 한국은 미국의 요청에도 불구하고 화웨이의 5G 네트워크 구입을 금지하지 않았다. 한국은 중국의 감시 기술 개발, 사용 및 수출로 인해 초래된 문제에 대응하기 위한 포괄적인 전략을 개발해야 한다. 그리고 가능하다면 자유민주주의를 보호하는 기술적 또는 법적 메커니즘을 구축해야 한다.

중국은 광범위하게 사이버 능력을 높이는 데 많은 자원을 투입하고 있다. 중국 인민해방군(PLA)의 주요 사이버 조직인 61398부대는 10만 명 이상이다. 국가안전부는 수년간 미국 정부와 기업 등에 무수한 사이버 공격을 수행했다. 사이버 부대는 소프트웨어 소스 코드, 영업비밀, 인사 기록, 기술, 무기 설계 및 기타 군사 정보를 훔쳤다. 중국은 전력망과 같은 핵심 기반 시설을 무력화할 수 있는 정교한 사이버 무기를 개발했다. 인공지능으로 움직이는 무기 시스템 개발에도 상당한 자원을 투자하고 있다. 한국이 미중 간 대치 상황에서 더 잘 대처하기 위해서는 북한뿐 아니라 중국에서도 점점 더 위협적인 사이버 무기가 확산되고 있는 것을 감안해 자국의 사이버 안보 보호에 보다 적극적으로 나서야 한다.

중국의 상업 스파이 활동 증가는 한국 재벌 기업의 주요 걱정거리다. 첨단 산업의 대기업들은 반도체, 디스플레이, 조선 등에서 앞선 기능을 찾아 빠르게 부상하는 중국 경쟁업체들로부터는 매력적인 표적이 되었다. 삼성 직원이 관련법을 위반해 중국에 기밀을 빼돌린 혐의로 실형을 선고받기도 했다. 산업 스파이 수법에는 뇌물을 주거나 대기업 직원으로부터 직접 영업 비밀이나 산업 기술을 사거나 불법적으로 해킹하는 것 등이 있다. 중국 해커들은 사물인터넷(IoT) 검색 엔진인 '쇼단' 등을 이용해 회사 컴퓨터 시스템의 허점(Loopholes)을 찾고 있다. 한국의 구직 사이트에는 '생활비와 자녀 교육 제공', '2년 계약, 연봉 및 상여금 제공' 등을 내건 중국 기업의 광고가 가득하다. 수년간 애플의 아이폰 사업부와 경쟁해 온 중국의 디스플레이 기업 BOE는 약 120명의 한국인을 채용했는데 이 중에는 아이폰용 OLED 화면 개발을 주도한 50명 이상의 전 삼성 직원이 포함됐다. 한국 기업의 영업 비밀을 보호하는 것은 국가적으로 중요한 문제가 됐다. 최근 수년간 수백 건의 첨단 기술 유출 사건이 있었는데 이 중 다수는 유출됐다.

동남아시아 투자를 확대하고 다각화하라. 문재인 정부는 인도 및 동남아 국가연합(ASEAN)과의 관계 발전에 주도적으로 나섰다. 한국은 세계에서 5번째로 큰 경제 블록이자 5억 명 이상의 인구가 있는 동남아에 대한 기반 시설 투자 등에서 미국과의 협력을 우선적으로 추진해야 한다. 기반 시설 외에도 교육 의료 인터넷 및 법률 서비스 등에 대한 투자도 중요하다. 한국은 워싱턴에 최근 설립된 개발금융공사(DFC)와 손

잡고 동남아 지역에서 협력할 기회를 찾을 수 있을 것이다. DFC는 아세안 등 전 세계 저소득 및 중하위 소득 국가에 600억 달러를 투자할 계획이다. 요즘 아시아 지역에서 인기가 높은 한국의 소프트웨어와 문화 상품들은 지속 가능하고 사람 중심의 투자를 수행하는 데 유용하게 활용될 수 있다. 이는 이 지역에서 중국에 대한 대안이 될 수도 있다. 한국은 제조 거점을 아세안 회원국으로 이전하기 위한 노력을 지속적으로 확대하고 한국 기업의 중국 의존도를 줄이고 리쇼어링을 촉진하여 공급 다변화에 집중해야 한다.

대만과 남중국해에서의 분쟁 가능성에 대해 비상 계획을 세워야 한다. 대만은 아시아에서 위기가 발생할 수 있는 가능성이 가장 높다. 중국과 대만 간에 아직 군사적 충돌이 일어날 것 같지는 않지만 중국 민족주의가 높아지면서 대만, 나아가 미국과도 대결을 불사할 가능성이 매우 높다. 대만이 현재 상태에서 벗어나 '법적' 독립으로 방향을 틀면 더욱 그럴 것이다. 중국이 위기를 조장하기 위해 꼭 대만을 침공할 필요는 없다. 중국은 많은 경제적 외교적 수단으로 대만을 압박할 수 있다. 여기에는 대만 기업과 대만 무역 파트너에 대한 압박, 대만 달러 공격에 대한 공격, 아시아태평양경제협의체(APEC) 및 세계무역기구(WTO)에서의 압박, 대만과의 무역협정 중단, 사이버 공격 등이 있을 수 있다.

만약 중국이 군사행동을 취한다면 직접적인 공격보다는 봉쇄의 형태가 될 수 있다. 봉쇄를 풀고 싶다면 대만 일본 미국 등이 중국에 무력을 사용해야 하는 부담을 지게 될 것이다. 따라서 대만해협에서는 평화 아니면 전쟁이라는 양극단적 상황보다는 대만해협의 긴장이 고조되면서 압력이 가중되는 과정으로 진행될 것이다. 한국은 대만 위기에 어떻게 대응할 것인가? 현재 미국은 질적으로는 군사적 우위에 있지만 중국은 이미 세계 최대의 해군을 보유하고 있다. 수년 내로 아시아 지역에서는 중국의 공군과 미사일 전력이 미국을 능가할 것이다. 따라서 대만을 둘러싼 미중 갈등은 미국뿐 아니라 한국에도 악몽 같은 시나리오다. 진영을 떠나 한국 사람들은 '덫에 걸리는' 시나리오를 피하고 싶을 것이다. 한국이 여러 측면에서 진행되는 미중 경쟁에 관여하는 것을 피하려고 해도 대만해협에서 비상사태가 발생하면 한국은 영향을 받지 않을 수 없다. 경제의 생명줄인 수출입이 중단될 수 있다. 그렇다고 한국이 대만해협 분쟁에 관여되기를 거부하면 상당한 외교적 대가를 치러야 할 것이다.

중국이 주변국 대부분과 영토 갈등을 겪고 있는 남중국해도 한국에는 중요한 보급로가 되는 곳이자 세계적으로도 또 하나의 쟁점 지역이다. 중국은 남중국해에 대한 사실상의 통제권, 즉 분쟁 도서에 대한 주권과 주변 해역에서의 행동 규칙을 지시하는 권한을 갖고자 한다. 이를 위해 중국은 인공섬 건설, 섬의 군사화, 경쟁국에 대한 강요와 위협 등을 구사하고 있다. 이런 행동은 미국뿐만 아니라 한국을 포함한 동맹국의 이익에도 해롭다. 세계 무역의 약 3분의 1과 액화천연가스의 40%가량이 남중국해를 통과하며 세계적으로 물고기의 10% 이상이 이곳에서 잡힌다. 인도양을 오가는 미국 해군 함정의 중요한 통로이기도 하다. 미국은 남중국해에서 항행의 자유를 유지하기 위한 조치를 계속 취할 것이며 한국을 비롯한 동맹국의 참여를 요청할 것이다. 한국은 남중국해에서 규범과 국제법을 훼손하거나 위반하는 중국의 행동에 어떻게 대응할지 신중하게 생각해야 한다. 한국은 잠재적인 충돌 가능성에 대비해 미국과 협력하면서 비상 계획을 마련해야 한다.

일본과의 긴장 수위를 낮춰야 한다. 아시아에서 미국과 가장 가까운 두 동맹국인 한국과 일본의 관계는 2015년 위안부 문제와 한국 법원의 강제징용 판결 이후 급격히 악화됐다. 일본은 2차 대전 당시의 한국인 전시 근로자에 대한 배상 판결에 대응해 반도체 등의 생산에 핵심적인 3가지 물질을 한국에 수출하지 못하도록 제한하는 조치로 대응했다. 그러나 높아지는 중국의 도전, 지역의 경제적 상호의존성, 약해지는 이 지역에서의 미국의 리더십 등은 한미일 3국 협력에 대한 근본적인 재평가가 필요하다는 것을 보여준다. 한일 관계 악화는 중국(혹은 북한)에만 도움이 될 것이다. 이들은 아시아에서 미국 동맹의 지속적인 약화 그리고 주요 민주주의 국가들이 서로 소원해지는 것을 바라는 공통의 목표가 있다. 한일 관계의 긴장은 민주주의 국가들이 지역의 평화와 안정에 필수적인 규범과 가치를 수호하기 위해 서로 단합하는 것은 아니라는 중국의 생각을 강화할 뿐이다. 게다가 한일 간 불화는 한미 동맹에도 긴장을 높이는데, 이는 아시아에서 전후 동맹 체제가 해체돼 지역의 패권을 위한 공간을 찾고 있는 중국을 돕는 일이 된다. 미중 경쟁 속에서 한국이 제대로 길을 찾으려면 한미일 3국 관계를 개선하는 방안을 찾아야 한다.

북한으로 가는 길은 중국이 아니라는 것을 알아야 한다. 중국은 북한의 가장 중요한 후원국이자 동맹국이다. 또한 최대 교역 상대국이고 식량 무기 연료의 핵심 공급국이다. 중국은 북한 소비재의 약 80%, 식량의 45%, 에너지 수입의 거의 90%를 제공한다는 추산이 있다. 중국은 북한 교역의 89%를 차지하고 중국은 북한에 대한 외국인 직접투자의 94%를 차지한다. 중국은 역사적으로 북한을 무조건 지지해 왔고 동북 지방 국경에 우호적인 국가를 두기 위해 김정은 정권을 3대째 지지했다. 과거 미국과 한국의 지도자들은 북한으로 가는 길은 중국을 거쳐야 한다고 믿었다. 중국과의 관계를 맺고 확대하면 북한과의 관계도 개선될 수 있다고 생각했다. 하지만 시간이 지나면서 중국 정부의 대북 정책 기조는 북한 체제의 붕괴와 불안정을 피하는 것에서 근본적으로 벗어나지 않았음을 보여주었다. 이는 북한이 핵무기를 개발하고 도발하는 것을 묵인하는 것까지도 포함한다. 바이든 행정부가 2021년 대북 정책을 발표할 때 중국의 역할을 그다지 강조하지 않은 데는 이런 이유가 있었다. 그렇다고 바이든 행정부가 중국을 배제하려는 것은 아니고 북한의 비핵화에서 중국의 역할이 제한적이라는 것을 의미한다. 미국은 중국이 북한 문제를 지렛대로 미국에 압력을 가하는 것을 더 이상 허용하지 않겠다는 것을 보여준다.

결론

국력이 기우는 미국과 부상하는 중국이 강대국 권력 경쟁에 몰두해 있다는 점에서는 외교 전문가들 사이에서 의견이 일치한다. 미국은 중국이 국제 문제에서 '책임 있는 이해관계자'로 부상하는 것을 원활히 하기 위해 중국을 국제사회에 적극 참여시키는 정책을 펴왔으나 이제는 이 같은 관여 정책에서는 완전히 벗어났다. 오바마, 트럼프 그리고 바이든 행정부의 대중 정책은 중국에 점점 강경해지고 있다. 이런 현실의 변화는 한국에서의 대중국 정책 논의에도 중요한 의미가 있다.

한중 관계는 1992년 수교 이후 완전히 바뀌었다. 양국은 지리적으로 가깝고 경제적 연관성도 강해 끈끈한 양자 관계를 유지하고 있다. 중국의 상대적인 힘이 커지면서 한국은 중국과 경쟁도 해야 한다. 한국이 미국 주도의 지역 내 연합 세력 구축을 거부하더라도 중국과의 관계에서 파열음을 내지 않으려는 것은 이해할 수 있다. 중국은 일본 호주 인도 등 중국과 맞서고 있는 역내 다른 국가들에 비해 전략적 수단이 적다고 여긴다. 한미 동맹 관계를 약화시키지 않으면서도 전략적 경제적 이익에 가장 잘 부합하는 길이 있다. 예를 들어, 쿼드 가입은 중국을 상대할 때 약점이 아닌 강점이 될 수 있고 장기적으로도 대중 관계에서 더 나은 위치를 차지할 수 있다.

좀 더 범위를 넓혀 보면 한국은 인도태평양 지역에서 중립적 자세를 유지한다고 해서 중국이 미래에 한국의 지역 내 이익을 훼손하는 것을 반드시 막을 수는 없다는 것을 알아야 한다. 중국에 맞서는 데 실패하면 세계무대에서 한국의 명성과 영향력을 잃는 상당한 손실도 있을 것이다. 한국이 중국의 인권 침해를 비판하는 데 보다 단호한 입장을 취하지 않는다면 한국이 가진 소프트파워를 낭비하게 될 것이다. 또 커지는 중국의 군사적 공세에 맞서기 위해 더 많은 조치를 취하지 않으면 한미 동맹도 훼손할 수 있다.

미국은 미국과 중국 중 하나를 선택하도록 하거나 중국이 구축하는 단일체에 맞서는 블록에서 미국 편에 서도록 한국에 압력을 가할 필요는 없다. 한국이나 다른 동맹국과의 관계에서 보다 협의적이고 유연하게 접근할 수 있다. 한국은 자신의 이익을 위해 중국에 대해 보다 독립적인 자세를 취할 필요가 있다. 앞서 이 글에서 권고한 항목들은 한국이 취해야 할 '강한 외교'의 출발점이다.

"한국의 독자적 입지와 역할 가능"

그레그 A. 브레진스키
미국 조지워싱턴대 교수

　한국은 앞으로 10년간 가장 중요한 두 나라 즉, 중국과 미국 사이의 경쟁 심화로 외교 정책에서 일부 바람직하지 않은 선택에 직면하게 될 것이다. 얼마 전까지 미중 관계에서 팽배했던 낙관주의와 협력정신은 거의 사라졌다. 이와 함께 한국이 이 지역에서 행사했던 비교적 안정된 역할도 역시 없어졌다. 미국과 중국이 서로를 바라보는 관점은 완전히 달라졌고 양국이 최근 취하는 각종 전략은 서로에 대한 인식의 변화를 반영한 것이다. 미중 양국은 앞으로 한국을 서로 다른 방향으로 끌어당기기 위해 힘과 영향력을 사용할 것이다. 한국 지도자들은 안보와 번영을 유지하기 위해 미중 양국과의 관계에서 미묘한 균형(Delicate Balance)을 찾아야 할 것이다.

미중 적대감 높아지는 세계 질서

미국의 전략은 지난 10년간 큰 변화를 겪었다. 미국은 외교정책의 가장 중요한 목표였던 '세계화'에서 벗어나 이제 '미중 경쟁'이라는 틀을 통해 세계를 보고 있다. 1990년대 초 냉전이 끝난 후 미국은 중국을 통합과 상호 연결성으로 특징지어지는 규칙 기반의 자유주의적 국제 질서에 편입시키려 했다. 북한과 이란 같은 소수의 불량 국가들만 제외했다. 이 틀은 버락 오바마 행정부 시절부터 바뀌기 시작했다. 오바마 행정부는 2011년 '아시아 재균형'의 기치 아래 미국의 전략적 자산을 인도태평양 지역에 재조정하기 시작했다. 미국인들은 중국이 미국이 주도하는 세계 질서 속에서 '책임 있는 이해당사자'가 될 수 있다는 생각을 점점 버렸다. 이제는 중국을 잠재적 도전이자 위협으로 여기기 시작했다. 도널드 트럼프 행정부는 세계화에서 벗어나 중국과의 경쟁 추세를 가속화하고 증폭시켰다. 트럼프 대통령은 취임 직후 미국을 환태평양경제동반자협정(TPP)에서 탈퇴시킨 뒤 제재, 관세, 블랙리스트 등의 수단을 통해 미국의 첨단 기술 기업들을 겨냥했다.

조 바이든 대통령이 2020년 트럼프와의 선거에서 싸워 이길 때 가장 심각한 의견 불일치는 외교 문제보다는 국내 정책에 관한 것이었다. 중국 정책에 대한 바이든의 입장은 트럼프와 크게 다르지 않았다.

취임 첫달 동안 바이든은 트럼프의 많은 중국 정책들, 특히 무역 정책을 그대로 유지했다. 바이든 대통령은 트럼프에 의해 부과된 어떤 관세도 철회하지 않았고 중국이 미국 상품의 수입을 늘리겠다는 약속을 이행해야 한다고 주장했다.

바이든이 트럼프처럼 거칠게 중국을 공개적으로 비난하지는 않았지만 2021년 3월 양국 관리들의 날카로운 상호 비난으로 얼룩졌다. 바이든 행정부는 중국이 미국의 가장 중요한 지정학적 위협으로 남아 있다는 가정하에 중국을 대하고 있다. 인도 호주 일본과의 협력을 증진시키기 위해 노력해 왔고 최근 사상 첫 '쿼드(Quad) 정상회담'을 주최했다. 쿼드 회원국들은 중국에 대한 직접적인 언급을 피했지만 회담의 의도는 분명했다. 미국은 중국의 발언권이 커지는 상황에서 인도태평양의 다른 주요 국가들과의 '비공식적인 동맹' 결성을 독려하고 싶은 것이다.

지난 2년 동안 중국의 외교 정책은 '중국은 위협국'이라는 미국의 인식만을 높였다. 2020년 6월 중국과 인도는 갈완(Galwan) 계곡에서 충돌했다. 군사적 교착 상태는 중국이 수십 년 동안 인도와의 국경 분쟁에서 자국 영토라고 주장한 지역을 점령하면서 끝이 났다. 중국은 남중국해에서 군사 훈련을 계속하고 있으며 국제법에 의해 인정된 것보다 훨씬 더 광범위한 지역을 자국 영토라고 주장하고 있다. 베이징은 어느 때보다 대만과의 통일을 강조하면서 대만 인근 지역에서 군사훈련을 실시하고 대만 방공식별구역 침입을 통해 대만 지도부를 위협하고 있다.

중국 외교관들은 최근 미국 및 다른 민주주의 국가들과의 접촉에서 매우 국수주의적이고 대립적인 자세를 보이고 있다. 미국이 남아시아나 동남아시아에서 중국인들의 행동을 비판하면 중국 관리들은 이를 강력히 반박한다. 중국 공산당 지도부는 비록 많은 경우 역효과를 내더라도 소위 '늑대 전사 외교'를 지지하고 그 같은 행동에 보상을 하고 있을 정도다. 중국은 어느 때보다 자국의 권위주의 정치 체제의 장점에 대해 자신감을 드러내고 있다. 코로나19 팬데믹 속에서 중국은 미국에 비해 확진자나 사망자 수를 잘 관리한 것을 체제의 우월성을 보여주는 증거로 여기고 있다. 당분간 중국은 미국이나 동맹국들이 어떤 제재나 비난을 해도 물러서지 않을 것이다. 미국의 동맹 관계를 약화시키려는 중국의 강경한 발언이나 노력은 미국의 적대감만 증폭시킬 가능성이 높다. 미국과 중국 사이의 상호 적대감은 가까운 미래 세계 정치의 피할 수 없는 특징이 될 것이다.

가장 힘든 선택 직면할 한국

미중 간 경쟁이 점차 커지면 한국은 어떻게 되나? 한국 지도자들에게는 불행한 일이지만 새로운 강대국 경쟁의 시대에 한국만큼 어떤 위치를 찾을 것인지를 두고 힘든 나라는 거의 없을 것이다. 중국과 관련 지정학적 우려가 있는 일본 인도 호주 등 민주주의 진영 국가들의 선택은 명백하다. 미국과 더 가까이하면서 보다 정기적인 전략적 협의를 모색할 것이다. 이란 아프가니스탄과 같은 비민주 진영 국가 그리고 러시아는 중국과 파트너십을 맺고 미국의 패권에 대한 대안을 제공할 수 있는 전략적 연대를 구축하기 위해 노력할 것이다.

그런데 한국은 이들 두 가지 방향 어느 것도 여의치 않다. 중국은 지난 20년 동안 한국의 가장 큰 무역 상대국이었다. 지리적으로 가깝고 막대한 시장 크기 때문에 중국은 한국의 수출 주도 경제의 자연스러운 파트너였으며 이를 대체할 만한 국가를 찾기 어렵다.

민주주의 제도가 확고히 뿌리를 내린 한국은 미국과 정치 체제가 동일하지는 않지만 표현의 자유, 인권, 정치적 자유를 비슷한 방식으로 정의한다. 한미 양국의 북한에 대한 접근이 항상 완전히 일치하는 것은 아니지만, 양국은 모두 북한의 핵 프로그램과 군국주의를 전략적 위협으로 보고 있다. 정치적 가치와 위협에 대한 공통 인식은 1953년 이후 한미동맹의 핵심이다. 한국은 중국과의 경제적 관계를 필요로 하지만 미국과의 안보 관계에 대한 필요성은 훨씬 더 클 것이다.

미중 사이에서 균형을 취하는 것이 항상 어려운 것만은 아니었다. 6·25전쟁 당시 중국은 김일성의 한반도 통일을 지원했으나 실패했다. 1950년대와 1960년대 중국은 북한의 가장 가까운 동맹국으로 한국과는 사실상 접촉이 없었다. 이승만과 박정희 정부는 미국과의 강력한 동맹을 유지하는 것 외에 선택의 여지가 없었다. 그런데 중국과 미국 사이의 관계가 개선되고 1970년대 후반 덩샤오핑(鄧小平)이 개혁·개방 경제개혁을 시작하면서 상황은 바뀌기 시작했다.

한중 관계가 정상화되기 전 한국 기업들은 중국의 성장하는 경제를 엄청난 잠재적 기회로 보았다. 1980년대 초까지 비록 싱가포르 홍콩 일본 등을 통해 이뤄지기는 했지만 한중 무역은 크게 증가했다. 중국은 처음에는 노태우 대통령의 북방정책에 냉담했지만 한국이 러시아 등 다른 대부분 공산주의 국가들과 관계를 정상화하자 태도를 바꿨다. 자칫 한국과의 관계 개선 추세를 따르지 않으면 홀로 뒤처질 것이라는 것을 깨달았다. 1992년 중국 외교관들은 의기소침한 김일성에게 중국이 한국과 공식 관계를 수립할 것이라고 말했다. 중국은 냉전 시대 동맹국이었던 북한의 실망이 오래가지 않을 것이라고 도박을 했다.

한중 양국이 관계를 정상화한 뒤 경제 문화적인 교류가 급격히 늘었다. 1990년대 미국의 대중 정책은 여전히 통합과 협력에 초점이 맞춰져 한국이 중국과 유대를 강화하려는 노력을 지지했다. 21세기 초에 중국은 한국의 최대 교역국이 되었고 한국은 중국의 4, 5번째 교역국이 됐다. 한국의 대중무역 확대는 북중 간 무역을 왜소하게 만들었다. 2000년대 초반 한중 관계의 역동성을 보여주는 것으로 영화도 있다. 1970년대와 1980년대에는 북한 영화가 중국에서 엄청난 인기를 끌었다. 이제 중국 젊은층이 매력을 느끼는 것은 한국 드라마와 음악이었다. 수교 후 한국 내 중국 영향력의 확대도 인상적이었다. 한국 내에서나 중국 대학에서 중국어를 공부하는 한국인의 수는 크게 늘어 2001년과 2012년 사이 중국에서 공부하는 한국인은 3배나 증가했다. 중국 경제의 성장에 따라 중국인 관광객도 한국으로 몰리기 시작해 2016년까지 한국 관광객 중 중국 방문객의 비중이 40% 이상을 차지했다. 미중이 과거의 차이를 살피면서 협력을 증진하려 했던 시기에 한중 양국은 미국을 별로 신경 쓰지 않고 관계를 확장했다.

한중 관계의 변곡점 사드 배치

한중 간 역동적인 관계는 지난 5년 동안 상당히 변화했다. 중요한 전환점은 2016년 박근혜 대통령이 한국에 사드(THAAD·고고도미사일 방어체계)를 배치할 것이라고 발표한 것이었다. 중국은 사드 배치가 북한보다 중국을 더 겨냥한 것이라고 주장하며 한국 정부의 정책을 바꾸기 위해 경제적 제재 등 압력을 가했다. 2017년 중국 지방정부는 롯데마트 등을 소방 안전 위반 혐의로 문을 닫도록 했고, 중국 국가여유국은 한국 여행을 금지하기 시작했다. 중국 정부는 이 같은 조치가 사드 결정과 관련이 없다고 부인했지만 시기상 의심스럽다. 한중 간 사드 갈등은 2017년 한국이 사드를 추가로 배치하지 않고 한미일 동맹에 참가하지 않겠다고 약속하면서 해소되는 듯했다. 중국은 반대급부로 한국과의 경제 관계를 다시 정상화했다. 한국은 미국과의 안보 협력을 진행하는 것과 관련해서 중국의 경제 보복에 대해 더 많은 주의를 기울여야 하는 상황이 됐다.

중미 간 경쟁이 트럼프 및 바이든 대통령 집권 기간 더욱 격화하면서 한국은 점점 더 어려운 선택에 직면하고 있다. 미국은 중국이 이웃 국가들을 위협하고 영향력을 확대하는 것을 막기 위해 동맹국이나 우방국들이 더 많은 구체적인 조치를 취할 것을 요구하고 있다. 지난해 한미 정상회담은 미국이 한국과의 동맹 관계를 어떻게 재편하려고 하는지 보여주었다. 문재인 대통령과 바이든 대통령은 공식 성명에서 중국이나 중국의 위협에 대해 명시적으로 언급하는 것을 피했는데 매우 성공적인 것으로 여겨지고 있다. 하지만 많은 행동과 성명의 내용들은 명백히 중국을 저지하기 위한 뜻도 담고 있다.

정상회담에서 바이든 행정부는 오랜 기간 지속되어 온 한국의 미사일 개발에 대한 제한을 풀었다. 한국은 장거리 미사일을 개발할 수 있는 노하우와 능력을 갖추고 있었지만 지역의 군비 경쟁을 심화시키는 것을 피하기 위해 그렇게 하지 않았다. 한국은 이제 한반도 너머 먼 곳의 목표물을 타격할 수 있는 미사일을 개발할 수 있을 것이다. 물론 한미 양국이 중국을 이번 조치의 대상으로 명시적으로 언급하지는 않았다. 하지만 아시아에서 미국의 미사일 방어망을 강화해 중국의 커지는 군사력에 균형을 맞추는 데 도움이 될 것이라는 것을 부인할 수 없다. 양국 공동성명에 대만 문제를 포함시킨 것도 중국엔 당혹스러운 일이다. 두 정상은 대만 해협에서 평화와 안정을 유지하는 것이 중요하다고 강조했다. 한국과 미국이 공식 공동성명에서 대만을 언급한 것은 냉전 종식 이후 처음이다. 미국 내 대부분의 정책 전문가와 언론은 한미 정상회담의 결과를 보고 한국이 미국의 의제에 더 수용적이 되고 있다는 신호로 보았다.

그렇지만 한국은 중국과 완전히 멀어지는 발언이나 행동은 피하려고 노력했다. 한미 양국의 공동성명은 한 달 전 미국과 일본이 중국을 위협으로 지목하고 이를 저지하기 위한 조치를 촉구한 성명까지 가지 않았다. 중국이 문 정부에 너무 노골적으로 미국을 편드는 것을 경고하자 한국 외교부 장관은 중국의 내정에 간섭할 의도가 없다고 안심시켰다. 중국은 문 대통령의 미국 방문을 비난했지만 한국이 동맹국들을 기쁘게 해주는 것도 일정한 한계가 있다고 믿어 그다지 불쾌해하지는 않았다. 실제로 한국이 미국과의 안보 협력을 강화하기 위해 중국과의 관계에서 '레드 라인'을 넘을지는 불확실하다.

미중 양측의 높아지는 압박

미국은 대중 압박에 한국이 동참하도록 설득하지만 중국은 한국이 동맹국을 완전히 지원하는 것을 막기 위해 경제적 영향력을 행사해 왔다. 왕이(王毅) 중국 외교부장은 9월 한국을 방문했을 때 한국 관리들에게 비교적 강경한 태도를 취했다. 왕 부장은 이 지역에서 중국의 발언권이 커지는 것을 받아들여야 한다는 것을 암시하고 한국은 미국과 중국 중 어느 쪽을 선호하는지 자문해 봐야 한다고 말했다. 그의 말속에는 만약 한국이 중국의 이익을 해치는 방식으로 미국과 협력한다면 더 많은 대가를 치를 것이라는 점을 바탕에 깔고 있다. 사드 사태 이후 중국은 호주 독일 및 자국을 불쾌하게 하는 아시아와 유럽의 몇몇 국가에 강압적인 경제 외교를 구사했다. 중국은 한국이 미중 경쟁 관계에서 어떤 태도를 보이는지에 대해 매우 민감하게 반응하면서 한국은 (경제 보복 등) 위협에 특히 취약한 것으로 보고 있다.

경제적 지렛대만이 중국이 한국을 압박하는 유일한 수단은 아니다. 중국은 오랫동안 독특한 방식으로 북한에 영향력을 갖고 있는데 이는 남북 관계에도 매우 중요하다. 워싱턴의 많은 정책 전문가들은 종종 북중 동맹의 내구성을 과소평가한다. 그러면서 중국이 북한을 협상 테이블로 나오게 할 수 있다고 지나치게 낙관하고 있다. 중국과 북한은 한국전쟁 동안 미국과 한국에 대한 공동의 투쟁 과정에서 결속력을 다졌다. 이는 역사적 기억에서 지울 수 없는 부분으로 남아 있다. 중국이 비록 핵실험을 한 북한에 대한 유엔의 제재에 찬성하면서도 북한과의 우호 관계를 완전히 무너뜨리려 하지는 않았다. 북중 양국은 많은 국제 현안에서 서로를 지지했다. 중국은 북한의 정당한 안보 문제를 강조하면서 북한에 대한 제재 철폐도 요구했다. 북한은 대만 문제에서 미국과 동맹국들에 대한 비난을 강화하는 것으로 화답했다.

시진핑(習近平) 국가주석은 북한과의 관계 개선이 한국의 목표라는 것을 이해한다. 중국의 대북 통제력이 절대적인 것은 아니지만 그래도 남북 간 협상에서 중국보다 더 많은 역할을 할 수 있는 나라도 없다. 중국은 남북 간 대화를 성사시키거나 무산시키는 데 자신들의 능력을 쓸 수 있다. 중국은 민감한 문제에 한국이 비판을 못 하게 하거나 미국의 전략적 위상을 강화하는 데 한국이 돕지 못하도록 할 수 있다.

한국의 대중 대응 수단 적지 않아

한국이라고 중국의 압력을 피할 수단이 전혀 없는 것은 아니다. 최근 한국에서 반중 감정이 빠르게 높아지고 있다. 한국인들이 중국을 일본보다 더 부정적으로 보고 있다는 여론조사 결과도 있었다. 한국의 진보주의자들은 전통적으로 중국에 비교적 동정적이었지만 홍콩에서 일어난 항의 시위는 1980년대 한국의 민주주의 투쟁을 연상시키는 것으로 보고 있다. 중국의 부상이 아시아 지역 전체에 어떤 의미를 줄지에 대한 우려도 커지고 있다. 반중국 정서가 높아지는 것은 한국에 크게 두 가지 수단을 제공하는 의미가 있다. 중국은 한국을 더욱더 압박하는 것에 대해 신중할 것이다. 중국은 '전랑(戰狼) 외교'의 역화를 전 세계에서 경험했고 주변국과의 관계도 악화됐다. 중국이 한국과 의견이 맞지 않는 것이 있지만 아시아의 주요국 한국을 완전히 등을 돌리게 하는 것은 감당하기 어렵다. 둘째로 한국의 정책 입안자들은 경제적 파장이 있더라도 중국에 맞서 대중적인 지지를 얻을 수도 있다. 이런 대중적 지지를 바탕으로 미국의 기대에는 미치지 못하더라도 어느 정도 한국 경제를 중국 경제에서 디커플링(분리)할 수도 있다.

중국이 한국에 징벌을 가할 수 있는 수단이 있지만 한국도 보복 수단이 없는 것은 아니다. 한국이 프로젝트를 취소하거나 투자를 줄이면 중국도 상처를 입을 수 있는 부분이 있다. 예를 들어, 한국 반도체 제조업체 SK하이닉스가 우시(無錫) 정부와 공동 개발 중인 한중 통합 산업단지는 반도체 자급자족을 추구하는 중국으로서는 중요한 프로젝트다. 중국은 한국과 너무 멀어지면 점점 더 열악해지는 세계 정세하에서 경제성장을 위협할 수 있다고 생각한다. 중국은 호주로부터의 석탄 수입을 금지해 최근 수개월간 심각한 에너지 부족 사태를 맞은 것처럼 정치적 이슈 때문에 무역과 투자를 줄이는 것은 스스로에게도 해가 될 수 있다는 것을 인식하게 됐다. 한국은 중국의 경제 규모와 군사력에도 불구하고 중국이 무적이 아니라는 것을 인식해야 한다. 한국도 중국과의 관계가 좋아야 하듯이 중국도 한국과의 관계가 좋아야 한다.

마지막으로 주목할 만한 점이 있다. 한국의 지속적인 경제 번영과 세계에서 가지는 소프트 파워는 아시아와 전 세계에서 중국의 영향력을 억제하는 역할을 할 수도 있다. 한국과 대만은 민주주의와 번영이 공존할 수 있다는 것을 보여 준다. 한중을 대조해 보면 소프트 파워와 문화적 매력에 관한 한 중국의 권위주의적 모델은 한계를 드러낸다. 중국 지도자들은 지난 10여 년간 국제사회뿐 아니라 중국 내에서도 한국의 음악 영화 드라마의 인기가 높은 것을 보고 당혹감을 느껴 왔다. 그들은 중국의 문화 작품들은 그런 매력을 가지고 있지 않은지를 보며 고민해 왔다. 중국 정부는 최근 몇 달 동안 케이팝(K-Pop) 그룹과 팬들을 검열하기 위해 다양한 공식적 비공식적인 수단을 동원했다. 이런 노력에도 불구하고 중국 내에서 한국 드라마와 음악이 인기를 유지하고 있는 반면 중국의 문화 상품은 수출 시장에서 한국의 성공에 필적할 수 없었다. 해외 관객들이 한국 영화가 더 매력적이라고 생각하는 이유는 분명하다. 예술가들이 정부와 사회적 규범을 자유롭게 비판할 수 있는 민주적 정치 문화에서만 볼 수 있는 창의성 때문이다. 아시아의 다른 나라들은 세계 문화에 대한 영향에서 한국이 중국에 펀치를 날리는 것을 보면서 감탄한다. 민주주의의 장점은 쉽게 알 수 있다. 중국이 경제적 군사적으로 더 강해졌지만 한국은 종종 중국 지도자들 사이에 불안감을 조성한다.

한중 관계는 지난 30년 동안 친밀함과 역동성 모두 극적으로 변했다. 하지만 중미 간 경쟁이 때때로 한국을 곤란한 입장에 처하게 할 수밖에 없어 한중 관계가 어디로 갈지는 10년 전보다 훨씬 더 불확실해 보인다. 한국은 이 지역의 영향력 있는 주체로서 현명한 정책 선택과 경제 및 문화 분야에서의 성공을 바탕으로 이 지역의 발전에 도움을 줄 수 있다.

한국의 지정학적 상황은 항상 도전적이었고 앞으로 몇 년도 다르지 않을 것이다. 동시에, 미중 양국과 좋은 관계를 유지하려는 한국의 결심은 미중 두 강대국 사이에서 꼭 필요할 때 한국이 역내 안정과 협력을 이루는 역할을 할 기회를 갖게 할 수도 있다. 한국의 미래는 의심할 여지없이 부분적으로 중국의 영향을 받을 것이다. 하지만 일방적인 것은 아닐 것이다. 중국은 자신들의 운명에 한국의 영향도 불가피하다는 것을 알게 될 것이다.

한중 30년과 중일 50년, 같은 점과 다른 점

박철희
서울대 국제대학원 교수

한중 30년과 중일 50년

1972년 국교를 정상화한 중국과 일본은 2022년 수교 50년을 맞는다. 1992년 국교 정상화를 이룬 한중이 수교 30년을 맞는 것과 대비된다. 중일 관계 50년과 한중 관계 30년은 단지 시간상 20년 차이뿐만 아니라 영욕의 세월에서도 부침이 다르다. 일본이 중국과 수교한 이후 상당 기간 이른바 '차이나 열풍(China Fever)'이 불었던 적도 있지만, 2010년 센카쿠열도/댜오위다오를 둘러싼 분쟁 이후 급속하게 냉각되었다.

한중 관계도 상승 국면과 하강 국면을 오르락내리락했다. 수교 이후 비교적 순탄하게 항해하던 한중 관계는 2000년 이른바 마늘분쟁을 겪고, 이후 동북역사공정을 거치면서 악재가 드러나기도 했다. 2016년 사드 배치 이후 중국의 보복으로 인해 한중 관계도 난기류에 직면했다. 한중 관계도 중일 관계도 온탕과 냉탕을 오간 자국이 선명하다.

그렇다면, 중일 관계 50년의 역사 속에서 양국은 협력과 갈등의 이중주를 어떻게 극복해 내려고 했나? 일본은 중국을 어떻게 인식하며 관계를 설정해 왔는가? 한국이 중일 관계의 변천을 보면서 배워야 할 교훈은 무엇인가? 이 글은 중일 관계의 패러다임 변화가 한중 관계에 주는 시사점을 논하고자 한다.

중일 관계 50년: 패러다임의 변화

중국과 일본은 1971년 닉슨의 중국 방문에 놀라 서둘러 1972년 국교정상화를 약속했다. 하지만 양국 관계가 본격적인 궤도에 진입한 것은 양국이 평화조약을 체결한 1978년부터였다. 중국이 개혁·개방 노선을 대내외에 천명한 1978년이 중일 관계의 새로운 출발점이었다. 비교적 순탄했던 중일 관계는 1989년 톈안먼(天安門) 사태가 일어나면서 일시적으로 불안정해졌지만 1992년 이후 다시 안정적인 관계를 회복했다. 1997년 아시아 경제위기가 또 하나의 변곡점을 마련하면서 중국은 동아시아 지역에 대한 관여를 강화하고 지역적 협력의 틀에 적극적으로 참여하게 된다. 중일 관계를 넘어선 다면적 지역 협력의 가능성이 점쳐지는 시기가 전개된 것이다. 하지만 2010년 센카쿠열도를 둘러싼 양국 갈등이 전면에 드러나면서 중국에 대한 우호적인 인식이 사라지고 중국 위협론이 급속하게 확산되기 시작하였다.

2010년은 중일 관계의 새로운 이정표를 제시한 해였다. 이후 일본의 대중 정책은 급속하게 변화하기 시작하였고, 2012년 아베 정권이 들어서면서부터 중국과의 대결과 경쟁적 자세가 강화되었다.

다시 정리해 보면, 중일 관계 50년은 크게 세 시기로 대별될 수 있다. 제1기는 국교 정상화를 이룬 1972년에서부터 평화조약을 체결한 1978년을 거쳐 1997년에 이르는 시기로서 중일 관계의 안정적 발전기였다. 제2기는 아시아 경제위기 이후 중일이 동아시아의 새로운 지역 협력을 시작한 1998년부터 2009년에 이르는 10여 년간은 탐색기였다. 제3기는 2010년 센카쿠열도 분쟁 이후 현재에 이르기까지의 갈등기다. 이 세 시기에 양국은 서로 다른 전략적 사고와 패러다임에 입각하여 양국 관계를 정립하고자 하였다.

1) 안정기: 1978~1997년

중일 관계의 새로운 시작은 전후 처리에 대한 통 큰 합의로 시작되었다. 중국은 중일전쟁에서 패배하고 어렵고 불행한 시절을 겪었지만 일본과 수교하면서 전쟁 패배에 대한 배상 청구를 포기해 일본의 전후

처리 외교의 부담을 크게 경감해 주었다.¹

중일이 평화조약을 체결한 1978년은 중국이 덩샤오핑(鄧小平)을 중심으로 개혁·개방 노선을 대외에 천명하고 국제사회에 한층 다가선 시점이기도 했다. 배상 청구를 포기한 중국에 대한 배려가 개혁·개방 노선을 시작한 중국의 근대화 및 시장경제화 지원 전략과 결합하면서 일본은 중국에 대해 대규모 정부 간 경제협력을 제공하였다. 1978년부터 1998년에 이르기까지 중국은 일본 정부 경제협력의 최대 수혜국이었다.²

중일 관계의 안정기였던 이 시기의 우호적인 관계는 일본이 중국에 대해 가진 전략적 패러다임의 결과물이었다. 우선, 중국을 '평화적이고 비위협적 나라(Peaceful and Non-threatening China)'라고 간주했다. 냉전에서 신냉전으로 이행하던 1970년대 말, 일본에 소련은 직접적인 위협 국가였지만, 미국과 수교한 중국은 일본에 직접적인 위협이 되지 않는다는 전제가 깔려 있었다.

둘째, 중국이 다른 저개발국이나 발전도상국과 마찬가지로 초기 개발도상국으로 '약한 중국(Weak China)' 패러다임이 주류를 이루었다. 중국은 미국과 소련과는 다른 비동맹이나 제3세계의 일원으로 인식되는 측면이 강했다. 셋째, 개혁·개방 노선을 선택한 중국은 세계와의 접점을 넓혀가고 국제질서에 동참하는 만족스러운 참여자(Satisfied Participant) 전략을 추구할 것이고, 미국 중심의 국제질서에 반하는 질서를 추구하지 않을 것이라는 생각이 자리 잡고 있었다. 중국이 시장경제를 수용하는 한편, 정치적 안정성을 가진 일본 모델에 대한 관심을 높여간 것도 이러한 흐름에 일조하였다.³ 중국의 앞날에 대해 비교적 낙관론적 입장(China Optimism)을 가지고 있었던 것이다.

비위협국, 약한 중국, 국제질서의 동참자라는 패러다임에 입각한 중국에 대한 원조 제공은 1989년 톈안먼 사태가 발생하면서 위기에 봉착하였다. 중국의 민주화를 요구하는 청년들의 시위에 대해 덩샤오핑을 중심으로 한 지도부가 강경 진압을 통해 중국 공산당의 지배를 강건히 하려는 시도였다. 이는 중국 공산당을 중심으로 한 일당지배가 흔들려서는 안 된다는 위기감의 발로였지만 민주주의와 인권을 중시하는 미국과 서방 국가들로부터 많은 비판에 직면하였다.

일본도 중국에 대한 신규 엔차관 제공은 동결하는 비판적인 태도를 취했지만, 중국과 가장 먼저 관계 회복에 나선 것도 일본이었다. 일본이 중국에 대한 낙관론을 접지 않았음을 보여준 상징적 움직임이었다. 중국에 대한 일본의 의구심은 1996년 발생한 대만해협 위기 당시 다시 표면화되었다. 중국이 미사일 발사를 통해 대만을 군사적으로 위협하는 사태가 벌어지면서 평화로운 비위협국가 중국이라는 전제가 흔들리기 시작한 것이었다.[4] 대만해협 위기는 일본에도 중국에 대한 위협

---

1 식민지를 경험했던 한국과 필리핀 등 동남아 국가들에 배상 또는 경제적인 보상을 했던 것과는 차이가 나는 출발점이었다.
2 1978~1998년에 일본이 중국에 제공한 정부 간 경제협력의 총액은 2조1,500억 엔에 달한다. 자세한 내용에 대해서는, 손기섭, "일본의 대중 정부간 경제협력의 정책 결정," 국제지역연구 13권 3호 (2004년 가을), 17~42쪽.
3 중국의 지도부는 일본이 고도 경제성장을 계속하면서도 자민당이 일당우위를 지속하는 데 대한 이론적 실천적 관심을 가지고 있었다. 1982년 발간된 찰머스 존슨(Charlmers Johnson)의 '통산성과 일본의 기적'이 중국에서도 번역 출간된 것은 이러한 배경에서 가능한 것이었다.
4 미국에서 중국의 평화노선에 의문부를 던지면서 미중 갈등이 불가피할 것이라는 담론들이 제기되기 시작한 시점도 이때부터였다. Richard Bernstein and Ross Munro, The Coming Conflict with China (New York: A.A. Knopf, 1997)

인식을 가지게 하는 발단을 제공하였고, 중국에 대한 개발원조(ODA) 정책을 재고하는 계기로 작용하였다. 하지만 일본 정부는 중국에 대한 접근을 미세 조정하면서도 근본적으로 전환하지는 않았다.

2) 지역협력 탐색기: 1998~2009년

중국은 경제성장을 통해 축적한 역량과 자신감을 바탕으로 1990년대 중반부터 동아시아 지역에 대한 전략을 적극화하기 시작했다. 특히 1997년 발생한 아시아 경제위기는 중국이 지역 문제에 적극적으로 관여할 수 있는 계기로 작용하였다. 자국의 경제발전에 집중하던 중국은 1997년 아시아 경제위기를 계기로 동아시아 지역에 대한 관여를 본격화하기 시작하였다.[5] 1997년 말 동남아국가연합(ASEAN)이 한중일 지도자를 초청하자 중국도 이에 적극적으로 응하면서 'ASEAN+3'가 만들어지는 발판이 되었다. 2003년부터는 북한 문제를 풀기 위한 6자회담에도 주도적인 역할을 맡았다. 2006년경 가시화된 한중일 외상회담이 2008년 한중일 정상회담으로 이어지는 데까지도 중국은 적극적이었다.

이 시기 일본이 중국을 보는 눈은 바뀌었지만, 중국에 대한 낙관적 기대가 사라진 것은 아니었다. 중일 관계를 규정하는 패러다임의 변화는 다음과 같이 요약될 수 있다. 첫째, 중국이 경제 발전으로 힘을 키워가고 있지만 국제질서에 위협이 되거나 착란을 일으키지는 않을 것이라는 '평화적 부상(Peaceful Rise)'이라는 명제에 근본적인 의구심을 가지지 않았다. 실제로 중국은 덩샤오핑류의 '도광양회(韜光養晦)'

노선을 준수하면서 미국이 주도하는 국제질서에 적극적으로 저항하거나 주변국들에 대한 위협의 수준을 격상시키는 조치를 직접 취하는 것을 자제하였다. 중국의 힘이 강해지고 있었지만 평화를 깨뜨리는 행위자(Peace Breaker)가 되지는 않을 것이라는 낙관론적 견해가 작동하였다. 이는 중국 스스로 대외에 공표한 '평화발전론'의 효과이기도 하였다.[6]

둘째, 중국이 2001년 세계무역기구(WTO)에 가입한 데서 나타나듯이 국제제도와 조직에서 이탈하려고 시도하기보다는 참여를 통한 관여(Institutional Engagement)를 계속할 것이라는 기대였다. 중국이 국제연합(UN), 국제통화기금(IMF), WTO 등 다수의 국제기구에 가입하고 이들 국제조직에서 정착된 규범과 규칙을 따른다면, 중국의 몸집이 커진다고 해도 반드시 국제질서를 불안정화하는 존재가 되지 않을 것이라는 기대가 있었다. 바꿔 말하자면, 중국이 경제적 힘의 부상에 따른 지위(Status)와 위신(Prestige)을 요구할 수 있지만, 국제제도의 틀 내에서 이를 실현하고자 할 것이라는 전제가 있었다.

셋째, 중국이 개혁·개방 초기에 비하면 힘이 커지고 지역 문제 등에서 적극적으로 변화하였지만 반드시 공세적인 것은 아니라는 인식이

---

5 Zhang Yunling and Tang Shiping, "China's Regional Strategy," in David Shambaugh ed. Power Shift: China and Asia's New Dynamics (University of California Press, 2006); Wu Xinbo, "Chinese Perspectives on Building an East Asian Community in the Twenty-first Century," in Michael Green and Bates Gill, eds. Asia's New Multilateralism (New York: Columbia University Press, 2009), pp. 55–77.
6 Zhu Feng, "China's Rise Will Be Peaceful: How Unipolarity Matters," Robert Ross and Zhu Feng, eds. China's Ascent (Ithaca: Cornell University Press, 2008), pp. 34–54.

남아 있었다. 그렇기 때문에 중국을 협력의 대상자로 인정하면서 국제 및 지역협력의 틀에 받아들여 위협적인 국가가 되지 않도록 만들고자 하는 노력을 멈추지 않았다.

지역협력의 파트너로 중국을 바라보던 시각은 2008년 미국발 금융위기의 확산으로 바뀌기 시작했다. 세계 최강국이었던 미국이 경제적으로 휘청이는 상황에 접하게 되면서 미국의 국제적 리더십 지속 가능성에 의문표가 달렸다. 반작용으로 중국은 자국의 시스템과 능력에 대한 자신감을 가지게 되었다. 그 결과 중국이 동아시아 지역을 벗어나 더 넓은 지역에서 자국의 이익을 적극적으로 실현하려는 움직임을 가시화하기 시작했다.

3) 대립 갈등기: 2010년 이후~현재

중일 관계의 패러다임이 가장 극적으로 전환되는 계기는 의외로 빨리 찾아왔다. 일본에서는 민주당의 집권으로 하토야마 총리가 '동아시아 공동체 구상'이라는 이상적인 목표를 가지고 중국을 포용하여 새로운 동아시아를 만들고자 했던 바로 그 시점에, 중국은 이례적으로 일본에 대해 강경한 입장으로 선회하였다.

2010년 9월 일본이 관할하고 있는 센카쿠열도에 중국 어선이 자국의 영유권을 주장하며 상륙하려는 시도가 이루어졌다. 이를 밀어내는 과정에서 일본의 해상보안청 순시선과 충돌하면서 중일은 대립각을 높였다. 중국이 일본에 대해 경제, 무역, 관광, 산업 등을 포괄하는 무차별적 압력과 보복 조치를 내놓으면서 체포한 중국 어부들을 모두 석

방하는 사태로 이어졌다.[7]

중일 관계의 급속한 반전은 중국에 유화적이던 민주당에 대한 실망과 더불어 일본 내 우파들의 입지를 강화하는 계기로 작용하였고, 2012년 선거에서 아베를 중심으로 한 자민당이 권력에 복귀하는 요인의 하나로 작용하였다. 외교정책 면에서도 미국과의 대등한 관계 설정을 목표로 동아시아와의 협력을 지향하던 민주당 정권의 외교 노선이 힘을 잃고 미일동맹을 일본 외교의 기축으로 삼는 대전환이 이루어졌다.

나아가, 일본의 방위정책의 근본적인 전환도 이루어졌다. 일본 방위성은 기존 전수방위에 입각한 '기반적 방위력(Minimum Defense Capability)'이라는 개념을 털어내고, 상대방의 위협에 기민하고 유연하게 대응하는 '동적 방위(Dynamic Defense)' 개념을 도입하면서 방위정책의 질적 강화, 유연한 방위원칙의 전개 등 변혁을 주도하였다.

아베 정권에서는 이를 더욱 강화하여, 미일동맹을 지역적으로 광역화하는 이니셔티브를 쥐고, 인도태평양전략을 구사하기 시작하는가 하면, 해양민주주의 국가들의 안보협력체인 쿼드(Quad)의 구축을 향한 움직임을 가속화했다. 또한 대내적으로는 국가안보 사령탑인 '국가안전보장국(NSC)'을 창설하는 한편, 국가안보의 기본 개념을 정립한 '국가안보전략'을 마련하였다.

---

[7] 야당이었던 일본 자민당은 이를 민주당의 '외교패배'라고 불렀다.

나아가 미일동맹을 강화하는 맥락에서 2014년 집단적 자위권을 용인하는 헌법 해석 변경을 가하였다. 방위 관련 법제들을 정비하여 일본을 위협할 수 있는 상황을 '직접 무력 공격 사태', '존립 위기 사태', '중요 영향 사태' 등으로 구분하면서 자위대의 적정한 역할과 임무를 재규정했다. 이를 뒷받침하기 위하여 일본의 방위비를 2012년부터 지속적으로 늘려가고 있고, 남서쪽 도서 방위를 강화하기 위한 첨단 방위장비의 구입, 개선, 교체 작업을 지속적으로 전개하고 있다.

중일 관계의 근본적인 전환은 중국을 인식하는 패러다임의 변화를 반영한 것이었다. 2010년 이후 중국을 보는 일본의 눈은 빠르게 바뀌었다. 첫째, 중국의 힘이 강해지는 데 그치지 않고 점차 공세적으로 변화하고 있다는 판단이다. 중국은 점차 자국의 '핵심이익'을 대내외적으로 분명하게 천명하는 나라로 전환하였다. 여기에는 영토와 주권뿐만 아니라 체제와 가치관에 관한 사항도 포함하고 있다. 핵심이익에 대한 도전에 중국은 공세적으로 대응한다는 점을 확인하였다.

둘째, 중국이 필요에 따라 주변국을 위협하고 응징하는 행위를 마다하지 않는 나라로 변화하고 있다는 점이다. 남중국해에서의 도서 영유권 주장은 물론 동중국해에서 대만 및 센카쿠열도에 대한 공세적 접근을 계속하는 것을 비롯하여, 사드 배치 후 한국에 대한 경제보복을 행하는 등 자국의 이익을 위해서는 주변국을 압박하고 보복하는 행위를 서슴지 않는 나라로 변했다는 것이다. 중국에서 유행하고 있는 '전랑외교(戰狼外交·Wolf Warrior Diplomacy)'라는 개념은 응징적인 중국의 모습을 잘 상징화하고 있다.

셋째, 중국이 이제는 더 이상 미국이 주도하는 국제질서에 안정적으로 참여하는 행위자가 아니라 기회가 있을 때마다 이에 저항하고 가능하면 미국 주도 국제질서를 바꾸어보려는 수정주의적 국가(Revisionist)로 변화해 가고 있다는 인식도 일본에서 널리 퍼지게 되었다. 따라서 중국을 지역협력의 파트너로 포용하기보다는 공세적 중국을 어떻게 견제하고 균형을 잡는 전략을 전개할 것인가가 일본의 초미의 관심사가 되었다.

다시 말하자면, 2010년 이후 일본에게 있어 중국은 더 이상 포용하고 관여해야 할 대상이라기보다 견제하고 억지시켜야 할 대상으로 인식되고 있다. 또한 지역의 평화를 위협하는 최대의 원천으로 받아들여지고 있다. 따라서 자국의 힘만으로 대항할 수 없는 중국에 대해 미국과의 동맹 강화 및 일체화를 통해 힘의 균형을 이루려 한다. 나아가 인도태평양 지역에 관여하는 미국의 의지가 약해질 것을 두려워하면서 필요하면 미국을 도와 지역 전체 질서의 현상을 유지하겠다는 전략을 구사하고 있다. 집단적 자위권의 도입이나 농맹 및 우호국 간 네트워크 형성 전략은 이러한 사고에 기반을 두고 있다.[8]

하지만 일본이 중국에 대해 강경한 대립과 경쟁의 자세만 유지하고 있는 것은 아니다. 2016년 이후 아베 내각은 중국과의 관계 개선에 나섰다. 2018년 중일정상회담 개최에 성공해 중일 간 갈등이 지나치게 고조되는 것을 막고 양국 기업이 제3국에서 협력하는 방안을 강구하

---

8   박철희 엮음, 〈일본의 집단적 자위권 도입과 한반도〉 (서울: 서울대출판문화원, 2016)

는 방식으로 협력의 물꼬도 열어놓았다.

이는 트럼프 대통령의 등장으로 인한 동맹 리스크를 완화하면서 중국과의 제한적인 협력을 통해 일본이 홀대당하는 위험을 분산하려는 조치의 일환이었지만, 긴장이 지나치게 높아지는 것을 예방하기 위한 외교적 기술이기도 했다. 중국과의 지나친 위기 고조나 갈등을 막고, 동맹국인 미국으로부터의 지나친 비용 부과나 책임 전가를 회피하려는 노력의 일환이라고 보는 것이 현실적인 해석일 것이다. 일본은 이 시기를 전후하여 'FOIP(자유롭고 열린 인도태평양 전략) 2.0'이라는 개념 사용을 통해 군사안보적인 견제와 억지 이외에도 경제면에서 개방적인 지역협력이 가능하다는 메시지를 내고 있다.[9] 물론 이 같은 움직임이 중국을 보는 시각의 전면적인 교정을 의미하는 것은 아니다.

한중 관계에 주는 시사점

1) 대중 견제전략 펴는 일본, 위험분산 전략만 펴는 한국

한중 관계의 역학이 중일 관계와 떨어지기 시작한 것은 대략 2012년을 전후해서부터였다. 일본 민주당이 집권 초기 '동아시아 공동체 구상'을 내세워 중국과 관계 개선에 임하면서 한중일 관계를 진전시켜 보려던 시점까지만 해도 중일 관계와 한중 관계에는 커다란 전략의 편차가 없어 보였다. 하지만 2010년 센카쿠열도를 둘러싼 중일 간 갈등이 표면화되고 일본의 대중정책 패러다임이 근본적으로 변화하면서 한국과 일본이 중국을 대하는 자세에 차이점이 뚜렷해졌다.

일본은 공세적으로 변한 중국을 혼자 힘으로 감당해 낼 자신이 없어 미국과 동맹 일체감을 높이는 한편, 동아시아 지역에서 미국의 안보 관여 중요성에 주목해 미일동맹을 광역화하고 동조화하는 노력에 박차를 가하기 시작했다. 일본이 자국의 방위정책을 전환시키면서 자위 능력의 보강에 나선 것도 아베 내각이 들어서면서부터였다. 반면, 한국은 2010년을 즈음하여 천안함 폭침과 연평도 포격을 경험한 이후 미국과의 동맹 강화 노선에 나서다가, 박근혜 정권에 들어와 통일대박론을 내세우면서 북한을 흔들기 위한 전략의 일환으로 중국과의 전략적 협력을 강화하기 시작했다. 중국이 한국 주도의 통일 노선에 동조해 줄 것이라는 기대를 품은 희망적 사고의 발로에서였다.

2016년 북한의 핵실험이 본격화하고 한반도 긴장이 고조되자 중국은 북한에 대한 적당한 거리두기로 한국에 협조적인 것으로 보이기도 하였다. 하지만 한국이 북한의 새로운 미사일 위협에 대비하여 사드를 배치하자, 중국은 한국에 대한 압박을 가하는 동시에 북한과 다시 외교적 거리 좁히기로 방향을 선회하였다. 문재인 정부에 들어서서는 북한을 움직이기 위한 지렛대로 중국을 활용하려는 의욕 때문에 중국에 대해 목소리를 높이지 않는 순응적 태도마저 보여 대외적으로 미국보다 중국을 더 의식하는 것 아니냐는 의구심을 자아내게 하였다.

일본은 중국에 대한 의연한 자세를 가지고 미일동맹을 지렛대로 삼

9　Yuichi Hosoya, "FOIP 2.0: The Evolution of Japan's Free and Open Indo-Pacific Strategy," Asia-Pacific Review 26:1 (2019), pp. 18-28.

으면서 견제와 균형의 전략을 폈다. 반면 한국은 중국의 북한에 대한 영향력 행사라는 요인과 경제적 의존 관계라는 현실을 감안하여 중국에 대한 위험분산 전략(Hedging Strategy)을 구사한 것이 대비된다.

여기서 간과해서는 안 되는 것은 미국이 동맹국인 한일에 제공할 수 있는 것과 중국이 한일에 제공할 수 있는 가치가 다르다는 점이다. 미국은 제3국의 안보위협에 공동으로 대처할 수 있는 안보 제공자가 될 수 있지만, 중국은 한국에 대한 안보 제공자가 될 수 없다. 동맹이 외교의 축이 된다는 점을 간파한 일본과 동맹을 상대화하려는 한국의 차이가 확연하게 드러난 것이다. 결과적으로 한미동맹의 상대적 약화를 가져온 것은 물론, 대외적으로 한국의 중국경사론을 잉태하는 배경이 되었다. 미일동맹이 일본에 긍정적인 대중 레버리지를 제공한 반면, 한국은 한미동맹을 대외적 레버리지가 아닌 외교적 부담으로 여기는 자세를 취해 동맹 네트워크의 약한 고리로 인식하게 만드는 결과를 가져왔다.

2) 역사 문제의 처리, 중일의 유연성과 한일의 경직성

중일 관계에도 한일 관계와 마찬가지로 전쟁과 식민지에 관련된 불행하고 아픈 역사가 있다. 중국은 장쩌민(江澤民) 주석 당시에는 일본에 대해 역사 바로잡기 캠페인을 펴가며 강하게 일본을 비판하는 자세를 고수하였으나, 시진핑 시대는 역사 문제를 일본과의 외교의 전면에 내놓지 않았다. 과거사를 둘러싼 이견과 갈등은 뒤로하고 오히려 안보와 경제라는 실질적 압박 수단을 활용하는 접근법을 통해 강대국 간 외교로 전환하는 모습을 보여주었다. 중국은 일본과의 관계 설정에 있어 더 이상 과거사라는 이슈를 일본에 대한 압박수단으로 활용하지 않아도 될 만큼 국력이 신장되었음을 보여준다.

중국이 역사 문제를 사실상 주머니에 집어넣은 후, 한국은 오히려 일본에 대한 압박 수단으로 과거사를 적극적으로 활용하였다. 박근혜 정부 당시 위안부 문제를 내세워 아베 내각을 강하게 압박하였다. 2015년 12월 위안부 합의를 이끌어냈지만 한국의 야당과 시민사회는 이에 저항하는 모습을 보이며 일본에 대한 압박 수위를 높여갔다. 문재인 정부에서는 위안부 합의를 사실상 형해화하는 조치로 화해치유재단을 해산하는가 하면, 수면하에 있던 강제징용 대법원 판결을 내세워 일본에 대한 고강도 압박 전략을 구사하였다.

한국이 일본에 과거사에 대한 압박을 가하는 것 자체가 문제가 될 것은 없다. 다만, 과거사 문제는 쉽사리 해결할 수 없는 이슈라서 외교적으로 진퇴양난의 경직성이 고착화되어 한일 관계를 정체시키는 요인으로 작용하였다. 동아시아 국제관계의 맥락에서 본다면, 한국이 일본에 대해 강경 자세를 취하며 거리를 두었지만 중국과도 원만한 관계를 만들어내지 못함으로써 결국 일본과 중국 양측으로부터 존중을 받지 못하는 어처구니없는 결과를 가져오게 되었다.

중국은 과거사라는 카드를 수단으로 활용하였지만, 한국은 이를 목적화함으로써 유연한 대응을 하기 어려운 스스로의 족쇄를 만들어 버린 것이었다. 그 결과, 중일 양국은 전략적 필요에 따라 때로는 갈등하고 때로는 협력하는 모습을 보일 수 있었지만, 한일 관계는 과거사에 매몰되어 갈등 일변도로 점철될 수밖에 없었던 것은 한국 외교의 아픈 모습이 아닐 수 없다.

3) 한반도에 갇힌 한국, 광역전략 서두르는 일본

한국은 기본적으로 중국과의 관계를 북한과 한반도라는 프리즘으로 바라보았다. 북한이라는 직접적이고 가시적인 위협 요인을 다루다 보니 중국의 외교적, 군사적 위협은 북한의 뒤편에 서 있는 비가시적 요인으로밖에 해석되지 않는다. 특히 한국은 북한에 대해서 군사적인 도발을 억제하거나 핵개발에 대한 제약 요인으로 작용할 수 있는 중국의 긍정적 기능에 주로 초점을 맞추고 있어서 중국에 맞서거나 경원하는 태도를 취하지 못한다. 중국도 이러한 한국의 과도한 기대를 간파해 한국을 그다지 중시하지 않는다. 한국이 스스로의 필요에 의해 중국에 다가설 것이라는 점을 잘 알고 있다. 그러다보니 중국에 대해 원칙론적 입장을 취하지 못하고 늘 순응적인 자세로 임하고 있지만, 중국으로부터 상응하는 대가나 응대를 받지 못하고 있는 것이 현실이다.

반면, 일본은 스스로의 힘의 한계를 절감하고 미국과 동맹 동조화를 취하지 않고서는 중국을 감당할 수 없다는 현실을 외면하지 않는다. 또한 미일동맹만으로도 중국에 대한 레버리지를 행사하기에 한계가 있다는 점을 간파하고, 호주 인도 등과 손을 맞잡는 인도태평양전략이라는 광역 전략과 복합 네트워킹을 통해 중국에 대응하려 한다. 자국의 자강 능력을 늘리는 내부 균형전략, 역외균형자인 미국과의 동맹을 강화하는 외부 균형전략, 그리고 지역의 우호국들과 연계를 강화하는 네트워크 균형전략을 복합하는 전략 구사를 통해 중국이 일본을 결코 가볍게 볼 수 없는 구도로 만들어 가고 있는 것이다.

한국은 일본의 중일 관계 관리전략에 비하면 지나치게 단선적이어서 복합성을 구비하지 못하고 있다. 자강 능력을 체계적으로 강화하는 데 소홀하고, 미국과의 동맹을 강화하는 노력도 게을리하고 있다. 우호국들과의 광역 네트워크 구성 전략에도 소극적이고 눈치 보기만 하고 있는 실정이다.

중일 관계의 패러다임 전환은 한중 관계에서도 국익에 기반한 관계 재설정이나 혁신적인 변화를 가져와야 한다는 교훈을 주고 있다.

'중한 관계 2.0 시대'를 위한 5가지 충고

한셴둥(韩献栋)
중국정법대 교수

서언: 삼십이립(三十而立) 중한 30년

올해로 중한 수교 30년을 맞았다. 공자는 '삼십이립(三十而立)'이라는 격언을 남겼다. 많은 중국인들은 이 말을 사람이 나이 30세가 되면 성숙해 사회에서 독자적으로 활동하고 하는 일에서 성취가 있어야 한다는 것으로 이해한다. 공자의 원래 가르침도 사람이 30세가 되면 일정한 학습과 경험을 거쳐 사회에 대한 이해가 점차 성숙해지고 처세의 원칙과 태도를 확립해야 한다는 것이다.

중국과 한국 관계가 바로 '삼십이립'의 때가 되었다. 중한 양국 관계는 30년의 발전 과정 중에 큰 성과도 있었지만 개인의 성장 과정에서도 그렇듯이 피할 수 없는 시련의 시기도 겪었다. 30년 전, 가장 가까운 이웃 국가이면서도 적대적이고 담을 쌓고 있었던 양국은 국제정세가 큰 전환을 맞는 역사적 시기에 각자의 국익을 바탕으로 합리적인 결정을 내려 새로운 중한 관계를 여는 30년의 여정을 시작했다.

지난 30년간 양국 교역액은 수교 당시 64억 달러에서 2020년 2852억 달러로 50배 가까이 늘었다. 양국 국민의 왕래도 전혀 없다가 한 해 1000만 명이 넘는 규모로 성장했다. 정치 분야에서도 정상이나 총리 회담, 입법부와 정당 교류 등을 통해 소통을 지속하는 등 양국은 전체적으로 안정적인 관계를 유지하고 있다.

지난 30년 동안 많은 시련과 진통도 겪었다. 2000년 '마늘 파동', 2004년 역사연구 분야에서의 '동북공정 충돌', 2005년 '단오제' 갈등, 2016년 '사드(THAAD·고고도미사일방어체계) 갈등' 등이 대표적인 사례들이다. 중한 수교 30년을 돌이켜보면 마치 인생 30년의 성장 과정처럼 시련도 있고 일정한 성과도 있었다.

2022년부터 중한 관계는 '제2의 30년'에 들어간다. 양국은 두 나라 관계의 미래 발전을 계획하기 위해 '양국 관계 미래발전위원회'를 설립했으나 상황은 많이 다르다. 30년 전과 비교해 양국 스스로나 주변 국제 환경이 크게 변했다. 1992년 중국의 국내총생산(GDP)은 2조7194억5000만 위안(약 4251억9000만 달러)에 불과했다. 2020년에는 101조5986억2000만 위안(약 15조8854억6000만 달러)로 37배 늘었고 세계 두 번째 경제 대국이 됐다. 이 기간 한국 경제가 1992년 3555억 달러에서 2020년 1조7000억 달러로 커져 선진국에 진입했지만, 중한 양국의 경제 규모는 1992년 1.19배에서 2020년 9.34배로 벌어졌다.

이 같은 수치에는 양국의 산업구조, 경제적 보완성, 상호 의존성 측면에서 변화가 생겼을 뿐만 아니라 양국 국민이 서로를 보는 심리와 태도에도 변화가 있었음을 의미한다. 최근 한국 사회에 등장한 '중국 경제 위협론'은 대중들의 심리적 변화를 반영한 것이다.

중국 경제가 성장하고 국력이 커지면서 한국 사회에서 생겨난 위협 의식은 경제 분야에 그치지 않고 정치·안보 분야에서도 나타나고 있다. 특히 중국 외교가 '적극 외교(積極有爲)'로 전환한 뒤 중국을 보는 눈이 달라졌다. 중국 중심의 새로운 질서를 구축하고, 지난 100년간 잃어버렸던 패권 국가로서의 위상을 회복하려는 것으로 여긴다. 중국 특색 사회주의 강국의 실현은 중국 중심의 동북아 질서의 회복을 위한 것이라는 것이다. 이는 한국 사회와 학계뿐 아니라 일부 서구 학자들의 주장이기도 하지만 한국에서 더욱 민감하다.

지난 30년간 중한 양국 자신뿐 아니라 중미 관계를 핵심 요소로 하는 양국을 둘러싼 구조적 국제환경도 크게 변했다. 국제사회에서 주요 2개국(G2) 구조가 점차 분명해지면서 미중 양국 관계는 어느 나라의 외교 정책에도 영향을 미치고 있다. 한미는 동맹 관계이기 때문에 중미 관계의 기복과 변화, 특히 관계가 악화되면 한국의 외교에도 곧바로 영향을 주고 중한 관계에도 파급된다. 중미 관계, 한국의 외교 전략 그리고 한국 내 정치적 분열, 중국에 대한 한국 대중의 인식과 정서 등 요소들이 서로 얽히면 한중 관계는 더욱 복잡한 양상을 띠게 된다. 최근 중미 관계의 악화와 중국에 대한 한국 국민의 인식과 정서의 변화로 인해 중국을 어떻게 볼 것인가 등의 문제는 학술적 토론의 범위를 넘어 정치적 논쟁의 대상이 됐다. 2021년 7월 국민의힘 당 대표와 대선 후보의 중국에 대한 공개 성명은 이런 동향을 보여주는 것이다.

중국과 한국은 정치 체제와 사회의식이 다르다. 양국 정상은 두 나라의 상이한 정치 체제와 사회의식을 전제로 주권과 영토 보전의 상호 존중, 상호불가침, 내정불간섭, 호혜평등, 평화공존 5원칙 등을 기초로 외교 관계를 수립하고 양국 관계 30년 발전의 여정을 시작했다.

지금까지 양국뿐 아니라 국제 환경의 변화로 중한 관계는 복잡한 상황을 맞았다. 새로운 국제 환경에서 어떻게 양국 관계를 고도화하고 발전시켜 '중한 관계 2.0 시대'를 열어갈 것인지 양국 학계가 진지하게 고민해야 할 때다.

필자는 한국에 몇 가지 의견을 제시하고자 한다. 비록 중국인 전체는 물론 중국 학계를 대표하는 것도 아니지만 한국이 중국인과 중국 학자의 생각을 이해하는 데 도움이 될 것으로 생각한다.

대변혁 시대의 중한

요즘 세계는 각 방면에서 거대한 조정과 변화가 일어나고 있다. 중국 학계는 이를 두고 '100년래 없었던 초유의 대변동'이라고 해석하고 있다. 100여 년 전 청나라 말기 이홍장(李鴻章)은 서양 제국주의에 의

한 서세동점을 두고 '수천 년간 보지 못한 대변동'이라고 한 바 있다. '100년래 초유의 대변동'이라고 할 때 '변동'이 무엇을 의미하는지에 대해서는 학자들마다 각기 다른 관점과 해석이 있다. 필자가 주목하는 것은 다음과 같은 것들이다.

첫째, 동서양의 역량과 세력 균형에 역사적인 변화가 나타나고 있다. 오랫동안 서방은 동양에 비해 세력 균형에서 압도적인 우위를 차지했지만 현재는 동서양이 균형 상태로 나아가고 있다. 2000년 서방 주요 7개국의 GDP 총액은 22조6000억 달러로 세계의 65.5%를 차지했지만 2020년에는 비율이 45.68%로 줄었다. 중국을 대표로 하는 신흥 경제국의 발전이 동서양 세력 균형 변화의 주요 원인이다.

둘째, 4차 산업혁명을 중심으로 한 새로운 기술혁명이 세계에 대변혁을 일으키고 있다. 인공지능, 양자통신, 사물인터넷, 빅데이터 등의 신기술혁명은 세계의 산업 구조와 산업 체인을 송두리째 바꿔 놓을 수 있는데 이로 인해 전 세계적의 산업 구조에도 새로운 조정이 일어나고 있다.

셋째, 발전 및 거버넌스 모델에서도 세기적인 변화가 나타나고 있다. 근대 이래 서구의 발전 및 거버넌스 모델이 인류 사회의 지배적인 양식으로 자리 잡았고 후발 국가들도 본보기로 삼았다. 그러나 서구 국가들이 포스트 산업화 시대에 접어들고, 국제 이민의 세계화와 서구 선진국들의 인구구조 변화 등에 따라 서구 모델은 점차 단점을 드러내고 있다. 경제사회 발전을 지속하지 못할 뿐만 아니라 국내적으로 등장하는 새로운 문제에도 대응하지 못하고 있다.

1992년 후쿠야마는 '역사의 종말과 최후의 인간'에서 역사는 자유민주주의로 끝날 것이며 자유민주주의의 부르주아지는 '마지막 인간'이 될 것이라고 단언했다. 거대한 역사의 관점에서 볼 때 후쿠야마의 결론이 틀렸다고 주장할 수는 없다. 하지만 후쿠야마는 인간 사회의 발전 과정을 너무 단순화하고 낙관했다. 그 자신도 인류 역사 발전 과정이 단선적인 것이라고 인정한 바 있다.

1511년 포르투갈이 믈라카 해협에 최초의 식민 요새를 건설한 뒤 2002년 5월 20일 동티모르가 독립할 때까지 근 500년 동안 많은 일들이 역사에 나타났다. 서방 국가의 식민지 개척, 공업혁명 및 자본주의의 흥성, 오랜 동양 국가들의 체제 붕괴와 식민지화, 세계대전과 식민체제의 붕괴, 동양 국가의 민족국가화, 냉전 체제의 형성과 붕괴, 이에 따른 자본 기술 인구의 전 지구적 이동 등. 이런 중대한 인류 역사적 사건의 흐름 속에는 중한 양국을 포함한 동아시아 많은 국가들의 식민지(반식민지)화, 독립과 민족국가 건설, 발전의 모색과 근대화 등도 있다. 이들 국가는 선진 서구 국가들을 모델로 삼았고 독립 이후 서구 국가를 따른 정치경제 체제를 구축했다.

그러나 서구 모델은 동아시아 국가들에서 경제적 사회적 발전을 이루는 데 보편적으로 적용될 수 없다는 것도 보여줬다. 서구적 발전 모델이 한국에서는 성공했지만 동남아 다른 국가에서도 성공했다고 보기 어렵다. 필리핀은 동아시아 국가 중 최초로 서양식 모델을 이식했지만 2020년 1인당 GDP는 3298달러에 불과하다.

태국과 미얀마는 서구의 정치경제 체제를 들여왔으나 서구 체제가 가진 약점이 두드러져 퇴보했다. 말레이시아와 인도네시아는 건국 직후에는 서구 체제를 확립했지만 후에 권위주의로 전환했고, 1990년대 후반 다시 바뀌었다. 동남아시아에서 가장 발전된 국가라고 하는 싱가포르는 항상 인민행동당을 중심으로 한 권위주의 체제를 시행해 왔다. 싱가포르는 면적이 724㎢, 인구 558만 명에 불과한 작은 나라다.

2008년 글로벌 금융위기의 근본 원인은 미국의 가상경제와 실물경제의 불균형이었다. 이는 세계화와 탈산업화 시대에 서구 경제 모델에 쌓인 내재적 모순이 드러난 것이다. 소득 양극화와 불평등 등 경제적 문제는 물론 국제 이민에 수반되는 인종적, 문화적, 종교적 다양성과 사회적 이질성은 결국 2020년 말 미국 대선에서 대규모 사회적 갈등과 정치적 위기로 폭발했다.

많은 한국 학자들은 세력 균형의 관점에서 현 시대를 G2 시대, 중미 패권 경쟁의 시대로 이해한다. 하지만 필자는 중국과 미국의 권력구조 변화, 나아가 동서양 세력 균형의 변화가 대변동 시대의 한 요인이자 발현이라고 생각한다. 대변동 시대는 중국과 미국의 권력구조의 변화일 뿐만 아니라, 더 중요한 것은 과학기술의 진보와 발전 및 거버넌스 모델의 변화는 인류사회가 자신과 타인이 선택해야 할 발전의 길과 제도가 무엇인지를 역사 속에서 다시 돌아보게 한다는 것이다.

먼저 유럽과 미국에서 확립된 제도와 발전 양식이 일부 후발개도국에서 아무런 사회정치적 발전을 위한 기능을 하지 못하는 것으로 드러났음에도 줄곧 벤치마킹이 되어 선택되어 왔다는 점을 지적해야 한다. 오늘날 서구에서는 탈산업화 발전단계 진입과 사회적 이질성으로 인해 정치 경제 사회적 모순과 위기가 나타나고 있다. 이제 제도를 재검토하고 제도가 새로운 환경에 맞는지 재검토해 볼 필요가 있다. 이는 각 국가나 국가 간 관계, 나아가 인류사회의 발전과도 관련되는 중대한 문제다.

현대화 과정 속의 중국과 한국

서세동점과 동아시아 식민지화 반식민지화 물결 속에 중국과 한국은 역사적 발전의 궤도에서 이탈했다. 중국이 동서양 강국의 반식민지로 전락하고 한국은 동양의 한 강국에 의해 식민지화됐다. 중한 양국은 이처럼 비참한 역사적 곤경 속에서 근대화와 독립국가 건설을 모색했다. 건국 이전 한국의 독립지사들은 중국 정부와 국민, 중국 공산당과 손을 잡고 일제의 침략에 맞서 싸웠다.

제2차 세계대전 이후 형성된 세계 양극화의 영향과 제약으로 중국과 한국은 독립 추구 및 민족국가 건설 과정에서 분단되는 운명을 맞았다. 반식민지가 된 중국은 어떤 측면에서는 한국보다 더 비극적이었다. 한국은 3년의 전쟁을 겪었을 뿐이지만 중국은 30여 년에 걸친 내전과 반침략 전쟁을 치렀다.

1912년 '민족 민권 민생'을 기치로 한 위대한 선구자 쑨원(孫文)의 지도 아래 중화민국이 수립됐다. 이로써 전통 군주제에서 근대국가로 전환되었지만 동시에 14년간의 군벌혼전시대가 시작됐다. 군벌전쟁이 끝난 뒤 1927년 장제스(蔣介石)와 국민당이 이끄는 국민정부가 수립되었는데 이는 중국의 전통적 정치 문화와 현대 서구의 정당 제도가 결합된 일종의 '당국가 체제'였다. 역사는 장제스와 국민당 정부에 변혁과 계승 중 하나를 선택하도록 했다. 장제스는 계승을 선택해 중국의 오랜 전통적인 사회 경제 구조와 계급 질서에 대한 근본적인 변혁을 이뤄내지 못함으로써 손중산(쑨원) 선생이 주창한 민족 민권 민생의 문제를 해결할 수가 없었다. 중국 공산당은 변혁을 선택했다. 혁명적 조치를 통해 중국 전통 사회 경제 구조와 계급 질서를 개조해 대중의 지지를 얻고 민족독립과 민권 문제를 해결했다.

중국 국민당과 공산당은 같은 역사적 배경과 과제를 두고 해법을 추구하는 과정에서 각자 다른 길을 모색해 중국 공산당이 성공했다. 1949년 중화인민공화국 건국으로부터 1978년까지 30년간 중국 공산당은 열악한 국제 환경에서도 민생 문제 해결을 모색한 기간이었다. 많은 좌절도 있었지만 정치 경제 사회적 발전의 기반을 닦았다. 1978년부터 현재에 이르는 40여 년간 중국 공산당과 인민은 새로운 국제 환경과 시대적 배경 속에서 발전과 현대화를 추구하고 전진해 왔다. 14억 인구의 기본적인 생계 문제가 해결된 중요한 시기이기도 하다. 이 기간 중국 공산당은 자신의 경제 이념과 의식을 수정해 성공적으로 세계에 통합되었다.

한국은 탈식민지화 및 미소 양극화 과정에서 건국됐다. 미군정은 한국의 정치 과정을 주도하면서 좌익세력을 제압했다. 한국은 전통적인 경제 및 사회 계급 구조를 유지하면서 서구식의 정치 체제를 들여왔다. 이 체제가 한국에 즉각 정치적 안정과 경제 발전을 가져온 것은 아니었다. 정치적 혼란과 경기 침체는 1961년 군사쿠데타로 권위주의 체제가 수립된 뒤 조금 나아졌다. 1960년대부터 1980년대까지 한국은 '정치적 압제 아래 경제 도약', '한강의 기적'을 이뤄냈다. 이를 바탕으로 1980년대 후반에는 시민혁명을 통해 정치 체제의 변혁도 달성했다.

중한 양국은 비슷한 역사적 배경에서 근대 민족국가 건설과 현대화 과정을 시작했지만 두 나라의 상황은 큰 차이가 있다. 중국은 인구와 민족이 많고 영토가 광대한 나라다. 이 때문에 도시와 농촌, 계층, 민족, 지역 간 발전 격차와 모순이 크다. 중국의 현대화 과정에서 나타난 이러한 각종 격차는 정치 엘리트들에게는 안정과 발전 사이에서 균형을 추구해야 한다는 과제를 제시한다. 개혁과 발전 속에서 안정을 추구하고, 안정 속에서도 발전을 추진하는 것이야말로 중국이 개혁·개방 이후 정치경제 개혁을 추진하는 핵심 논리이다.

중국이 민족 구성이나 지역적 격차가 큰 다원화된 사회 구조를 가진 것에 비해 한국은 매우 동질적으로 민족 갈등이 없는 단일 민족 국가이다. 한국에 영호남 지역 간 차이가 있다지만 중국의 동서부에 비하면 정도가 심하지 않다. 민주화 체제로의 전환 이후 이념적 분화가 나타났지만 안정적인 정치적 틀이 유지돼 사회 안정과 발전에 영향을 미쳐 정치적 위기로까지 비화하지는 않았다. 현재 한국의 사회 문제와 모순은 주로 양극화와 계층 격차에 집중되어 있는 것으로 지속적인 발전을 통해 완화 또는 해소될 수 있는 문제다. 이미 선진국이 된 한국에 비해 아직 개발도상국인 중국이 직면한 모순과 문제는 훨씬 더 복잡해 해결도 한국보다 더 어렵다.

중국, 이렇게 보라

상호 이해와 존중은 양국 관계 발전의 전제 조건인데 제도와 상황이 다른 국가 간에는 더욱 그렇다. 1992년 중한 국교 정상화는 다른 정치 제도와 의식형태하의 상호존중, 변화된 형세 속 각자의 국가이익 추구와 정책 조정 등의 결과다. 앞으로 또 다른 30년의 중한 관계 발전을 위해서는 양측이 함께 노력하고 각자가 가진 문제를 되돌아봐야 한다. 지난 30여 년 중한 관계 처리에서 다시 정리하고 생각해 봐야 할 것이 많다. 여기서 필자는 '자기 성찰'이 아닌 '거울을 보는 자아(Looking-Glass Self)'의 시각으로 한국 학계와 사회가 스스로와 중국을 이해할 수 있는 '거울'을 제공하고자 한다.

1) 객관적이고 올바르게

상대방을 정확하고 객관적으로 아는 것은 관계를 발전시키기 위한 전제 조건이자 기초라고 할 수 있다. 여느 나라처럼 중국도 끊임없는 변화와 발전을 거듭하고 있다. 그런데 일부 한국 학자들은 40년 전의 시각, 과거의 꼬리표로 중국을 바라보고 있다. '중국은 공산주의 국가'라는 것도 그중 하나다. 공산주의 실현은 중국이 추구한 발전 목표이자 지금도 견지하고 있는 이상이다. 그러나 중국을 공산주의 국가로만 낙인찍는 것은 단편적이다. 중국은 40여 년의 개혁·개방 이후 정치 경제 체제나 사상에 많은 변화가 있었다.

정당 제도에서 중국은 다당제도 아니지만 일당 국가도 아니어서 공산당을 중심으로 여러 정당이 협력 협상을 벌인다. 북한 베트남 라오스 등과는 다르다. 경제 시스템도 40여 년의 개혁·개방을 거치면서 공유제 국가에서 국유, 민간, 혼합 소유 등으로 구성된 다원화된 경제 체제로 민간 경제가 60% 이상을 차지한다. 개혁·개방의 진전에 따라 중국의 의식 형태도 변해 현재의 중국 특색 사회주의 사상을 형성하고 있다. 이러한 중국 사회의 변화는 매우 심각하게 이뤄지고 있다는 것을 한국 학계는 인식할 필요가 있다.

중국을 보는 관점과 관련된 또 다른 문제는 이른바 중국의 '패권 추구'와 관련된 것이다. 한국의 일부 학자들은 중국이 미국과 패권을 놓고 경쟁하고 있다고 믿는다. 중국의 목표는 자기중심의 세계 질서를 구축하고 패권 지위를 회복하는 것으로 본다. 최근 수년간 미국 학계는 줄곧 '투키디데스 함정'(신흥 강대국과 기존 강대국 간의 갈등) 문제에 매달리고 있다. 트럼프 행정부는 중국을 수정주의 국가로 규정했고 바이든 행정부도 중미 관계를 전략적 경쟁 관계라고 명확히 규정했다. 굴기하는 중국이 미국의 주도권에 도전한다는 것이다. 필자가 보기에 이것이야말로 전형적인 서구 현실주의 정치이론의 시각이다. 앵글로색슨의 문화 전통은 세력이 강해지면 반드시 패권을 추구한다고 여긴다. 그들은 국가 간에는 배타적인 권력과 이익관계만 있어 권력과 이익 외 더 높은 어떤 다른 도의상의 추구는 없다고 본다. 이는 인의(仁義)를 중시하는 동방 유교의 전통 문화와는 사뭇 다르다. 중국이 '인류

운명공동체'의 건설이라는 이념을 제시하는 것은 단순히 선전에서 나온 것이 아니다. 유교에서 주창하는 '샤오캉(小康)'과 '대화합(大同)' 등의 오랜 문화적 전통에 연원을 두고 있다.

방어적 전략문화 유전자를 가진 중국은 힘에 의해 뒷받침되고 자기중심적인 국제질서를 세우려 하지 않는다. 중국이 추구하는 국제질서는 힘의 크기에 상관없이 서로를 존중하고 인정하는 원칙하에 각국이 패권 국가가 지배하는 규칙이 아닌 보편적 규칙을 적용받는 것이다. 중국을 이해하려면 서구의 이론적 관점과 논리가 아니라 중국의 현실에서 출발해야 한다. 그렇지 않으면 도출된 결론이 중국의 현실과 일치하지 않는다.

2) 정치체제와 이념의 차이를 넘어

중한 양국은 서로 다른 역사적 환경과 국가적 조건하에서 서로 다른 정치 체제와 이념을 형성해 왔다. 양국 관계가 지난 30년간 크게 발전한 것은 정치 체제와 이념의 차이를 초월하고 실용적으로 국익을 추구해 왔기 때문이다. 중국은 눈부신 발전을 이루었지만 여전히 발전 과정에 있어 자국의 정치 체제와 이념을 수출하지는 않을 것이다. 중국이 중국적 특색을 강조하는 것은 고유의 제도와 사상이 고유한 환경에 기반하고 있다는 것을 알기 때문이다. 한국은 한국의 제도와 상황이 있고, 중국은 중국의 제도와 상황이 있다. 새로운 시대에도 미국은 기어이 제도와 이념의 차이를 강조하면서 중국을 압박하고 있는데 중한 양국은 제도와 이념의 차이를 초월해 두 나라 관계의 발전을 추진해야 한다.

3) 국익에 따른 균형 실용 외교

바이든 행정부는 2021년 3월 발표한 '과도기 국가안보전략지침'에서 중미 관계를 '전략적 경쟁' 관계로 정의하면서도 기후변화, 세계보건 안전, 군비 통제, 핵비확산 문제에 대해서는 협력을 환영한다고 밝혔다. 중국은 중미 관계를 '경쟁'으로 정의하는 것을 반대하고 협력이 가능한 분야에서 미국과 협력하며 안정적인 중미 관계를 구축하기 위해 노력하고 있다. 존 케리 미국 대통령 기후변화 특사는 중국을 두 차례 방문했고 양국은 '기후위기 대응에 관한 공동성명'을 발표했다. 2021년 11월 16일 중국과 미국의 정상은 화상회의를 가졌다. 중국과 미국 간 경쟁과 협력의 관계는 오랫동안 계속될 것이다.

이런 상황에서 한국은 중국과 미국 중 어느 한쪽이 이길 것이라거나 미중 경쟁 속에 한국의 지정학적 위상을 높일 것이라는 '투기적' 생각을 버려야 한다. 한국은 중등 국가로서의 위상과 국가이익에 따라 전략적 균형 외교를 펴야 한다. 한국은 미국의 동맹국이지만 미국에 있어 동맹은 자국의 패권과 이익을 지키는 수단일 뿐이다. 한국도 자국 이익에 따라 동맹 문제를 다뤄야지 무조건 동맹을 지켜야 한다는 목표를 가져서는 안 된다. 동북아에 특수한 지정학적, 지경학적 구조 속에서 분단국가 한국은 국가안보 확보, 조국통일 추진, 경제성장 촉진 모두 한국의 핵심적인 국익의 문제다. 대전환의 시대에 중미 경쟁으로 인한 불확실성의 환경에서 어떻게 안보를 보장하고 민족 통일과 경제성장을 도모할 것인가는 한국의 외교적 지혜가 필요하다.

4) 국내 균열 넘는 국민적 공감대 필요

어느 국가나 정치 사회적으로 어느 정도 분화가 나타나는 것은 자연스러운 현상이다. 하지만 일단 정치적으로 동원돼 심각한 균열로 이어지면 외교정책은 어느 정당이 집권하는가에 따라 요동치게 된다. 이러한 악순환이 계속되면 심각하게 국가 이익을 손상시킨다.

2000년 이후 대북 정책을 둘러싼 한국 내 정치 사회적 '남남 갈등'은 대북정책과 남북 관계의 안정에 영향을 미치는 주요 요인이었다. 대북정책에서 한국은 '국민적 공감대'가 형성된 적이 한 번도 없었다. 정부의 대북정책은 좌우로 흔들렸고, 남북관계도 가다 멈추다를 반복하면서 실질적인 진전은 없었다. 미국과의 관계에서도 미국은 한국 내에 균열이 있는 것을 발견했다. 미국은 자국의 담판 능력을 높이기 위해 한국 내부의 분열을 유도하거나 한국에 대한 정책을 더욱 강경하게 하기도 했다.

중국의 국력 상승, 미국의 대중 압박 강화, 한국 젊은 세대의 반중 감정 속에서 '중국 요인'도 한국 정치에 끼어들고 정치적 동원의 요소가 되기 시작했다. 중국은 나름의 국가적 조건과 발전 논리를 가지고 있다. 한국이 중국과 미국 중 하나를 선택하도록 요구하지 않고 국익에 기초한 판단에 따라 한국과의 관계를 발전시킬 뿐이다. 한국도 '중국 요인'을 정치적 동원 요소로 선거 정치에 포함시키지 말고 국익에 입각해 중국과의 관계를 발전시켜야 한다. 한국은 북한, 미국, 중국 등과의 대외관계를 다룰 때 국내 정치적 이견과 균열이 개입되는 것을 억제하거나 초월해 국민적 공감대를 형성함으로써 한국에 안정적이고 우호적인 대외환경을 조성해야 한다.

5) 언론과 학계의 역할 중요

언론과 지식인들은 대중의 여론과 인식을 형성하는 데 중요한 역할을 한다. 한국은 언론이 자주적이고 자유로운 나라이다. 그런데 한국 언론은 중국 관련 보도의 주제와 재료 선택에서 대체로 부정적이다. (학계) 많은 학자들의 중국에 대한 인식도 서구 이론과 논리에 입각하고 있다. 중국 외부에서 내부를 관찰하는 것이어서 중국의 실제 상황과 현실을 기반하고 있지 않다. 중한 관계의 지속적인 발전을 위해서는 한국 언론과 학계가 긍정적인 인도 작용을 발휘해 대중들의 중국에 대한 이해를 높여야 한다.

결론적으로 대전환의 시기에 지속적인 중한 관계의 발전을 위해서는 중한 양국이 함께 협력해야 한다. 중국 학자의 입장에서 한국은 먼저 중국에 대한 올바른 시각을 갖도록 권고한다. 중한 양국 간 정치 체제와 이념의 차이를 초월하고, 한국 내부의 시각 차이를 뛰어넘고, 국민적 공감대를 형성해 지혜롭게 중미 경쟁에 대응해야 한다. '국익 최고의 원칙'에 입각해 전략적 균형과 실용 외교를 통해 '중한 관계의 2.0 시대'로 나아가야 한다.

사진: 동아일보 전영한 기자

한중 수교 30년, 화이부동(和而不同)의 새로운 관계로

– 화정평화재단 주최 한중 수교 30년 신년 좌담회

일시 2022년 1월 5일
장소 서울 한국프레스센터 19층 석류실
참석자 신정승 동서대 동아시아연구원장(전 주중대사)
　　　　　김재철 가톨릭대 국제학부 교수
　　　　　정재호 서울대 정치외교학부 교수
　　　　　이욱연 서강대 중국문화학전공 교수

동아일보 산하 화정평화재단은 올해 한중 수교 30년을 맞아 수교 이후 한중 관계의 현주소를 점검하는 신년 좌담회를 가졌다. 수교 이후 세계적으로도 유례없는 인적 물적 교류가 이뤄진 것으로 평가받았던 한중 관계는 30년을 지나면서 크고 작은 도전에 직면했다. 양국 자체적인 요인도 있고 전략적 환경 변화도 영향을 미쳤다. 신정승 전 주중대사 사회로 열린 좌담회는 2시간 반가량 진행됐다. 다음은 좌담회 발언 요지.

어렵게 수교한 한중, 어디서부터 문제가

신정승 전 대사 수교는 한국에는 한반도의 평화와 안정 확보, 통일 기반을 마련하는 북방 정책의 중요한 요소였다. 여기에 넓은 중국 시장에서의 경제적 기회를 확보하고 유엔 안보리 상임이사국인 중국과의 수교를 통해 국제무대에서 활동을 전방위적으로 확대하려는 목표도 있었다. 냉전 체제가 붕괴한 이후 미국 주도의 일국체제가 됐다. 중국이 국제사회에서 위협이 될 것이라는 인식도 없었고 전 세계적으로 경제의 글로벌화가 급속히 진행돼 경제 위주로 발전을 추구하는 시대에 한중도 수교를 이뤘다.

정재호 교수 한중이 어려운 여러 가지 과정을 거쳐 수교를 이룬 후 가졌던 기대와 예상에 비해 그 성과는 많이 아쉽다. 무역 투자 관광 분야의 성과가 수교 이후 가장 긍정적 평가를

받았고 한중 관계의 주춧돌처럼 생각해 왔다. 그런데 그런 경제 관계조차 지금 흔들리고 있다. 수교 25주년에 교역액 3000억 달러 목표가 제기되었지만 아직도 이루지 못했다.(한중 교역액은 1992년 64억 달러에서 2020년 2415억 달러로 늘었다.)

한중 관계 키워드는 상호 의존인데 일방의 다른 일방에 대한 지나친 의존으로 바뀌었다. 상호 의존의 비대칭화가 갈수록 심화됐다. 이로 인한 역습이 사드(THAAD·고고도미사일방어체계) 배치 이후의 중국의 경제 제재다.

외교 안보 분야에서 여러 차례 위기가 있었다. 그런데 중대 위기가 생겼을 때 막전막후에서 조정하고 협력할 수 있는 최소한의 기제나 리더십이 존재했는지 의문이다. 지난 30년 한국이 중국으로부터 존중받아 왔는지 되돌아 봐야 한다. 그렇지 못했다면 왜 그런지 성찰할 필요가 있다.

한중 간에 가치와 규범의 교합도도 갈수록 떨어지고 있다. 2000년대까지만 해도 양국 간에 가치와 규범의 괴리에 대한 체감이 적었다. 지금은 중국에 대한 인식이 매우 부정적이 될 정도로 교합도가 낮아졌다.

지난 30년간 한중 간에는 크게 네 번의 위기가 있었다. 1999년부터 2001년까지 소위 마늘 분쟁이 양국 사이 첫 통상 분규였다. 2004년 고구려사 역사 문제, 2010년에는 천안함 폭침과 연평도 포격 사건에서 중국이 일방적으로 북한 편을 들어 한중 관계가 냉각됐다. 마지막은 사드 문제다. 앞의 두 개는 한중 양국 간 현안이자 안보 관련이 아니었다. 그런데 2010년 이후는 안보 문제로 두드러지게 귀결되고 북한 미국 등 제3자가 개입됐다. 그만큼 한중 간 협상만으로 풀기 어려워지고 있는 것이다.

신 양국 간에 정부뿐 아니라 국민들 간에도 신뢰와 이해가 많이 부족하다는 평가가 일반적이다.

김재철 교수 한중 수교 10주년이나 20주년과 비교해 지금은 부정적 평가가 훨씬 높다. 그동안 한중 관계가 화려한 수사에 가려 있었던 측면이 있는 것 같다. 전면적 협력 동반자 관계, 전략적 협력 동반자 관계 등만 보면 상당히 관계가 괜찮은 것 같다.

왜 그럴까. 한중 간에 이견과 갈등이 나오고 해결하는 과정에서 합리적인 절차가 잘 안 지켜졌다. 무엇보다 우리가 해야 할 말을 못 하고 우리의 국가 이익을 관철시키지 못했다는 지적이다.

한중 관계가 부정적 측면이 부각된 데는 동상이몽이 있었다. 수교 당시 추구하는 목표가 달랐다. 경제적 이익 추구는 공통점이었는데 한국은 북한 문제와 관련해 중국의 도움을 얻고 싶었던 것이 핵심이었고 지금까지도 계속해서 남아 있다. 중국은 한국과의 관계 개선을 통해 한반도에서의 세력 균형을 자신들에게 불리하지 않게 유지하거나 한미 동맹에 영향을 끼치고 싶어 했다.

문제는 서로가 상대의 목표를 알지만 존중해 주지 않는다는 것이다. 중국은 북한 문제와 관련해 우리의 이익을 충분히 존중해 주지 않았다. 한국은 한미동맹은 중국이 관여할 문제가 아니라고 보고 있다. 이런 상황에서 한국이 중국을 움직여 한반도 안정이나 북한 문제에 도움을 받기는 어렵다.

중국의 급속한 부상도 한 요인이다. 중국의 국력이 급속히 올라가면서 세계 각국과 불편한 관계가 됐는데 파급 효과는 한국에 특히 심각하다. 중국은 국력 및 자신감 증대로 한중 간에 비대칭성이 확대되는 상황에서 공세적 대외정책을 펴고 있다. 그런데 한국은 이런 중국을 적절히 파악해 다루기 위한 전략이 부족했다.

이욱연 교수 양국은 출발부터 어떤 가치와 규범을 공유하거나 전략적으로 대등한 상태에서 출발하지는 않았다. 그럼에도 코로나 이전 양국 간을 오가는 인원이 연간 1000만 명을 넘었다.(사드 사태 직전인 2016년 1280만 명으로 연간 기준 가장 많았다.)

지금 한중 관계가 위기에 직면했지만 과거 30년의 성과마저 전적으로 부정할 수는 없다. 한중이 가치와 규범이 다른 것을 전제하고 만난 뒤 큰 교류를 이룬 것은 전통시대 오랜 교류의 영향으로 두 나라 사람 사이에 정서와 마음이 통하고 오랜 문화적인 유대가 있었기 때문이다. 그런데 수교 30년을 맞으면서 가치와 규범의 갈등은 커지고 마음과 정서의 유대는 줄어들고 있다.

미중 갈등, 한중 관계에도 먹구름

신 수교 이후 북한 일변도였던 중국의 대한반도 정책도 바뀌어 외교 안보 분야의 성과도 있었다. 그런데 대략 2010년 전후로부터 시작된 미중 간 전략적 갈등 심화로 국제정세가 변했다. 여기에 한중 양자 간 비대칭성까지 겹쳐 문제가 발생했다. 미중 갈등이 물리적 충돌로 이어질 수 있다면 어디가 될까. 중국은 시간은 자기편이라고 하는데 정말 그런가.

정 1990년대에는 한국도 민주주의를 시작한 지 얼마 되지 않아 가치와 규범에 있어 중국에 대한 기대가 크지 않았다. 그리고 중국에서 현지 연구 환경도 상당히 자유로워 사회주의 중국에 대한 기대와 희망이 적지 않았다.

지금은 '가치 규범의 교합도'가 낮아지고 있다. 달리 말하면 우리가 중국을 잘못 봤다는 생각이 든다. 1990년대와 2000년대 중국이 보여준 추세대로 간다면 보다 시장 친화적이고 민주체제로 수렴할 수도 있겠다는 기대가 있었으나 지금은 그 반대로 가는 것 같다. 한중 간에 문화적 동질성이 있다지만 이 역시 실증적인 검토가 필요하다. 과연 현재 중국이 유교 문화 국가인지, 또 한국도 여전히 그러한지에 대한 성찰이 필요하다.

미중 관계와 관련해 몇 가지에 주목할 필요가 있다. 먼저 미중 간 국력 차이의 축소 추세가 불확실해졌다. 몇 년 전부터 시작된 중국 경제의 성장 정체가 하나이며, 여기에 더해 코로나 사태로부터의 '회복 탄력성'이 미중 양국 중 어디가 더 높은지 봐야 하는 상황이다.

소프트 파워와 관련해서 제3세계와 권위주의 체제를 제외하면 중국에 대한 인식은 나빠지고 있으며 특히 미국이 심하다. 양국 간에 위기가 생길 때 완충제가 없어지고 있다.

중국의 수정주의 성향도 미중 관계에 영향을 미친다. 수정주의란 미국적 질서를 바꾼다는 의미지만 중국은 스스로 세운 원칙을 변경하는 수기주의(修己主義) 추세도 보이고 있다. 불당두(不當頭·우두머리를 맡지 않는다), 도광양회(韜光養晦·실력을 기르며 때를 기다린다), '해외기지 건설 안 한다' 등의 기존 원칙을 뒤집었다. 우선 자신의 원칙을 변경하고 미국이 깔아놓은 판을 바꾸려는 것이다.

미중의 물리적 충돌 가능성과 관련해 몇 년 전만 해도 남중국해가 주로 꼽혔다. 지금은 대만해협이 그 자리에 있다. 다만 대만은 가연성은 높으나 폭발력은 낮고, 한반도는 가연성은 매우 낮지만 일단 불이 붙으면 폭발력은 남중국해 동중국해 대만해협을 합친 것보다도 클 것이다.

2년 전이라면 시간은 중국 편이라고 답했을 것이다. 미국이 망가지는 것을 보고 최소한 서태평양은 중국이 통제할 수도 있겠다고 생각했다. 그런데 조 바이든 대통령은 도널드 트럼프 전 대통령과 달리 미국의 경쟁력 제고에 큰 관심을 갖고 있다. 트럼프가 중국과 동맹국을 압박해 무역수지를 바꾸려 했다면 몇 달 전 통과된 '혁신과 경쟁 법안'에서 보듯 바이든은 5년 동안 2000억 달러를 투자해 미국의 다양한 경쟁력을 높이는 것에 초점을 맞추고 있다. 미중 양국의 국력 관계나 균형에 대한 연구가 필요한 시점이다.

신 미국 영국 호주 3국이 오커스(AUKUS)라는 사실상 대중국 군사동맹을 출범시켰다. 미국은 쿼드(Quad·미국 인도 일본 호주 4국 협의체) 그리고 한미일 협력을 통해 대중 압력을 강화하고 중국은 러시아와의 전략적 협력 수위를 높이고 있다. 과거 냉전 체제에 이어 새로운 냉전 구도로 가는가.

김 미중이 갈등과 경쟁을 넘어 안보상의 무한 경쟁을 의미하는 신냉전으로 가는지의 문제다. 가능성을 완전히 배제하기 어렵지만 크지는 않다고 본다. 지금 양상은 미국의 압박과 중국의 탈압박, 반격이다. 바이든은 동맹국이나 파트너 국가들을 끌어안아 진영으로부터 벗어나지 않도록 하고 있다. 그러면서도 바이든 행정부는 '가드레일'론을 언급했다. 미중 경쟁이 충돌로 벗어나지 않도록 하겠다는 것이다.

중국도 2017년이나 2018년경 미중 경쟁을 현실로 수용하려는 생각이 커지고, 이에 대비하려고 하는 듯하다. 그렇지만 미중 경쟁의 폭과 속도 범위는 조절하려고 한다. 러시아와 동맹으로까지 가지는 않을 것으로 보인다.

미중 경쟁의 양상이나 영역은 달라지고 있다. 안보 중심에서 경제와 과학기술 중심으로 넓혀지고 있다. 미국은 선진 핵심 기술에 대한 중국의 접근을 차단하려고 하고 중국은 히토류 등 전략 자원 통제를 통해서 지역 국가들이 미국 쪽으로 지나치게 편중되는 걸 막으려는 대결을 벌이고 있다.

여기서 한 가지 우리는 지나치게 미중 신냉전 가능성에 주목하는 게 바람직하지 않다는 점을 지적하고 싶다. 미중 신냉전은 한국 국익에 유리하지 않다. 신냉전 상황에서는 어느 쪽이든 선택해야 하기 때문에 전략적 자율성을 희생해야 된다. 한국은 미중 경쟁이 악화되는 것을 방지하려는 노력에 동참을 해야 한다.

신 미국과 유럽연합(EU) 등은 인권과 민주주의를 앞세워 대중국 압박을 강화하고 있다. 중국은 어떻게 대응할 것으로 보는가.

이 중국은 1990년대에는 자유주의적인 변화 또는 시장 친화적인 변화를 보였다. 하지만 당시에도 중국이 민주주의나 시장으로 수렴되지는 않을 거라고 봤다. 민주주의와 인권은 소중한 가치이고 중국을 압박하는 것이 보편적 가치 차원의 의미가 있다. 하지만 이런 압박이 내부 변화에 부정적인 차원으로 작용할 수 있다. 중국이 지금 1990년대보다 훨씬 더 억압적이고 폐쇄적으로 가고 있다. 민족주의와 애국주의가 높아지고 있다. 밖에서 억압과 압박 공세가 들어오면 내부 변화는 오히려 어려워진다.

중국인들이 생각하는 민주주의와 인권에 대한 생각은 서구와 다르다. 그들이 교육이 부족하거나 문명화되지 않아서라고 하지만 중국 공산당의 통치 행태나 억압 방식, 사회 관리 방식은 굉장히 전통적이다. 과격하게 말하면 명나라 말이나 청나라의 체제와 유사한 측면이 있다. 외부에서 억압한다고 서방식 민주주의로 바뀔 것이라는 기대에 대해서는 회의적이다.

중동의 재스민 혁명이 중국에서는 없었고, 국민소득 2만 달러가 되면 민주주의 욕구가 분출할 것이라거나 소득 격차 확대가 커지면 사회 불안으로 이어질 것이라고 예측했지만 그러한 변화가 나타나지 않았다. 민주주의와 인권을 앞세운 공세보다 중국에 더 치명적인 압박 수단은 경제라고 생각한다. 중국은 외부 압박에 50년, 100년을 두고 장기전으로 대응하면서 기회를 기다릴 것이다. 비동맹 아프리카 외교, 중동

동남아 외교 등을 통해 예전에 마오쩌둥(毛澤東)이 그랬듯이 농촌으로 도시를 포위하는 것과 같은 장기전을 펼 것이다.

신 올가을에 중국 공산당 제20차 당대회가 예정되어 있다. 시진핑 주석이 3연임될 전망이다. 관심은 집권의 공고화를 위해 대외적으로 강경한 정책을 펴고 있는데 당대회 이후에는 유연해질 것인지에 모아진다.

정 많은 불확실성이 있지만 3연임은 당연해 보인다. 중국은 지난 30여 년간 제도화됐던 승계의 문제가 지난 몇 년간 백지화되고 있다. 격대(隔代) 지정, 민주추천제 등이 없어지면서 중국 엘리트 정치는 상당 부분 퇴행적으로 가고 있다. 당대회 이후 대외정책이 유연해진다고 해도 이는 단기적이거나 전술적일 것이다. 긴 호흡으로는 여전히 공세적이고 주동적인 외교를 할 가능성이 크다.

대미국 외교와 관련해, 중국은 필요하면 '끝까지 간다'는 자세다. 최근 4년간 미국의 무역 제재에 중국은 1 대 1로 대응했다. 미중 간 무역 구조가 80 대 20으로 미국이 80을 사는 구조여서 미국의 충격은 상대적으로 적지만 눈에는 눈으로 대응했다. 왕이(王毅) 외교부장도 "미국이 전략적 판단의 오류를 범하고 있다"고 했다. 미중 관계의 '가드레일'이 잘 지켜진다고 보기 어려울 수 있다.

신 얼마 전 전 주한미군사령관이 한미 연합작전 계획에 중국도 포함시켜야 한다는 주장을 했다는 보도가 있었다. 한미 동맹이 중국을 염두에 두는 데까지 외연을 확장하는 것이 바람직한지.

김 미국의 기대는 분명하다. 미일 동맹에서 미국이 일본의 안보를 보장하듯 일본도 미국이 안보 위협에 직면하면 기여해야 된다는 것이다. 이 논리가 일본에만 적용될 리는 없다. 미국은 지금까지 비대칭적으로 미국이 한국의 안보를 보장했다면 이제 한국도 중국과 관련해 어떤 역할을 하기를 원할 것이다. 그런데 우리가 이런 미국의 요구에 선뜻 동의해 줄 수 있는가. 복잡한 문제다. 우리가 이해했던 한미 동맹과는 완전히 다른 차원으로 전개되는 것이어서 신중하고 중지를 모아야 되는 것이다.

한중 관계의 또 다른 뇌관 '북핵'

신 동아시아 정세에서 중요 요소는 북핵 문제다. 사드 배치를 한국은 북핵에 대한 대응이라고 하는데 중국은 다르다. 북핵이 앞으로 한중 간에 어떻게 작용할지.

김 한국에서 북핵에 대해 보수와 진보 정부 모두 중국의 역할에 기대를 갖고 있다. 보수 정부는 중국이 압박을 가해 주길 원하고 진보 정부는 남북 관계 개선에 도움이 되는 역할을 해주길 원하는 차이는 있지만 그렇다. 개인적인 바람인데 누가 되든 다음 정부는 북한 핵 문제에 대해 중국에 대한 기대를 좀 조정하고 필요한 경우 접어야 한다고 생각한다.

지난 20년간 보수와 진보 정부가 각기 다른 방법으로 중국의 역할을 기대했지만 드러난 결과는 어떤가. 중국이 우리가 원하는 바를 적극적으로 도와주려는 의지와 능력이 있었는지 의문이다. 박근혜 대통령이 중국 국경절에 톈안먼(天安門) 성루에 올랐고, 문재인 정부가 베이징(北京) 겨울 올림픽을 활용해 종전선언을 추진하려고 했지만 결과는 없었다.

앞으로는 더 상황이 악화될 것이다. 왜냐하면 중국은 북한 핵 문제를 한중 관계가 아닌 미중 관계의 맥락에서 보고 있기 때문이다. 미국이 중국에 우호적이고 협력적이면 중국도 미국이 필요로 하는 국제 문제를 도와주겠다는 입장이다.

미중 갈등이 커지는 지금 상황에서 북핵 문제에 대해 중국의 역할에 대한 기대는 조정이 필요하다. 나아가 북핵 문제에 대한 중국의 역할을 한중 관계의 핵심에 놓으면 우리는 대중 관계에서 언제나 을(乙)의 위치에 머물 수밖에 없다.

신 미중 간에 갈등이 심화될 때 특히 특정한 전략적 사안에 대해서 한국이 어떤 선택을 할 수밖에 없는 상황에서는 어떻게 해야 하나. 일례로 대만해협에서 무력 충돌이 일어난다면 한국의 안보에도 큰 영향을 미친다. 미국이 지원을 요청하거나 주한 미군을 전략적 유연성에 따라서 일부가 이동할 수 있다. 이러면 안보에 공백도 생겨 북한의 오판을 불러일으킬 수도 있다.

정 대만 위기에 대해서 다양한 시나리오가 나오고 있다. 최근 통일연구원 조사에 의하면 한국 국민의 압도적인 다수가 대만 무력 충돌 시 중국을 저지해야 한다고 응답했다. 여기서 생기는 질문이 있다. 민주주의 국가에서 외교는 누가 결정하는가이다. 지난 4년을 보면 한국은 국민의 선호와 괴리가 큰 외교를 한 것이 아닌가 생각된다.

신 남중국해 문제에 관해 미국이 얘기하는 항해 자유, 상공 비행의 자유는 한국으로서도 중시할 수밖에 없다. 그런데 미국이 한국에 적극적인 동참을 요구하면 어찌해야 하나.

김 남중국해의 항해와 비행의 자유는 통상으로 먹고사는 한국은 당연히 지지해야 할 규범이다. 중국도 동해와 울릉도 사이를 비행기와 군함들이 왔다 갔다 해서 충격을 준 적이 있다. 그런 걸 보면 우리의 입장을 밝힐 수도 있다. 그러나 이와 관련하여 문제가 없는 것도 아니다. 미국이 남중국해에서 공동 순항을 하자고 하면 할 수 있는가. 중국이 한국의 배타적경제수역(EEZ)이나 방공식별구역(KADIZ)을 자유롭게 드나들 때 군사적으로 대비가 되어 있는가의 문제가 있다.

중국은 대국 의식과 애국주의, 한국은 반중 감정

신 한중 양국 간에 포커스를 맞춰보면 중국의 국력이 대폭 신장되면서 한중 양자 간에도 이런저런 문제들이 발생하고 있다. 한국도 성장은 했지만 중국의 대국 의식이 표출되는 경우가 많아지고 있다. 경제적인 측면에서도 서로 보완성이 약화되고 경쟁적인 성격이 부각되는 시기가 온 것 같다. 미국 퓨리서치센터 조사 등에서 보면 양국 국민 간 상호 인식도 최근 매우 부정적인 것으로 나타나고 있다.

이 한중이 가치와 규범으로 맺어진 관계는 아니지만 정서적 유대감으로는 상당히 밀착돼 있었다. 여기서 말하는 정서적 유대란 공통의 유교 문화 차원을 넘어 세계와 인간, 삶을 보는 시각 등 보다 넓은 차원이다. 양국 사이에는 서구 문화와는 구별되는 정서적 유대가 있다고 생각한다.

그런데 최근 이런 감정이 악화된 데는 역사적이고 구조적인 차원과 상황적인 요인 두 가지가 있다고 생각한다. 상황적인 요인이 구조적이고 역사적인 요인을 다시 불러냈다. 한중은 전통시대와 냉전의 영향으로 상대국에 대한 비하의식과 우월의식을 지니고 있다. 한국의 경우 늘 중국에 대한 피해의식과 위기감을 지니고 있기도 하다. 오랜 역사 경험 때문에 그렇다.

이런 요인들이 잠복해 있다가 사드 사태부터 미중 갈등, 그리고 코로나 사태라는 상황적 요인 때문에 다시 갈등이 부각되고 있다. 사드로 인한 한한령(限韓令), 천안함 폭침 사건에서 중국이 북한을 일방적으로 두둔하는 것을 보고 한국인들이 중국을 다시 보고 마음이 멀어지게 됐다.

상황적인 요인은 중국 요인인 것도 있지만 한국 내부적인 차원도 있다.

중국발 요인은 시진핑 체제가 억압적으로 변하면서 경직화된 것이 큰 영향을 주었다. 시진핑 체제가 등장하기 이전에는 부정적인 인식이 이렇게 높지 않았다. 전랑(戰

狼)외교, 홍콩 민주화운동 억압, 코로나 사태, 문화 기원 논쟁 등이 한국인들의 마음을 돌렸다. 이제 중국이 변하지 않는 한 혐중 혹은 중국에 대한 부정적 인식은 변하기 힘든 상황이 됐다.

한국 내부적인 요인도 있다. 한국은 요즘 반일(反日) 반중(反中)의 나라가 됐다. 정치적 프레임 차원에서 친일파 친중파라는 매도가 이뤄진다. 한국 사회의 혐오 문화가 반중 혐중까지 확산됐다. 혐중이 상업주의화되고 있는 측면도 있다. 유튜브나 포털에서 중국에 대한 비판적인 내용의 클릭 수가 높아가는 것이 한 사례다. 한국인들의 중국에 대한 부정적인 인식이 쉽게 바뀌지 않고 장기적으로 지속될 가능성이 있다. 이것은 앞으로 한중 관계에 치명적인 위험 요소가 될 수 있다.

신 중국 지도자들은 기회가 될 때마다 절대로 패권을 추구하지 않겠다고 한다. 주변국들과는 친성혜용(親誠惠容)에 따른 동반자 관계를 발전시켜 나갈 것이라고 한다. 그런데 주변국들은 중국의 부상에 대해 적지 않은 경계심을 갖고 있다. 중국이 현 국제질서를 존중하면서 자신들의 입장을 더 반영시키는 선에서 만족할지, 아니면 자국 중심의 새로운 국제질서를 장기적으로 염두에 두고 있는지가 관심이다.

정 중국은 자국이 세운 원칙들을 바꾸는 작업을 지난 10년 동안 진행했다. 중국은 이제 상황에 따라 기존 원칙들을 바꿀 수 있다는 합리적인 의문을 갖게 한다. 중국은 1000년이 넘는 중화주의의 유전자(DNA)를 갖고 있는데 지금은 공산주의라는 옷을 입고 있다. 하지만 그 꺼풀이 점차 벗겨지면 중화주의 DNA는 표출할 수밖에 없다고 보여진다. 중국에서 출간되는 학술서와 논문들의 핵심에 신중화주의와 천하질서의 재구축이 들어 있다. 서구 학계에서 주요 전제로 삼는 국가 간 수평적인 관계와 달리, 중국의 신중화주의 천하질서는 국가 간 수직 관계를 상정하고 있다. 일부 학자는 명나라 때 원정을 떠난 정화가 진압했던 아시아와 아프리카 국가들이 조공 체제에 들어왔다고 하면서 '친인(親人) 숙인(熟人) 생인(生人)'으로 분류하며 등급화했다. 한국은 어디에 속할까 생각하지 않을 수 없었다.

양제츠(楊潔篪) 국무위원은 외교부장 시절 아세안 국가들과의 공식 회의에서 "우리는 대국이고 너희들은 소국이다"라고 했다. 2018년 3월 정의용 청와대 국가안보실장은 도널드 트럼프 대통령과는 나란히 앉아 만났는데 며칠 후 베이징에서 시진핑 주석을 만날 때는 여러 각료 중 한 명처럼 앉게 했다.

신 중국이 제기하는 인류 운명공동체가 있다. 아직 구체적인 내용이 없는데 단순히 선전용인지, 소위 중국위협론에 대응하기 위한 것인지, 앞으로 블록을 형성하는 이념적 기초가 될 수가 있는 건지 관심이다.

김 시진핑 시기에 중국이 얘기하는 새로운 형태의 국제관계 원칙 혹은 중국식 강대국 외교 정책의 하나다. 개념이 분명하지 않은데 추론을 해보면 기본 단위는 국가인 것 같다. 공동 이익을 추구하는 관계는 수사적 차원에서는 좋지만 국제관계 현실은 국가들의 이익이 조화되기보다는 상당 부분 충돌을 한다. 국가 이익이 충돌할 때 어떤 원칙과 기준에 따라서 처리할 것인지가 없다. 그럼에도 이런 프로파간다를 내거는 목적은 크게 두 가지로 본다. 중국위협론 또는 중국이 세력권을 추구한다는 외부 인식에 대한 대응책이다.

또 하나는 미국 주도의 질서에 대한 이의 제기 차원이다. 중국은 미국이 내세운 '규칙 기반의 질서'에 대해 '유엔과 국제법에 기반한 국제질서'를 내세워 대응하고 있는데, 인류 운명공동체 또한 이러한 시도의 일환으로 볼 수 있다. 현실주의 시각에서 보면 이는 '탈(脫)정당화' 시도로서 미국 패권을 흔들거나 넘어뜨리려는 시도로 이어지는 전조로 인식된다.

신 중국에는 지금 애국주의를 고양하는 움직임이 강해지고 있다. 이게 앞으로 어떻게 전개되고 어떤 영향을 미칠지.

이 중국의 변화를 가로막는 중요한 내부적 걸림돌 중의 하나가 바로 민족주의 애국주의 압력이 계속 높아지는 것이다. 과거에는 공산당이 통치 전략으로 구사하는 '관방 민족주의'가 있었고, 관방과 같은 흐름에 서면서도 때로는 이의를 제기하고 저항하기도 하는 '대중 민족주의'도 있었다. 그런데 지금은 한덩어리가 됐다.

최근 중국의 민족주의는 두 가지 양상을 띠고 있다. '치욕 민족주의'와 '문화 민족주의'다. 전자는 아편전쟁 이후 당한 치욕을 계속 환기시키는 것이다. 외국에 대한 배타적인 정서를 강조해 내부 통합, 중화권 통합을 이루려는 것이다.

관방이 강조하는 '문화 민족주의'는 굉장히 친대중적이어서 대중들이 빨리 흡수하고 있다. 자국 문화에 대한 자부심과 전통에 대한 애착이 굉장히 높아졌다. 그런데 문화 민족주의를 강조한다는 것은 중국이 그만큼 문화적으로 위기감을 느끼고 있다는 방증이다. 정치적으로 위상이 올라가 주요 2개국(G2) 국가가 되고 경제적으로 세계 2위 대국이 됐지만 소프트파워, 문화적인 측면에서는 위상이 낮다고 보는 것이다. 시진핑이 4개의 자신감(중국 특색의 사회주의 노선, 이론, 제도, 문화)을 얘기했는데 제일 떨어지는 게 문화적 자신감이라고 생각하는 것이다. 이게 김치나 한복 원조 논쟁을 들고나오는 한 원인이기도 하다.

'화이부동'의 한중 관계로

신 앞으로 한중 관계를 어떻게 가져가야 될 것인가. 어떤 방향이나 원칙을 모색해 봐야 할 것 같다.

김 사드 사태에서 봤던 것처럼 국가 이익이 부딪칠 때가 있는데 해결하는 기제가 필요하다. 중국도 미국에 대화를 제도화하자고 요구한다. 우리도 똑같은 방식으로 요구해야 한다.

이 한국은 늘 중국 앞에서 수세적이고 피해의식 위기의식을 가지고 있다. 비대칭성에 지나치게 위축당하고 있지 않나 생각된다.

우리한테 중국이 얼마나 중요한가라는 질문도 중요하지만 우리가 중국한테 얼마나 중요한 나라인지 이런 질문을 자꾸 던져야 된다. 한국이 가진 전략적 가치가 크다. 중국이 말하는 인류 운명공동체도 한국에서마저 그 구상이 먹혀들지 않고 실패한다면 중국이 어떻게 세계로 그 구상을 확대할 수 있겠는가.

정 한마디로 '상호 존중'이다. 그런데 우리는 지난 30년간 '가랑비에 옷 젖듯이' 상호 존중을 받지 못하는 것에 익숙해졌다. 여러 가지 의전에서도 한국은 중국보다 낮은 것처럼 되어 있다. 한중이 공동으로 참여하는 반관반민 기구나 단체에 양측이 보내는 좌장이나 대표의 격이 다르다. 한국 관리들이 가진 소위 공중증(恐中症)에 대해 안타깝게 생각한다. 미국이건 중국이건 강대국의 본성을 이해하고 어떻게 우리가 대응하는지가 미래를 결정함을 주지해야 한다.

신 한중 양국 청년들이 지금 서로 간에 부정적 인식을 가장 많이 갖고 있는데 이를 완화시키기 위해서 문화적 공감대나 유대감을 깊게 할 수 있는 방안이 있을지.

이 경제적인 이익 차이나 정치적인 이견은 상황과 이익 관계가 달라지면 풀어질 수 있지만 마음이 멀어지면 쉽게 좁혀지기 어렵다. 지금 한중 관계가 바로 그렇다. 양국 모두 세대가 밑으로 갈수록 부정적 감정이 크다. 미래 한중 관계에서 굉장한 위기 요소다. 먼저 콘텐츠 교류를 좀 더 강화해야 한다. 문화적으로 공유하는 것을 늘릴 필요가 있는데 드라마를 같이 보고 게임 웹툰 등을 공유하는 것이 중요하다. 또 하나는 청년들 사이에 이익을 공유할 수 있어야 한다. 지금까지 한중 교류에서 대기업이나 기성세대는 이익을 봤다. 이제 청년들, 미래 세대도 한중 관계를 통해 경제적 실익을 얻는 경험을 하는 기회가 있어야 한다. 창업이나 벤처 등에서 이익을 공유할 수 있는 지점을 확보해 주는 것이 필요하다.

신 대선이 한창인데 누가 되든 차기 정부에서 대중국 정책에 눈에 띄는 변화가 있을지.

김 일반론적으로 정권이 바뀌면 정책도 바뀌는 것이지만 민주당 후보가 당선돼도 어느 정도 조정을 시도할 것으로 예상해 볼 수 있다. 다만 그 어느 경우든 변화의 진폭이 너무 크면 위험도 커진다. 변화에 따른 위험을 어떻게 관리하는가도 중요하다. 대선 과정에서 반중 정서를 활용하려는 시도가 가끔씩 있는데 이는 반한 감정 등을 불러와 나중에 득보다 위험이 훨씬 커질 수 있다.

이 한중 관계의 기본 원칙으로 구동존이(求同存異)를 강조하는데 구동존이에서 핵심은 '구동', 즉 같음을 추구하는 것이다. 이는 법가적인 생각이다. 하나로 통일하고 같음을 중심으로 하는 거다. 그런데 외교 원칙으로는 맞지 않다. 한 나라를 통치할 때는 법가적 통치가 맞을 수 있다. 하지만 한중 관계를 업그레이드하기 위해서는 화이부동(和而不同)으로 바꿔야 한다고 생각한다. 서로 다른 것을 전제하고 서로 다름을 존중하면서 만나야 한다. 자꾸 같음을 추구하다 보면 강박관념이 생기게 된다.

김 한중 관계의 지난 30년이 확장과 발전의 시기였다면 앞으로는 조정과 모색의 시간이 필요한 것 같다. 그렇다고 기대를 접는 것이 아니고 중국과 이견을 좀 더 솔직하게 다루기 시작해야 되는 것 아닌가 생각한다. 정부나 민간 차원이나 조금 더 솔직하게 이견을 다루기 시작해야 한중 관계가 관리되고 발전될 수 있다. 확장은 아니지만 질적인 발전을 기대할 수 있을 것 같다.

한 가지 덧붙이면 대중 관계에서 전략적인 모색이 필요하다. 그런데 우리는 대중 정책을 둘러싸고 진영이 서로 갈라져서 상대를 비난하기 급급하다. 치열하면서도 냉철하고 합리적인 대중 전략 논쟁이 있었는지 묻는다면 회의적이다.

한중수교 30년

1판 1쇄 인쇄 2022년 1월 24일
1판 1쇄 발행 2022년 1월 28일

펴낸이   남시욱
발행처   동아일보사 부설
           화정평화재단
엮은 곳   21세기평화연구소
주소   서울시 서대문구 충정로 29 동아일보 충정로사옥 2층

전화   02-361-1203
팩스   02-361-1009
홈페이지 http://www.hjpeace.co.kr
이메일   peace21@donga.com
인쇄   알래스카인디고(주)

잘못 만들어진 책은 바꾸어 드립니다.
이 책은 저작권법에 의해 보호받는 저작물이므로 무단 전재와 무단 복제를 금합니다.

ISBN   979-11-970034-4-8

값 18,000원